제자도의 관점에서 본
영성 형성

제자도의 관점에서 본
영성 형성

하나님 나라를 갈망하다

윤난영 지음

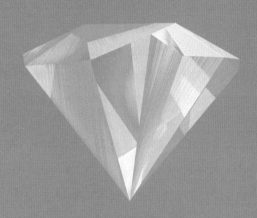

A DISCIPLE'S JOURNEY
INTO SPIRITUAL FORMATION

국제제자훈련원

그동안 제자훈련에 대한 적지 않은 글들이 쓰였다. 그리고 영성 형성에 대한 책도 많이 출간되었다. 그러나 제자훈련 관점으로 영성 형성을 성찰한 책은 흔치 않았다.

영성의 이해 없이 인간 발달만을 연구한 많은 이론은 일반계시의 한계에 갇혀 있다. 하지만 이 책의 저자는 특별계시인 성경에 근거하여 우리의 한계를 극복하고 우리를 영원한 지평으로 이끌고 있다. 탄탄한 심리학적, 교육적인 인간 이해를 영성적 이해와 결합하여 영적 성장의 의미를 전달하고 있다. 인본주의 교육이 더 이상 우리의 희망이 되지 못하는 현실에서 이 책은 보석처럼 빛난다.

바울은 성경이 가르치는 바른 교훈이 우리의 삶에 적용될 때, 구주 하나님의 빛나는 교훈 위에 우리 인생을 세울 수 있다고 선포한다. 저자의 책은 이것을 증명하는 아름답고 고귀한 성찰의 교본이다.

특히 교회 교육에 헌신하는 모든 그리스도인이 이 책을 읽었으면 한다. 영성적 인간 이해에 관심을 가진 모든 동역자에게도 일독을 권한다. 이 책을 접하는 사람들이 인생의 방황을 끝내고 영원을 향한 인생 항해를 확신을 가지고 도전하기를 기대한다. 이 책이 제공하는 빛으로 한국 교회가 더 밝은 내일을 향해 더 밝게 항해하는 모습을 보고 싶다.

이동원 (지구촌 목회리더십센터 대표)

《제자도의 관점에서 본 영성 형성》은 성경적 영성을 올바로 이해하는 데 도움을 주는 보석 같은 책이다. 저자는 이 책을 통해 영성 형성의 숲을 보여준다. 또한 영성 형성의 섬세한 과정을 보여준다. 영성 형성의 목적지를 보여준다. 세상의 영성과 기독교 영성을 구별하는 안목을 제공한다. 영적 성장의 정수를 보여준다. 균형 잡힌 영성이 무엇인지 일깨워준다. 품격 있는 예수님의 제자로 사는 삶을 조명한다.

저자의 글은 오랜 연구와 묵상과 사역, 고난의 경험을 통해 나온 작품이다. 다이아몬드는 그냥 만들어지지 않는다. 깊고 어두운 땅속에서 오랜 세월 동안 고열과 고압을 견뎌내며 형성된다. 마찬가지로, 힘들고 거친 인생의 고열과 고압을 오랫동안 견뎌낸 저자의 결실이다. 그렇게 깊은 흔들림 속에서 어렵게 터득한 것을 쉽게 풀어냈다. 피와 눈물과 땀으로 집필했다. 가까이 두고 반복해서 읽어야 할 책이다.

또한 이 책은 지성을 깨워 다시 숨 쉬게 한다. 무디고 차가운 감성을 자극해 부드럽고 따뜻하게 만든다. 잠든 영성을 일깨우고, 하나님과의 깊은 교제를 갈망하게 한다. 천천히 읽고, 때로는 멈추어 묵상하며 읽을수록 많은 깨달음을 얻게 될 것이다.

원고를 읽는 중에 모든 문장에 줄을 그어가며 읽고 싶은 거룩한 충동을 느꼈다. 고난의 강을 건너고, 풀무 속에서 연단받으며, 역경의 산을 넘고 또 넘은 저자의 삶을 생각했다. 이 과정에서 상처를 진주로 승화시키고, 자신을 찍는 도끼에 향을 발라주는 향나무 같은 아름다운 성품을 형성한 저자의 모습을 발견했다.

이 책을 기독교 영성의 정수를 알고 싶은 분들에게 추천하고 싶다. 영성 형성과 영적 성장의 과정을 이해하고 싶은 분들에게 권하고 싶다. 성령님 안에서 말씀을 통해 하나님의 은혜를 힘입어 예수님의 성품을 닮기 원하는 분들에게 권하고 싶다. 영성 형성을 통해 그리스도의 온전함에 이르기를 소망하는 분들에게 추천하고 싶다.

강준민 (L.A. 새생명비전교회 담임목사)

이 책은 저자가 예수님을 구세주와 주님으로 고백한 이후 걸어온 영적인 순례길의 고백입니다. 신앙의 문으로 들어서는 순간 세상과는 전혀 결이 다른 영성 형성(Spiritual Formation)이 이루어집니다. 이는 예수님과 동행하는 그리스도인이라면 반드시 경험하는 신앙의 여정입니다.

저자는 자신이 겪은 영적 침체와 갈등, 방황의 시간을 가감없이 드러내고 있습니다. 죽음에 대한 두려움, 내면의 상처, 인간관계의 문제 등 인생길에 다양한 도전 앞에서 하나님께 엎드렸던 순전한 모습을 진솔하게 표현하고 있습니다. 그 오랜 호흡을 통해 하나님께서 더 깊은 영성의 세계로 이끄셨고, 고난 속에서 경험한 십자가의 은혜가 어떻게 영성 형성의 토대를 이루고 있는지 책의 지면마다 생생하게 담겨 있습니다.

《제자도의 관점에서 본 영성 형성》은 제자훈련의 각 단계와 요소들을 구체적으로 설명하고, 전인적인 영성 성장을 독려하며, 지식 습득이 아닌 그리스도를 닮아가는 삶의 현장을 실감나게 보여줍니다.

저는 저자의 남편으로서 아내가 대학 1학년 예수님을 영접했을 때부터 지금까지 40여 년을 넘게 지켜보았습니다. 그 길은 연단과 훈련의 연속이었습니다. 신혼 초 남편과 떨어져 지내야 했던 외로움, 사역에 올인(all-in)한 남편으로 인한 소외감, 어린 자녀들을 하나님께 맡겨야 했던 아픔 등 수많은 삶의 마디들, 고비들이 있었지만, 그 속에서 자기 일을 버리고 하나님의 은혜를 깨닫는 시간들을 걸어왔습니다.

이러한 삶의 결과로 혼자 예수를 믿었던 가정에서 부모님과 네 형제자매 가족들이 모두 예수님을 믿는 집안이 되는 인가귀도(引家歸道)의 은혜를 받았습니다. 그래서 이 책은 자기 고백의 신학적, 신앙적, 목회적 열매라고 할 수 있습니다. 수많은 인생의 험로에서도 신실하게 제자의 길을 걷고자 했던 저자의 삶이 녹여진 치열한 결정(結晶)이라고 할 수 있습니다. 하여, 사연 없는 인생이 없듯 수많은 삶의 벽에 부딪힌 분들의 심령을 뜨겁게 할 것입니다.

이 책을 통해 삶의 어려운 현장에서도 예수님을 닮아가기를 원하는 그리스도인들에게 성령님이 주시는 세미한 음성이 들려질 것입니다. 매일 삶의 현장에서 어떡하든지 온전한 예수님의 제자가 되기를 소원하며 영적 성장과 성숙의 걸음을 걷는 모든 분들에게 권합니다.

오정현 (사랑의교회 담임목사)

이 시대는 영적 성장과 성숙을 갈망하지만 막상 어떻게 그것을 경험할지 모릅니다. 이러한 때에 《제자도의 관점에서 본 영성 형성》은 시의적절한 해법을 제시합니다. 저자는 하나님을 아는 지식에서 출발하여 그분과의 깊은 교제에 이르기까지 영적 성장과 성숙의 과정을 생생하게 소개하고 있습니다. 정확한 신학적 토대 위에 실제적인 경건 훈련의 방법들을 제시하면서, 말씀과 기도, 순종과 섬김을 통해 그리스도를 닮아가는 길을 안내하고 있습니다.

더 나아가 이 책은 개인의 경건생활을 넘어 공동체성을 강조한다는 점에서 돋보입니다. 영성 형성이 결코 개인만의 여정이 아니라 교회 공동체 안에서 이뤄지는 과정임을 일깨워 줍니다. 주님의 몸 된 지체들과 함께 섬기고 사랑함으로써 연단되고 성숙하는 법을 보여줍니다. 세속화되고 개인주의화가 만연한 이 시대에 공동체성을 회복하는 경건의 중요성을 환기시켜 줍니다.

또한 경건의 최종 목적이 선교와 하나님 나라 확장에 있음을 분명히 합니다. 내면의 경건이 외면의 섬김과 증거로 나타나야 함을 강조합니다. 이는 사변적이고 개인적인 신앙에 머물기 쉬운 한국 교회에 시사하는 바가 큽니다. 예수님을 닮은 성숙한 제자로 성장하여 세상을 변화시키는 능동적 신앙인으로 나아갈 것을 촉구하고 있습니다.

무엇보다 이 책은 저자가 직접 걸어온 신앙의 발자취를 진솔하게 묘사하고 있어 설득력이 뛰어납니다. 험난한 인생 여정 속에서도 흔들림 없이 주님만 바라보며 달려온 저자의 간증은 우리에게 큰 감동을 줍니다. 저자의 겸손하고 진실한 고백을 통해 균형 잡힌 경건의 모델을 발견하게 됩니다.

이 책은 부족한 인간을 들어 쓰시는 하나님의 놀라운 은혜를 보여주는 감동적인 간증이기도 합니다. 연약한 우리를 붙드시고 성장시키시는 하나님의 손길을 일깨워 줍니다. 하나님 앞에서 자신을 온전히 내어드릴 때 어떻게 성령의 능력으로 변화되고 성숙해 가는지 깨닫게 됩니다. 영적 침체와 정체에 빠져 고민하는 모든 그리스도인에게 이 책을 강력히 추천합니다. 성경적 제자도에 기초한 성숙한 제자로 빚어지는 여정에 이 책이 든든한 지침서가 되어 줄 것입니다.

박성규 (총신대학교 총장)

부부는 삶과 사역에서 일심동체(一心同體)인 듯하다. 얼마 전, 오정현 목사님께서 필생의 대작 《온전론》을 출간하셨고, 이번에는 사모님께서 평생의 걸작 《제자도의 관점에서 본 영성 형성》을 쓰셨다. 이런 멋지고 아름다운 부창부수(夫唱婦隨)가 또 어디 있을까? 옛말에 부부를 내외지간(內外之間)이라 했는데, 《온전론》이 제자도의 외적 면모를 다루었다면, 이 〈영성론〉은 그 내적 조건을 다룬다. 이는 제자훈련의 내외지간이자, 제자도의 천생배필인 셈이다.

　　저자는 언어의 기교와 종교적 외식이 가득하여 영적으로 황폐한 이 시대에, 십자가의 은혜와 복음의 기쁨을 통한 참된 영성과 영적 풍요로움이 무엇인지 명확히 제시한다. 그것도 《온전론》에서 보인 욥에게 들린 천지를 진동시키는 "천둥소리"(욥 40:9)로서가 아니라, 호렙산 정상에서 엘리야에게 들렸던 "세미한 소리"(왕상 19:12)로 속삭인다. 실상 이것이야말로 사람의 마음을 후비고 파고드는 더 무서운 목소리이다.

전광식 (전 고신대 총장)

《제자도의 관점에서 본 영성 형성》은 영성에 관한 담대하고 섬세한 접근으로 마음을 사로잡은 책입니다. 윤난영 사모님은 이 책을 통해 제자도의 길을 걸으며 얻은 영성에 대한 깊이 있는 통찰을 나누며, 온유하고 부드러운 깨달음 속에서도 강인한 믿음과 흔들림 없는 진리에 대한 확신을 전합니다. 저자의 투명하고 겸손한 고백은 영적 성장을 향한 간절한 열망과 고뇌의 흔적을 느끼게 해주며, 인생의 전장에서 수많은 상처와 눈물을 견디며 주님만 의지하며 싸워온 섬세한 울림이 전해집니다.

저자의 글에는 상처받은 자를 품어주는 모성애와 헌신, 세심한 돌봄과 기도의 끈을 놓지 않는 인내가 아름답게 빛납니다. 그 섬세한 영성이 이 책 곳곳에 배어 있어 깊은 공감을 자아냅니다. 주님께 붙잡힌 자로서의 정체성을 확인하고, 세상을 이기는 영적 승리를 경험하게 될 것입니다.

이 책은 바쁘고 분주한 일상에 지쳐 영적 침체와 갈급함을 느끼는 성도들에게 귀한 선물이 될 것입니다. 이 책을 읽는 독자들이 주님을 더욱 사랑하고 닮아가며, 아름다운 영성의 빛을 발하는 제자로 성장할 수 있기를 소망합니다.

김윤희 (전 횃불트리니티신학대학원대학교 총장, FWIA[Faith & Work Institute Asia] 대표,
한국 시그니피컨트우먼 대표)

◆ 차례 ◆

추천의 글 4

머리말 14

서론 19

1부
하나님을 갈망함: 영성 형성의 출발

1장. 인생의 딜레마: 죽음의 두려움을 넘어서 35

2장. 영적 성장의 가치: 일상에서 경험하는 성장의 열매들 49

3장. 진정한 영성을 찾아서: 하나님을 향한 갈망 67

2부

마음과 삶과 인격의 동행: 영성 형성의 실제

4장. 영적 성장은 어떻게 이루어지는가: 영적 성장의 3요소 ———— 89

5장. 당신은 지금 어디에 있는가: 영적 상태의 현주소 ———— 113

6장. 당신은 어디로 가고 있는가: 영적 성장의 목적 ———— 135

7장. 내적 영성: 하나님 나라를 세우는 3가지 마음 준비 ———— 151

8장. 외적 영성: 하나님 나라를 세우는 2가지 실천하는 삶 ———— 191

9장. 온전한 성품으로 빚어지는 그리스도인 ———— 207

3부

온전한 제자도의 길: 영성 형성의 완성

10장. 영적 성장의 장애물: 자기 점검과 극복의 길 ———— 231

11장. 고통의 신비: 영혼의 치유와 성장의 필수 과정 ———— 253

12장. 제자훈련을 통한 전인격적 영성 형성 ———— 277

13장. 새로운 피조물: 바울의 영성 형성 과정 ———— 299

14장. 새로운 사명: 은혜로 완주하는 믿음의 경주 ———— 317

미주 ———— 333

빛의 열매 가득한
영적 성장의 길

"응애, 응애."

이 세상에서 사람을 가장 기쁘고 설레게 하는 소리는 건강하게 갓 태어난 아기의 우렁찬 울음소리일 것이다. 하나님의 형상으로 창조된 우리가 경험할 수 있는 최고의 기쁨은 자녀가 태어나 건강하게 성장하는 모습을 보는 것일 테다. 이것은 자녀들을 향한 하나님 아버지의 기쁨을 우리에게 보여주는 것과 같다. 태초에 하나님께서 천지를 창조하시고 사람을 지으신 후 기뻐하셨듯이, 인류의 역사는 하나님의 사랑으로 시작되었다(창 2:7).

그러나 현대인들은 이러한 기쁨을 잃어버린 채 살아가고 있다. 건강을 위해 웃음 치료를 받기도 하지만 수많은 문제가 복잡하게 얽힌 인생에서 웃음은 사라져버렸다. 그럼에도 세상의 어떤 것도 빼앗아갈 수 없는 진정한 기쁨이 있다. 그것은 바로 영적으로 거듭나 완전히 새로운 사람이 되는 것이다.

모든 만물에는 그 존재 이유가 있다. 하나님께서 만물을 창조하신 목적이 있다는 것이다. 하나님께서 사람을 자신의 형상으로 창조하셨다는 사실은, 우리가 단순한 육체를 넘어 영혼을 부여받았고, 따라서 식물과 동물을 뛰어넘는 영적 존재이자 독특한 인격체가 되었음을 의미한다. 하나님께서 사람을 자신의 형상으로 창조하신 목적은 우리가 자유의지로 그분을 경배하고 찬양하도록 하기 위함이다. 이러한 자유의지는 천사들조차 흠모할 만할 특권이며, 사람을 피조물 중 최고로 만들어주신 선물이다. 하지만 인류의 조상인 아담과 하와가 하나님의 뜻을 거스르고 불순종함으로써 죄와 사망이 우리 본성이 되어버렸다.

사람의 노력과 능력으로는 도저히 해결할 수 없는 죄와 사망이라는 근본적인 문제를 해결할 길이 열렸다. 예수 그리스도를 믿음으로 창조주 하나님께 나아갈 수 있을 뿐만 아니라 하나님의 자녀로 입양되는 엄청난 특권을 누리게 된 것이다.

아무리 풍성한 열매를 맺는 가지라 해도, 그 가지가 본래의 나무에서 분리되면 잠깐 싱싱해 보일지라도 곧 시들어 죽는다. 하지만 꺾인 가지가 다시 나무에 접붙여지면, 나무의 진액을 받아 살아나고 열매를 맺을 수 있는 기회도 다시 얻게 된다. 창조주 하나님을 부정하고 떠난 사람은 이 세상에서는 길어야 백 년을 살다가 결국에는 누구나 육체와 영혼이 분리되는 죽음을 맞이한다. 그런데 영혼은 흙으로 돌아가는 육체와 달리 영원히 살아있음을 기억해야 한다. 우리의 인생은 자신이 어디에서 영원을 보낼지, 그리고 어떻게 영원을 살 것인지를 결정하는 중요한 시간이다. 우리의 선택과 삶의 방식에 따라 우리 영혼은 천국이나 지옥으로 가는 길이 결정되며, 그에 따라 받게 될 상급도 달라지는 것이 하나님의 공의이다. "자기의 육체를 위하여 심는 자는 육체로부터 썩어질 것을 거두고 성령을 위하여 심는 자는 성령으로부터 영생을 거두리라"(갈 6;8).

죄와 사망의 속박에서 벗어나 자유를 누리는 이 기쁨은 세상의 어떤 것과도 비교할 수 없는 가치가 있다. 복음을 통해 얻는 영원한 생명과 자유의 기쁨은 세상에서는 결코 찾을 수 없는 하나님의 은혜로 말미암은 선물이다.

참된 기쁨은 새로운 생명의 탄생과 성장에서 온다. 이것이 복음의 핵심이다. 우리는 예수 그리스도를 통한 대속으로 하나님의 자녀로 다시 태어나 영원한 생명을 얻고, 예수 그리스도의 분량에까지 성장하기 시작한다. 거듭남은 영원한 생명을 얻는 기쁨을, 영적 성장은 죄의 종노릇에서 벗어나 자유를 누리는 기쁨을 준다. "유업을 이을 자가 모든 것의 주인이나 어렸을 동안에는 종과 다름이 없어서 … 이와 같이 우리도 어렸을 때에 이 세상의 초등학문 아래에 있어서 종노릇하였더니"(갈 4:1, 3)라는 말씀대로 영적으로 성장하면서 우리는 육신의 소욕에서 벗어나 하나님의 유업을 받을 자녀로서의 자유를 누리는 것이다.

많은 그리스도인을 만나며, 늘 한 가지 의문이 마음을 사로잡았다. 그들은 정말 말한 대로 살아가고 있는가? 신앙 고백이 실제 삶과 일치하는가, 말하는 것과 인격, 행동이 일치하는가 그리고 성경 말씀대로 살아가고 있는지 궁금했다. 그리고 왜 많은 그리스도인의 삶이 신앙과 연합되지 못하는지에 대해 오랫동안 고민해왔다. 이는 어린 시절부터 신앙 안에서 자란 이들이든, 성인이 되어 예수님을 영접한 이들이든, 목회자나 선교사 혹은 평신도 등 신분에 관계없이 모든 그리스도인에게 해당되는 궁금증이다. 그 과정에서 책과 사람들을 통해 많은 것을 배우고 깨달을 수 있었다.

실제로 많은 그리스도인은 복음의 기쁨보다는 종교적 의무감이나 교회로부터 받은 상처로 인해 상한 마음으로 살아간다. 그런 상황에서 진정한 기쁨을 느끼기보다는 외식적인 종교인으로 변해가기 쉽다. "너희가 이같이 어리석으냐 성령으로 시작하였다가 이제는 육체로 마치겠느냐"(갈 3:3)라는 바울의 안타까운 호소가 들리는 듯하다.

평범한 한 사람이 하나님의 자녀로 태어나 성장하는 것은 전적으로 하나님의 주권과 신적 개입 덕분임을 점점 더 실감하고 있다. 하나님의 주권 앞에 우리가 할 수 있는 것은 오로지 순종으로 반응하는 것뿐이다. 이 책은 영적으로 어떻게 성장할 수 있는지 알고 싶고, 영적 성장의 기쁨을 누리고 싶은 사람들을 위한 것이다. 이 책을 통해 어떻게 십자가의 은혜와 복음의 기쁨을 통한 영적 성장을 이룰 수 있는지 나누고 싶었다.

이제 영적 가족들과 함께 영원한 생명을 위한 믿음의 경주를 잘 마칠 수 있었으면 좋겠다. 우리 모두 믿음의 선한 싸움을 끝까지 완주하기 위해 내 삶의 이유이며 목적 되시는 주님을 신뢰하고 따라가면서 깨닫게 된 은혜와 진리를 나누려고 한다. 이 책이 영원한 생명을 위해 믿음의 길을 묵묵히 걷고 있는 영적 가족들에게 조금이나마 도움이 되길 바란다.

"어떻게 사람이 그럴 수 있어?"

요즘 우리가 흔히 들을 수 있는 말이다. 도대체 인간은 어떤 존재일까? 인간은 어디까지 부패하고 악해질 수 있는 것일까? 우리는 올바르게 사는 것이 무엇인지조차 가늠하기 어려울 만큼 힘든 시대를 살아가고 있다. 한국이 기적과 같은 빠른 경제 성장으로 풍요로워졌음에도, 국민이 행복을 느끼지 못하는 이유는 사회가 너무 급변해 적응할 시간이 없기 때문일 것이다. 과거 정이 넘치고 순박했던 이들이 사납고 피폐해진 사회 속에서 인간성 상실을 자주 목도한다.

지난 한 세기 동안 한국과 세계 각지에서는 충격적인 사건 사고들이 이어졌다. 지금도 전쟁, 기근, 지진이 끊이지 않는다. 더구나 전 세계가 함께 겪었던 코로나19로 수많은 목숨을 떠나보낸 아픔은 말로 표현할 수가 없다. 뉴스는 믿기 힘든 충격적인 사건들로 가득하다. 정상적인 양심을 가진 이들이 살아가기에는 너무 힘든 시대인 것이 분명하다.

그리하여 과거 우리가 견고히 붙들었던 가치들조차 쉽게 무너지는 것을 목격하게 된다. 철석같이 믿었던 이들에게 배신을 당해 상실감에 빠져 헤어나지 못하기도 한다. 청소년들은 공부와 입시에 찌들어 정서적으로 건강하게 자라지 못하고, 청년들은 '영끌'로라도 집을 마련하려 하다가 꿈과 희망을 펴보지도 못한 채 현실에 주저앉는다. 장년들은 가정과 직장 문제로 쉼 없이 씨름하면서도 생활고에 시달리고, 노년들은 고령화 시대에 남은 세월을 어떻게 살아가야 할지 염려가 가득하다. 이런 현실을 감당하지 못해 정신적으로 병이 들거나 극단적인 선택을 하기도 한다.

이러한 시대에 그리스도인은 어떻게 살아가야 하는가? 강퍅해진 사람들에게도 소망은 있는가? 수많은 갈등으로 몸살을 앓는 사회는 어디로 갈 것인가? 암울해 보이는 현실 속에서 우리 마음은 쉴 틈이 없다. 그러나 희망이 보이지 않는 상황 속에서, 절망에 빠진 인생 속에서, 이제는 끝이라고 생각되는 그 순간이야말로 역설적으로 예수 그리스도께 대한 소망이 싹트는 순간이 된다.

인생의 끝없는 문제의 해답은 예수 그리스도 안에서만 찾을 수 있다. "만물이 그로 말미암아 지은 바 되었으니 지은 것이 하나도 그가 없이는 된 것이 없느니라"(요 1:3). 그분이 인간의 기원이시기에, 그분을 통해 목적과 목표를 발견할 수 있는 것이다. 마치 어떤 물건의 용도를 알기 위해서는 누가 어떤 목적으로 그것을 만들었는지를 먼저 알아야 하는 것처럼, 인간을 지으신 하나님의 뜻을 발견하면 복잡하게 얽힌 인생 문제들에 대한 해법을 찾을 수 있다.

제자도의 관점에서 본 영성 형성

◆ 영적인 잠에 빠지기 전에 깨어나라! ◆

"사람들이 자기를 사랑하며, 돈을 사랑하며, 자랑하며, 교만하며, 비방하며, 부모를 거역하며, 감사하지 아니하며, 거룩하지 아니하며, 무정하며, 원통함을 풀지 아니하며, 모함하며, 절제하지 못하며, 사나우며, 선한 것을 좋아하지 아니하며, 배신하며, 조급하며, 자만하며, 쾌락을 사랑하기를 하나님 사랑하는 것보다 더하며"_딤후 3:2-4.

이 구절은 사도 바울이 말세가 되면 사람들이 어떤 고통을 당할지 디모데에게 전한 내용을 담고 있다. 성경은 이미 2000년 전에 오늘날의 세태를 너무나 정확히 표현하고 있다. 이 말씀에는 전 세계적으로 나타나는 현대인들의 특징이 고스란히 담겨 있다. 바울은 그 오랜 세월을 뛰어넘어 어쩌면 이렇게도 정확히 현실을 진단할 수 있었을까? 아마도 AD 1세기 로마 시대에 이미 말세의 징조들이 나타났기 때문일 것이다. 즉, 특정 시대의 현상이 아니라 인간의 부패한 본성을 그대로 보여주는 말씀이다.

예수님은 "피리를 불어도 너희가 춤추지 않고 우리가 슬피 울어도 너희가 가슴을 치지 아니하였다"(마 11:17)라고 당시 사람들의 완악함을 표현하셨다. 창세기에서도 아담이 범죄한 후 이미 이런 현상들이 곳곳에 나타난다. 하나님을 떠나 타락한 인간의 악한 성향을 보여주는 대목이다. 시대에 따라 표출 강도는 다르지만, 타락한 인간상은 인류사 초기부터 계속된 것이다.

인류 역사는 흥망성쇠를 거듭해왔다. 소돔과 고모라처럼 죄악 가득한 나라와 민족은 멸망하고 새 나라가 일어난다. 다시 그 나라가 타락하면 또 다른 나라가 일어나는 사이클이 반복된다. 하나님은 "여호와라 자비롭고 은혜롭고 노하기를 더디 하고 인자와 진실이 많은 하나님이라 … 그러나 벌을 면제하지는 아니하[는]"(출 34:6-7) 분이시다. 어떤 이들은 사랑의 하나님께서 과연 형벌을 내리시는지 의문을 품기도 하지만 공의의 하나님이 그렇게 하시는 것은 마땅한 일이다.

성경은 심판의 날이 반드시 임할 것을 예언한다. 이는 우리가 어떤 삶을 살아야 하는지 깨닫게 해준다. 하나님의 사랑은 공의와 분리될 수 없으며, 그 둘은 완전히 하나다. 하나님의 사랑에서 공의가, 공의에서 사랑이 나온다. 하나님의 공의는 거룩하심의 결과다. "주께서 경건한 자는 시험에서 건지실 줄 아시고 불의한 자는 형벌 아래에 두어 심판 날까지 지키시며"(벧후 2:9).

인간의 기본적인 가치관이 무너진 자리를 대체할 것은 아무것도 없다. 그 결과 혼란과 무질서가 세상을 더 어지럽히고 있다. 한마디로 현세대는 혼돈과 불신의 시대다. 혼돈과 불신은 사람들을 절망과 파멸에 빠뜨린다. 우리는 마치 거대한 파도가 밀려오는데도 해변가에 서서 꼼짝할 수 없는 것처럼 위태로운 시기를 살고 있다. 그리스도인은 세상 파도에 휩쓸려 정체성을 잃을 것인지, 아니면 파도를 타고 더 깊은 은혜의 바다로 나아가며 구원의 방주 역할을 할 것인지 선택해야 한다.

우리 인생에서 가장 위험한 때는 언제일까? 한 치 앞이 보이지 않는 막막한 시기일까? 혹은 낭떠러지 끝에 서 있을 때일까? 아니, 오히려 성공했다고 여기는 그 순간이 가장 위험한 것은 아닐까. "나는 실패에는 대비하고 있었지만, 성공에 대한 준비를 하지 못해 사업에 실패했습니다." 한때 500만 명의 회원을 자랑할 정도로 크게 성공한 벤처기업을 키웠지만, 불과 수년 만에 수십억의 빚과 이혼, 질병으로 시달렸던 어떤 사업가의 고백대로 성공의 최정점에서 추락하는 사람들을 쉽게 볼 수 있다. 그런 면에서 가난했지만 미래를 꿈꾸며 열심히 살던 과거보다, 잘살게 되었지만 불만과 분노로 가득해 서로 싸우는 지금이 더 위기임이 분명하다.

특히 그리스도인의 삶은 더욱 그렇다. 되었다고 자만하는 순간, 우리는 이미 마귀 올무에 걸려든 것일 수 있다. 마귀는 우리가 방심할 때 영적인 잠에 빠뜨리거나 추락시킨다. 한때 은혜받고 눈물로 간증하던 이들도 시간이 흘러 믿음마저 희미해진다. 또한 어떤 이들은 "우리에게 나갔으나 우리에게 속하지 않았기"(요일 2:19) 때문에 이단에 빠지거나 기독교를 비난하고 대적하는 데 앞장서기도 한다.

오늘날 우리 사회는 그리스도인에 대한 인식이 냉담할 뿐 아니라 교회를 노골적으로 비방한다. 이런 힘든 시대를 살아가는 그리스도인에게 가장 중요한 것은 영적으로 깨어 하나님의 선하신 뜻을 분별하는 지혜를 갖는 것이다. 지혜는 평화롭고 형통할 때가 아닌 어렵고 불안할 때 더 빛난다.

예수님께서 제자들에게 "주의하라 깨어 있으라"(막 13:33)라고 하셨듯, 오늘날 우리에게도 시대가 악하니 깨어있으라 명하신다. 세상이 어둡고 혼란스러울수록 참믿음이 더욱 드러나고 빛을 발하는 법이다. 우리는 영적으로 깨어, 착하고 선하고 충성된 청지기로 하나님이 예비하신 상을 받기 위해 푯대를 향해 달려가야 한다.

◆ 기독교 영성, 예수님께 집중하는 것 ◆

SNS, 유튜브, AI, 메타버스 등 가상세계에서 정보를 과잉 섭취하는 현대인들은 사실과 거짓, 실제와 가상이 혼재된 현실을 살면서 인생의 길을 잃고 방황하고 있다. 그러면서 우리는 잘 속고 또 누군가를 속이기도 한다. 성경은 "악한 사람들과 속이는 자들은 더욱 악하여져서 속이기도 하고 속기도 하나니 그러나 너는 배우고 확신한 일에 거하라…"(딤후 3:13-14)라고 말씀한다. 이는 확실한 기준이 없기 때문이다. 무엇이 진리인지 모르면 속을 수밖에 없다.

절대 진리야말로 현대인들이 잃어버린 보석이다. 현대인들이 상대적 가치를 따르면서 도덕과 윤리 기준은 무너져버렸다. 마치 "사람이 각기 자기의 소견에 옳은 대로 행하였[던]"(삿 21:25) 사사시대와 흡사해졌다. 이 시대의 다원주의와 혼합주의는 모든 사상을 관용한다. 절대적 진리를 부인하며, 주관적이고 상대적인 판단을 환영한다.

하지만 우리에게 절대 기준이 없다면, 마음은 부평초나 겨처럼 바람에 떠돌게 된다. 속지 않으려면 진리를 배우고 확신하는 일에 거해야 할 것이다. "성경은 능히 너로 하여금 그리스도 예수 안에 있는 믿음으로 말미암아 구원에 이르는 지혜가 있게 하느니라"(딤후 3:15).

많은 사람이 미래를 위한 현재의 인내를 어리석은 것으로 여겨 잠시의 불편함도 참지 못한다. 지금 당장 좋은 대로 행하고 눈앞에 보이는 것만을 따라 즐기려고 한다. 그러나 성경은 "보이는 것은 잠깐이요 보이지 않는 것은 영원"(고후 4:18)하다고 말씀한다. 눈에 보이는 것은 잠시 있다가 사라져버린다. 인생은 길어야 100년이며, 그 짧은 인생

동안에도 끝까지 지속되는 것은 거의 없다. 위인들의 역사적인 업적이나 흔적들도 세월이 흐르면 퇴색되는데, 하물며 평범한 우리가 집착하는 것이 과연 인생을 걸 만큼 가치가 있는 것일까?

인간은 육체의 욕구가 채워지고 나면 정신적 욕구와 영적 욕구가 갈급해진다. 인간이 인간답다는 것은 정신적, 영적 욕구가 있음을 의미한다. 우리 인생을 잘 들여다보면 보이는 것보다 보이지 않는 것이 더 중요한 경우가 많다. 가령 영적인 세계뿐만 아니라 지성, 감성, 의지를 포함한 정신세계, 공기나 중력과 같은 자연법칙도 보이지 않는다. 그런 면에서 오늘날을 살아가는 모든 그리스도인이 영적인 눈을 뜨고, 현대인들이 잃어버린 보석인, 절대적 진리인 말씀으로 돌아와 순종하며 말씀에 따라 살아가기를 간절히 바란다.

현대 그리스도인은 사탄의 계략에 속아 성경 진리를 빼앗기고 있다. 사탄은 성경의 중요하고 소중한 용어들을 부정적 이미지로 전락시켰다. 신앙의 본질인 '거룩함'과 '경건'은 고리타분한 구시대 유물로 치부되고, '구원'은 구원파의 이단 교리에서처럼 천국에 들어가려는 티켓 정도로 왜곡되었다. 거룩하신 하나님의 이름인 '여호와'는 여호와의 증인이 남용하여 그 이름이 망령되이 불리고 있다.

또한 '죄'에 대한 언급을 회피하고 가볍게 여겨 '회개'를 소홀히 하게 만들었다. 하나님과의 관계에서 가장 소중한 개념인 '은혜'를 악용하여 염치를 모르는 뻔뻔함으로 바꾸어놓았으며, '용서'는 죄에 대한 잘못된 관용으로 변질시켰다. '영성'이란 용어도 함부로 남용되어 기독교 내에서조차 회피 대상이 되었다.

한국의 초대교회 시기에는 1907년 평양 대부흥을 기점으로 진정한 회개 운동이 일어났다. 핍박과 순교로 인해 세상과 구별된 영성이 있었다. 그러나 한국 교회가 빠른 성장을 이루고 외형적 성장에만 치우치면서 영성과 관련하여 두 가지 잘못된 교회 유형이 나타났다. 한쪽은 율법주의와 화석화된 전통에 빠져 영성을 회피하거나 무관심한 교회들이다. 다른 쪽은 영성을 무속적 신비주의로 오용하는 교회들이다. 맹목적인 기복 신앙이나, 성경이 아닌 주관적인 체험에 의지하는 신앙은 사회에 대한 책임을 다하지 못하고 덕을 세우지도 못해 지탄받을 수밖에 없다.

제임스 패커는 오늘날 세상에서 만연하는 상대주의, 물질주의, 자기도취, 세속주의, 쾌락주의가 현대 교회 안으로 침투해서 우리가 영적 전투를 치르는 중이라며 하나님의 은혜가 그리스도인의 삶에서 드러나도록 교육해야 한다고 강조했다.[1]

교회는 진리를 배우기를 힘쓰지 않아서 구원에 합당한 열매를 맺지 못하고 외식적인 종교 생활에 머무른 것에서 돌이켜 그리스도께서 분부하신 모든 것을 가르쳐 지키게 하는 사역에 집중해야 한다(마 28:20).

교회에는 열심히 출석하면서도 하나님의 말씀을 제대로 알지 못하고 세상 사람들과 별 차이가 없이 살아가는 교인들이 있다. 외형적으로는 거룩함을 강조하지만 실제로는 세속적으로 살아 "경건의 모양은 있으나 경건의 능력은 부인하는"(딤후 3:5) 이원론적 모습을 보인다. 그로 인해 영성과 지성을 별개로 생각하고 감성, 의지, 사회성 그리고 몸을 영성과 상관없는 것처럼 여긴다. 그러나 영은 인격체이므로 영성과 인격은 분리될 수 없다. 기독교의 생명력은 신앙이 인격과

제자도의 관점에서 본 영성 형성

삶의 변화를 일으키는 데 있다. 그래서 그리스도인은 세상에 살면서도 세상과 구별된, 균형 잡힌 영성을 추구해야 한다.

올바른 영성을 추구하기 위해서는 먼저 영성에 대한 양극단의 왜곡된 개념을 버려야 한다. 첫째는, 유교의 영향으로 이원론, 세속주의 함정에 빠져 영성에 무관심한 태도다. 둘째는, 진리의 뿌리가 없는 감정적 체험만을 추구하거나 현세의 축복을 얻는 수단으로 생각하여 맹신적인 신앙을 부추기는 비인격적인 영성이다.

아울러 올바른 영성을 위해서는 성경에서 가르치는 영성을 올바르게 정립하는 것도 필수다. 이에 대해 유진 피터슨은 "영성이 신경증으로 발전하고 이기심으로 퇴화하며, 허세가 되어버리고 폭력으로 변질되는 경우가 많다"라고 말한다.[2] 그 원인은 성경이 아니라 우리 자신을 영성의 기본 텍스트이자 권위적인 텍스트로 삼기 때문이다.

진정한 기독교 영성은 우리 자신에게 주의를 기울이던 것에서 벗어나 예수님께 집중하는 것이다. 비록 과거에 영성을 오용한 요소가 있더라도 그리스도인에게 영성은 피할 수 없는 과제다. 모든 그리스도인이 인정하든 하지 않든 상관없이 어떤 형태로든 영성은 형성되고 있다. 그러므로 우리는 성경적이며 올바른 영성을 배워야 한다.

◆ 영적 위기의 돌파구는 어디에서 오는가 ◆

시대에 따라 사역의 특징과 방식이 달라진다. 복음 진리 자체는 영원히 변함없지만 그 복음을 담는 그릇은 시대의 필요에 따라 변화하기 마련이다. 오늘날의 지식과 기술은 과거 어느 때와도 비교할 수 없을 만큼 크게 발전했지만, 정신적으로는 오히려 피폐하고 공허하다. 이는 포스트모더니즘의 영향으로 기존의 가치관이 붕괴되었기 때문이다.

오늘날은 유일한 진리를 부인하고 다양한 영성을 추구하는 종교 다원주의의 시대이다. 그러나 많은 영성의 배후에는 자아실현과 힘을 얻으려는 우상숭배 사상이 깔려 있다.[3] 세상의 영은 음악, 미술, 연극, 영화나 애니메이션, 각종 영상물과 같은 대중매체를 이용하여 사회 곳곳에 스며들어 우리의 무의식 세계에 영향을 끼친다.

뉴에이지는 자기 우상화, 인본주의, 다신론, 범신론, 샤머니즘 등 세상의 온갖 영들이 뒤섞인 사이비 영성이다. 유일신 창조주 하나님을 대적하는 악한 영들의 집합체라 할 수 있다. 무질서와 해체를 핵심 개념으로 삼는 포스트모더니즘은 기존의 도덕과 윤리, 가치관을 흔들고 붕괴시켰다. 우리는 사고와 판단력이 흐려져 주관과 감정에 치우친 시대를 살아가고 있다.

성경에 대한 무지, 영적 무질서, 교회 내 상대주의 사상의 확산, 그리스도인의 높은 이혼율, 증가하는 신도 수와 상관없이 빠른 속도로 확산하는 사회의 부도덕성 등은 많은 그리스도인이 세속화되고 있음을 여실히 보여준다. 점점 더 많은 그리스도인이 적당히 타협하라는 세상의 외침 속에 휘말리고 있다.[4]

인간은 기본적인 물질적 욕구가 채워지고 환경이 좋아질수록 영혼이 공허해지고 영적인 욕구가 더 강렬해진다. 이런 점에서 오늘날 큰 반향을 일으키는 화두는 '영성 형성'이다. 달라스 윌라드에 따르면, 영성 형성은 사실 새로운 개념이 아니라, 사회적 행동을 중시하는 진보주의자와 개인의 구원을 중시하는 근본주의자 사이의 오랜 논쟁으로 인해 잠시 잊힌 주제로, 영성에 굶주린 사람들이 많아지면서 새롭게 부각되었다고 했다.[5]

이처럼 영성에 대한 시대적 요청과 관심이 높아진 만큼, 올바른 연구와 명확한 방향 제시가 필요하다. 그리스도인이 영성의 개념을 바르게 인식하고, 복음을 전하며 제자 삼아 영적 성장을 이뤄나가기 위해서다. 성경적인 영성은 (1) 그리스도가 중심되시며, (2) 성령의 도우시는 힘을 의지하여, (3) 인격의 모든 영역과, (4) 전 생애에 걸쳐, (5) 하나님의 은혜로운 주권에 올바르게 반응하고 순종하는 것이다.[6]

교회는 성령의 전이며 그리스도의 신부이므로 세상과는 구별되는 순결하고 성숙한 영성을 지녀야 한다. 그런데 말세에는 사탄도 자기를 광명한 천사로 가장하기 때문에 '진리의 영과 미혹의 영'을 분별하고 영성을 올바르게 회복하는 것이 교회의 중요한 사명이다(요일 4:6).

♦ 진정한 교육은 사람을 바꾼다: ♦
다음 세대를 위한 영성 교육

교회 역사를 보면 영적으로 부흥하는 시기가 있다. 그러나 이때 올바른 교육이 뒤따르지 않으면 그다음 세대에는 영적인 침체가 나타나는 것을 종종 볼 수 있다. 선진국에서는 이미 오래전부터 학교 교육에서 개인 권리를 앞세우다가 인간의 올바른 길이 무엇인지를 가르치는 것을 점점 소홀히 했다. 그 결과 인간의 기본적인 도덕과 윤리가 무너졌다. 인간 됨을 올바로 가르치지 않고 각기 소견에 좋은 대로 방임함으로써 사회에서 일어나는 폐단과 타락을 유럽과 미국 등 선진국뿐만 아니라 우리나라에서도 보고 있다.

가치관이 제대로 형성되지 못한 채 단순히 지식과 기술 습득에만 치중하게 된다면, 타락한 본성을 지닌 인간은 더욱 부패할 수밖에 없다. 기독교 정신으로 세워진 미국이 인권과 자유라는 명분으로 '성 개방'과 '동성애 부부 허용'과 같은 타락으로 빠진 이유도 교육 실패 때문이라고 할 수 있다. 미국은 케네디 대통령 시절에 자유와 종교 평등이라는 이유로 학교에서 기도와 성경 공부를 금지했으며, 이론에 불과한 다윈의 진화론을 진실인 양 가르쳐왔다. 앞선 선진국들의 타락과 쇠퇴는 하나님을 떠난 인본주의 정신의 산물인 셈이다.

인본주의는 모든 가치관이 나름대로 가치 있다고 전제한다. 인권과 자유라는 명분 아래 진리를 버리고 인간의 부패한 본성을 부추기고 있다. 그러나 성경은 어릴 적부터 절대 진리를 가르치라 말씀한다. 그렇지 않으면 인간의 부패한 육신의 본성 때문에 마귀에게 속아 종노릇을 할 수밖에 없다. 마귀가 잘 쓰는 무기는 진리에 대한 무지이기 때문이다. 하나님 말씀의 진리를 모르면 마귀에게 쉽게 속을 수밖에 없다.

우리의 다음 세대는 복합적이고 불확실하며 다양한 문화 가운데서 성장하고 있다. 그리스도인의 정체성 재인식, 영적 체험 및 경험에 대한 관심 변화, 권위에 도전하는 탈권위주의 변화를 겪고 있는 다음 세대를 어떻게 교육할 것인가. 교회는 신앙 공동체를 통해 그들에게 소망을 보여주어야 한다. 포스트모던 세대를 위한 신앙 공동체의 영성 교육은 매우 중요하고 필수적이다.

진정한 교육은 사람을 올바른 방향으로 변화시킨다. 교회 교육은 지식으로만 머무는 죽은 교육이 아니라 삶의 현장에서 진리의 말씀대로 살아가는 산교육의 산실이 되어야 한다. 영성 교육은 성품 변화뿐 아니라, 사회적으로 이웃사랑을 실천하며 하나님 나라를 확장하는 행동 변화까지 아울러야 한다. 영성이 내면에 머무르는 것이 아니라 생각, 말, 행동에도 나타나야 한다. 내면의 영성과 실천적 영성 사이의 균형이 중요하다.

영성 교육은 "내가 그들에게 내 말을 들려주어 그들이 세상에 사는 날 동안 나를 경외함을 배우게 하며 그 자녀에게 가르치게 하리라"(신 4:10)는 말씀대로 평생 교육이 되어야 한다. 교육은 잠재적 문제들을 예방하는 효과가 있다. 교회가 다음 세대에게 올바르고 건전한 사고력을 갖추도록 교육한다면 그들은 사회의 부패를 방지하는 소금과 어둠을 밝히는 빛 역할을 할 수 있을 것이다.

1부

하나님을 갈망함

영성 형성의 출발

1장

인생의 딜레마

죽음의 두려움을 넘어서

♦ 인생에서 피할 수 없는 세 가지 문제 ♦

우리는 지금 역사의 마지막 때를 살아가고 있는 것이 분명해 보인다. 옳고 그름의 경계가 모호해지고, 자신의 감정에 솔직해지는 것이 마치 정답처럼 여겨지는 시대다. 이런 시기에 우리 그리스도인은 어떻게 낙심하지 않고 온전히 살아갈 수 있을까? 성경은 명확히 말한다. "우리 주 예수 그리스도로 말미암아 우리에게 승리를 주시는 하나님께 감사하노니 그러므로 내 사랑하는 형제들아 견실하며 흔들리지 말고 항상 주의 일에 더욱 힘쓰는 자들이 되라 이는 너희 수고가 주 안에서 헛되지 않은 줄 앎이라"(고전 15:57-58). 우리가 낙심하지 않고 승리할 수 있는 유일한 길은 예수 그리스도에게 있다. 그러나 사람들은 진리의 말씀을 듣지 않으려 한다. 그들은 인생의 궁극적인 문제에 대한 해답을 엉뚱한 곳에서 찾아 헤맨다.

죄: 사는 게 두려운 근본적인 이유

징즈웬, 황징린은 《간신론, 인간의 부조리를 묻다》에서 이렇게 말한다. "사회 질서가 혼탁해지면 야심가와 음모가들이 우리를 뛰쳐나온다. 이럴 때는 사상과 도덕을 교육할 겨를이 없고, 감독 기관은 마비되며, 사람들의 도덕 수준은 떨어진다. 각종 파멸과 유언비어가 난무하며, 이단 종교가 위선의 탈을 뒤집어쓴 채 사악한 교리를 펼친다."

안타깝게도 오늘날 우리 사회에도 이런 현상들이 만연하고 있다. 사리사욕, 권력욕, 시기와 질투, 아첨, 이기심, 사기와 속임수, 지나친 공명심, 패거리 짓기, 교활함, 구밀복검(口蜜腹劍, 외적으로는 달콤한 말을 하면서 내면적으로는 해로운 의도를 가진 행위) 등이 그것이다. 정치가 혼란하고 사회 기강이 흐트러지면 많은 사람에게 이러한 간신의 속성이 드러난다. 인간의 죄성을 여실히 보여주는 예다.

아담과 하와가 "선악을 알게 하는 나무의 열매는 먹지 말라 네가 먹는 날에는 반드시 죽으리라"(창 2:17)는 하나님의 명령에 불순종함으로 죄가 인류에게 들어왔다. 왜 하나님께서 선악을 알게 하는 나무의 열매를 먹지 말라고 하셨을까? 인간이 악을 모르는 상태에서 악을 알게 되면 유혹에 쉽게 빠지고 악의 길로 끌려다닐 수밖에 없는 연약한 존재임을 하나님께서 알고 계셨기 때문이다.

인류의 타락은 첫 사람 아담이 죄를 지은 직후부터 시작되었다. 아담의 후손인 가인이 시기심으로 동생 아벨을 살해하는 것을 시작으로 인류의 죄는 끊임없이 이어지고 있다. 예수님이 예언하신 말세의 사람들에게서 동일한 특징을 찾아볼 수 있다. "그때에 많은 사람이 실족하게 되어 서로 잡아주고 서로 미워하겠으며 거짓 선지자가 많이 일어나 많은 사람을 미혹하겠으며 불법이 성하므로 많은 사람의 사랑이 식어지리라"(마 24:10-12). 인간의 조상인 아담의 불순종 때문에 죄가 우리의 본성이 되었다. "그러므로 한 사람으로 말미암아 죄가 세상에 들어오고 죄로 말미암아 사망이 들어왔나니 이와 같이 모든 사람이 죄를 지었으므로 사망이 모든 사람에게 이르렀느니라"(롬 5:12).

성경은 "모든 사람이 죄를 범하였으매 하나님의 영광에 이르지 못하더니"(롬 3:23)라고 말씀하면서 죄의 보편성을 지적한다. 우리는 지금도 그 죄로 인한 비참한 결과를 경험하고 있다. 인간의 죄로 말미암아 부조리와 두려움이 생긴 것이다. 어떤 단체나 사회가 아무리 좋은 법과 규칙을 세워도 인간의 타락한 본성 때문에 시간이 흐를수록 부패해진다. 모든 사람을 불안하게 만들고 두렵게 하는 죄악상도 결국 우리가 죄인임을 여실히 드러낸다.

두려움은 죄의 결과다. 죄를 범한 대부분은 공포나 불안에 사로잡혀 살아간다. 무의식에 잠재된 두려움이거나, 경험에서 비롯된 공포일 수도 있다. 공포와 두려움에 사로잡힌 사람은 이성을 잃는다. 불합리하고 비상식적인 이단에 빠지거나 말도 안 되는 학대를 당하는 이유도 대부분 두려움 때문이다. 그러나 복음은 우리를 죄로 인한 근본적인 두려움에서 해방해 자유하게 하고 평강을 주신다(빌 4:7).

죽음: 인간을 에워싸고 있는 삼중 죽음의 무게감

죄의 원인은 교만에서 비롯된 불순종이며, 그 결과는 불가피한 죽음이다. 죽음에는 영적 죽음, 육체적 죽음, 영원한 죽음 등 소위 '삼중 죽음'이 있다. 이는 모두 하나님의 말씀에 인간이 불순종한 결과다. "선악을 알게 하는 나무의 열매는 먹지 말라 네가 먹는 날에는 반드시 죽으리라 하시니라"(창 2:17). 사도 바울은 죽음의 원인을 이렇게 말한다. "그러므로 한 사람으로 말미암아 죄가 세상에 들어오고 죄로 말미암아 사망이 들어왔나니 이와 같이 모든 사람이 죄를 지었으므로 사망이 모든 사람에게 이르렀느니라"(롬 5:12).

인간이 불순종의 죄를 범하여 하나님을 배반한 결과 하나님과의 관계가 단절되었다. 이것이 영적 죽음이다. 또한 인생을 마감할 때 몸이 흙으로 돌아가는 육체의 죽음을 겪는다. 마지막으로 영혼은 하나님의 심판대 앞에서 형벌을 받는 영원한 죽음을 맞는다.

사탄은 죽음을 지배하면서, 죽음을 두려워하는 자들을 종으로 삼는다. 그러나 예수님께서는 "또 죽기를 무서워하므로 한평생 매여 종노릇 하는 모든 자들을 놓아주려"(히 2:15) 하신다. 복음은 우리를 죽음에서 생명으로 옮겼다(요 5:24).

세상 역사는 죽음의 역사이지만 성경은 생명의 역사이다. 예수 그리스도의 구원 사역으로 우리에게 놀라운 은혜가 주어졌다. 예수님께서 부활로 죽음을 이기셨기에 영적 거듭남으로 영적 죽음과 영원한 죽음에서 벗어날 수 있게 되었다. 육체로만 한 번 태어난다면 육체적 죽음뿐만 아니라 영적 죽음과 영원한 죽음까지도 겪게 된다. 그러나 영적으로 거듭나 두 번 태어나면 육체의 죽음만 경험한다. 사도 바울이 "예수 안에서 자는 자들"(살전 4:14)이라고 표현한 것처럼, 그리스도인에게 있어 죽음이란 영혼이 육체의 장막을 떠난 후 새 몸으로 부활할 때까지 잠시 쉬어가는 것에 불과하다.

"이 썩을 것이 썩지 아니함을 입고 이 죽을 것이 죽지 아니함을 입을 때에는 사망을 삼키고 이기리라고 기록된 말씀이 이루어지리라 사망아 너의 승리가 어디 있느냐 사망아 네가 쏘는 것이 어디 있느냐 사망이 쏘는 것은 죄요 죄의 권능은 율법이라 우리 주 예수 그리스도로 말미암아 우리에게 승리를 주시는 하나님께 감사하노니"_고전 15:54-57.

비록 이 시대에 타인은 물론 자신의 생명마저도 스스로 끊어버리는 등 생명을 경시하는 풍조가 만연해 있지만, 생명은 엄연히 하나님의 주권 아래 있다. 그리고 하나님의 형상대로 지음받은 사람은 육체의 생명보다 영혼의 생명이 더욱 중요하다. 사람의 육체는 호흡이 끝나면 흙으로 돌아가지만 영혼은 불멸하기 때문이다. 그러므로 이 세상에서의 삶은 자신의 영혼이 장차 어디서, 그리고 어떻게 영원을 보내게 될지를 결정짓는 중요한 시간이라 할 수 있다.

허무: 열심히 살지만 결국엔 불안한 이유

하나님께 속하지 않은 세상의 모든 것은 다 헛되고 헛되다. 사람이 인생에서 아무리 수고하고 애써도 그것은 헛된 수고에 불과하다.

"모든 만물이 피곤하다는 것을 사람이 말로 다 말할 수 없나니 눈은 보아도 족함이 없고 귀는 들어도 가득 차지 아니하도다"_전 1:8.

"나의 때가 얼마나 짧은지 기억하소서 주께서 모든 사람을 어찌 그리 허무하게 창조하셨는지요"_시 89:47.

많은 사람이 허무하고 피곤한 인생을 살아간다. 어떤 목표를 향해 열심히 달려갈 때는 허무함을 잠시 잊고 산다. 하지만 막상 그 목표를 이루었을 때 허탈한 공허감이 밀려든다. 우리가 인생의 목표로 삼았던 것이 얼마나 헛된 것이었는지 깨달았을 때는 이미 너무 늦어버린 경우가 많다. 세상의 유명인이나 성공한 이들이 자살하거나 마약에 빠지는 이유는 이 허무감을 이기지 못했기 때문이다. 하나님을 떠나 인생의 행복을 찾으려 하는 것은 마치 무지개나 바람을 잡으려는 것과 같아서, 잡은 줄 알았던 순간 오히려 더욱 멀어져 버리고 만다.

지금도 인생의 의미를 찾기 위해 방황하는 이들로 인해 세상은 부산하고 피곤하기만 하다. 사람들은 허무함을 떨쳐내고자 더욱 바쁘게 살아간다. 그러나 성경은 이렇게 말한다. "사람이 해 아래에서 행하는 모든 수고와 마음에 애쓰는 것이 무슨 소득이 있으랴 일평생에 근심하며 수고하는 것이 슬픔뿐이라 그의 마음이 밤에도 쉬지 못하나니 이것도 헛되도다"(전 2:22-23). 복음은 이런 우리를 인생의 허무에서 벗어나게 하여 "더 풍성한 생명"으로 이끌어준다(요 10:10). 그리하여 모든 수고가 헛되지 않게 되며(고전 15:58), 우리는 헛된 인생에서 가치 있는 인생이 된다.

♦ 인간이 하나님 대신 의지하는 것들 ♦

사람들은 죄와 죽음, 허무와 같이 인생에서 피할 수 없는 문제들을 해결하고자 안간힘을 쓴다. 그들은 종교를 찾거나 어떤 이념을 신봉한다. 성공에 집착하거나 어떤 대상에 사로잡히기도 한다. 실제 문제를 회피하기 위해 일시적인 쾌락에 중독되기도 한다.

인간은 본능적으로 의존성과 사회성을 지니고 있다. 홀로 살아갈 수 있는 사람은 없다. 비록 혼자 살더라도 최소한 몇 사람과는 관계를 맺고 산다. 우리는 누군가의 사랑을 받거나 누군가를 사랑할 때 살아갈 이유와 힘을 얻는다. 이러한 인간의 의존적 본능이 종교를 찾게 하고 혹은 중독에 빠지게도 한다.

종교: 공허함을 채우기 위한 인간의 몸부림

사람에게는 전능자를 찾고 의지하려는 본성이 있다. 하나님께서 자신의 형상대로 사람을 창조하신 것은 창조주의 영광을 찬미하도록 지으셨기 때문이다. 사람에게는 하나님만이 채우실 수 있는 영혼의 빈 공간이 있다. 그러므로 하나님을 떠나 있는 사람은 공허할 수밖에 없다. 고대로부터 사람들은 그 공허함을 메우려고 많은 종교를 만들어왔다. 모든 종교에서 하나같이 하나님 대신 우상을 만든 이유가 여기 있다.

> "하나님을 알되 하나님을 영화롭게도 아니하며 감사하지도 아니하고 오히려 그 생각이 허망하여지며 미련한 마음이 어두워졌나니 스스로 지혜 있다 하나 어리석게 되어 썩어지지 아니하는 하나님의 영광을 썩어질 사람과 새와 짐승과 기어 다니는 동물 모양의 우상으로 바꾸었느니라"
> _롬 1:21-23 .

사람들은 누구나 어떤 대상을 믿고 의지하며 살아간다. 아무도 의지하지 않고는 살아갈 수 없는 것이 인생이다. 평소 자기 자신을 믿고 살아가는 사람이라도 위기가 닥치면 외부에 도움을 요청하게 된다. 인간이 피조물로서 창조주를 의지하고 소속되어야 하는 증거가 여기에 있다. 이것이 인간의 한계다. 인간에게는 무엇인가를 의지하거나 어딘가에 소속되고자 하는 본능적 욕구가 있기 때문이다. 따라서 올바른 믿음의 대상을 찾아야 한다. 누구를 믿고 의지하느냐에 따라 현재와 미래의 인생이 좌우된다. 믿음의 대상이 잘못된다면 허무한 인생을 피할 수 없다.

> "여호와의 율례와 여호와께서 그들의 조상들과 더불어 세우신 언약과 경계하신 말씀을 버리고 허무한 것을 뒤따라 허망하며 또 여호와께서 명령하사 따르지 말라 하신 사방 이방 사람을 따라 그들의 하나님 여호와의 모든 명령을 버리고 자기들을 위하여 두 송아지 형상을 부어 만들고 또 아세라 목상을 만들고 하늘의 일월 성신을 경배하며 또 바알을 섬기고"
>
> _왕하 17:15-16.

종교는 어떤 성인의 사상을 근거로 하거나 신비한 자연을 의지하기도 한다. 즉, 종교는 사람이 신을 찾기 위해 만든 것이다. 반면 복음은 하나님께서 인간을 찾아오셔서 말씀으로 직접 자신을 계시해주신 것이다. 그러므로 기독교는 일반 종교와는 다르다. 하나님의 말씀이 육신이 되어 예수님께서 구원자로 오신 것이다. "예수께서 이르시되 내가 곧 길이요 진리요 생명이니 나로 말미암지 않고는 아버지께로 올 자가 없느니라"(요 14:6). 그러므로 기독교는 종교가 아니라 진리와 영원한 생명에 이르는 유일한 길이다. 하나님 외에 다른 신을 믿는 모든 종교는 사람들이 만든 우상에 불과하다. 진리는 배타적일 수밖에 없다. 창조주이신 하나님께서 세우신 법이기 때문이다.

그럼에도 사람들이 하나님을 마음에 두기 싫어하는 이유는 그분의 말씀에 순종하기 싫기 때문이다. 인간은 하나님의 말씀에 순종하기보다 자기 마음에 맞는 우상을 만들어 의지하기를 좋아한다. 우상은 인간이 제 마음대로 할 수 있기 때문이다. 도움이 필요할 때는 찾다가도 그렇지 않을 때는 아무 상관 없이 살 수 있기에 부담이 없다.

인간은 자신의 한계 때문에 전능자를 의지하고 그 존재의 도움을 받기를 원하면서도 간섭받는 것은 싫어한다. 그래서 사람이 만든 일반 종교들은 신과 인격적 관계를 맺을 필요가 없다. 종교 예식이나 규례를 지켜 의무만 다하고 그 보상으로 도움만 받으면 된다는 생각이다. 일반적으로 종교는 이러한 공로의식에 기반을 두고 있다. 종교 수행을 한 대가로 받는 수고비와 다를 바 없는 것이다.

중독: 자유의지를 포기하고 얻은 거짓 자유

한때 세계 최고의 팝가수로 전성기를 구가했던 미모의 여자 가수였는데 비참하게 전락한 인생 여정을 한 동영상에서 보았다. 십 대의 어린 나이에 정상에 오른 그녀였다. 엄청난 인기를 누렸고 많은 이의 부러움을 한 몸에 받았다. 그러나 30대 초반의 젊은 나이에 두 번의 이혼을 겪고 약물 중독에 빠졌다. 아름다웠던 금발을 삭발한 채 초췌해진 모습은 충격적이었다. 모든 이가 부러워하던 명성과 부귀영화, 건강과 미모는 한순간에 사라지고 퀭한 눈과 수척한 몸만 남은 모습이었다.

세상의 성공이란 얼마나 허무하고 일시적인가. 그녀의 인생을 통해 사탄의 속임수에 넘어간 연약한 인간의 비참함을 볼 수 있었다. 너무 어린 나이에 갑작스럽게 주어지는 큰 성공은 마귀의 함정일 수 있다. 성공을 감당할 만한 그릇이 갖춰지지 않은 상태에서 갑작스럽게 찾아온 성공은 진정한 축복이 되기 어렵기 때문이다.

인간은 창조주 하나님께 의지하도록 지음받았다. 그러나 죄로 인해 다른 무엇인가에 의지하고자 하는 욕망이 생겼다. 이것이 중독의 시작이다. 현대인들이 흔히 겪는 중독 대상은 처음에는 호기심, 재미, 허전함을 채우려는 선택에서 비롯된다. 예를 들어 술, 도박, 성, 사재기, 게임, 마약, 스포츠, TV 등이 그렇다. 그러나 이것이 중독으로 발전하면 더 이상 자의적 선택이 통하지 않는다. 그 대상의 힘에 사로잡혀 종속되고 노예로 전락하게 된다.

인간이 하나님 아닌 다른 대상에 집착하는 것은 자신의 소중한 특권인 자유의지를 포기하는 것과 같다. 이 얼마나 어리석은 일인가. 하나님께 순종하길 거부하고는 자유롭게 살려고 선택한 대상에 오히려 평생토록 종노릇하며 살아간다니, 아이러니가 아닐 수 없다.

사탄은 어떤 이를 순식간에 인생의 정점에 올려놓고는, 그 사람이 성공을 만끽하려는 바로 그때 깊은 낭떠러지로 떨어뜨리곤 한다. 마귀가 광야에서 예수님을 시험했던 수법과 유사하다. 마태복음 4장에 보면 "마귀가 예수를 거룩한 성으로 데려다가 성전 꼭대기에 세우고 … 네가 만일 하나님의 아들이어든 뛰어내리라"(4:5-6) 하면서 이생의 자랑에 빠지도록 유혹한다. 또한 천하만국과 그 영광을 보여주며 안목의 정욕을 시험하기도 했다.

제자도의 관점에서 본 영성 형성

이처럼 마귀는 이 세상 만물을 다 줄 것처럼 속여 영혼을 빼앗아 가는 데 능수능란하다. 마귀는 일부 사실에 거짓말을 섞어 멋지게 포장하여 유혹한다. 하지만 예수님은 그 거짓에 속지 않으셨다. "주 너의 하나님께 경배하고 다만 그를 섬기라"(마 4:10)는 말씀으로 유혹을 물리치셨다.

하지만 오늘날 수많은 이가 마귀의 속임수에 너무도 쉽게 넘어간다. 그러고는 잠깐의 영화를 누리다가 어느 순간 갑자기 추락하는 일이 비일비재하다. 순간의 쾌락을 위해 영혼을 영원히 잃어버리는 것만큼 비참한 일이 또 어디 있겠는가? 그런데도 불나방처럼 멋모른 채 불길로 뛰어드는 이들이 끊이지 않는다.

만일 이 세상이 전부이고 죽음으로 다 끝난다면 제멋대로 살아간들 어떻겠는가? 그러나 성경은 "한 번 죽는 것은 사람에게 정해진 것이요 그 후에는 심판이 있으리니"(히 9:27)라고 분명히 말씀하신다. 우리가 원하든 원치 않든 간에, 각자는 자신이 행한 대로 심판을 받게 될 것이다. "보라 내가 속히 오리니 내가 줄 상이 내게 있어 각 사람에게 그가 행한 대로 갚아주리라"(계 22:12).

사탄과 마귀는 사람들의 영혼을 도둑질하고 죽이고 멸망시키려 했지만, 예수님께서는 "양으로 생명을 얻게 하고 더 풍성히 얻게" 하시기 위하여 오셨음을 잊지 말아야 한다(요 10:10).

2장

영적 성장의 가치

일상에서 경험하는 성장의 열매들

◆ 영적으로 성장하지 않으면 ◆

우리가 인생에서 지켜야 할 가장 소중한 것은 무엇일까?

"사람이 만일 온 천하를 얻고도 제 목숨^{soul}을 잃으면 무엇이 유익하리요
사람이 무엇을 주고 제 목숨^{soul}과 바꾸겠느냐"_마 16:26.

비록 온 세상을 다 얻는다 해도 자신의 영혼을 잃어버린다면 거기
에는 아무런 유익이 없을뿐더러 결국 멸망에 이르고 만다. 우리의 영
혼은 불멸하고 영원하기 때문이다.

"우리가 주목하는 것은 보이는 것이 아니요 보이지 않는 것이니 보이는
것은 잠깐이요 보이지 않는 것은 영원함이라"_고후 4:18.

보이지 않는 영원한 것, 즉 자신의 영혼을 지키고 돌보는 일만큼 중요한 것은 없다. 그렇다면 어떻게 하면 우리의 영혼을 지키고 온전히 세울 수 있을까?

자식을 간절히 기다리던 가정에 어린 생명이 태어났다. 오랜 시간 기다려온 자녀라 혹여 다칠세라 품에 안고 금지옥엽으로 키웠다. 그런데 앉고 기고 서야 할 시기가 되었는데도 발달이 더뎠다. 부모의 근심은 날로 커지고 초조함이 앞선다. '혹시 발달 장애는 아닐까?' '지적 장애면 어떡하지?' 병원에 가서 진단받기조차 두려워진다. 이처럼 부모라면 누구나 자녀가 정상적으로 자라지 못할까 봐 가슴 졸이며 걱정한 적이 있을 것이다. 어린 자녀에 대한 부모의 가장 큰 관심사는 아무 탈 없이 건강하게 잘 자라는 것이다.

그렇다면 우리의 영적 성장 상태는 어떠한가? 그리스도인이 정작 인생에서 가장 중요한 영혼의 성장에 무관심하다면 큰 문제가 아닐 수 없다. 우리에게는 이러한 영적 발달 장애는 없는가? 혹시 우리가 하나님 아버지께 큰 근심거리가 되고 있지는 않은가?

현대 교회 안에는 영적으로 홀로 서 있지 못하고 주저앉아 있거나, 영적으로 병들어 누워 있는 그리스도인이 너무나 많다. 그래서 교회가 힘을 잃고 무기력해진 것이다. 하나님의 부르심에 합당한 열매를 맺지 못하고 있을 뿐 아니라 하나님의 영광을 크게 가리면서도 수치심조차 없다. 하나님의 이름이 더럽혀지고 있음에도 아랑곳하지 않는다. 그리스도인이 이렇듯 심각한 영적 발달 장애를 겪고 있으면서도 무관심한 이유는 무엇일까? 자신은 이미 구원받았다는 생각에 영적 성장은 중요하지 않다고 여기기 때문이 아닐까?

그러나 영적으로 성장하지 않으면 하나님의 책망을 받는다는 사실을 잊지 말아야 한다. 영적 성장을 등한시하는 것은 하나님의 오래 참으심을 멸시하고 회개하지 않는 행위이며, 하나님의 진노를 쌓는 일이다(롬 2:4-5).

자연계에는 엔트로피 증가의 법칙이 있다. 어떤 물체를 가만히 내버려두면 시간이 지날수록 질서가 파괴되고 무질서해지는 현상을 말한다. 영적 세계도 마찬가지다. 영적으로 성장하지 않으면 영적 혼돈과 어둠에 갇히게 된다.

예수님께서 말씀하신 달란트 비유는 재능과 은사를 활용하라는 교훈일 뿐 아니라, 영적 성장의 중요성을 일깨워주는 교훈이기도 하다(마 25:14-30, 눅 19:11-27). 그리스도인이 영적으로 성숙해 갈수록, 하나님께서 주시는 지혜의 빛 아래에서 자신에게 부여된 재능과 은사의 참된 가치와 목적을 깨닫게 된다. 이를 통해 그들은 자신의 능력을 단순히 개인적인 성취나 만족을 위해 사용하는 것이 아니라, 하나님의 뜻에 부합하는 방향으로 사용할 수 있다. 주님은 영적으로 성장하지 않고 제멋대로 사는 청지기에 대해 "엄히 때리고 외식하는 자가 받는 벌에 처하리니 거기서 슬피 울며 이를 갈리라"(마 24:51)라고 경고하셨다.

> "인자가 그 천사들을 보내리니 그들이 그 나라에서 모든 넘어지게 하는 것과 또 불법을 행하는 자들을 거두어내어 풀무 불에 던져 넣으리니 거기서 울며 이를 갈게 되리라 그때에 의인들은 자기 아버지 나라에서 해와 같이 빛나리라 귀 있는 자는 들으라" 마 13:41-43.

◆ 하나님의 선하신 뜻을 깨닫고 행하기 위해 ◆

영적 성장이 왜 필요한가? 첫째, 영석 성장은 하나님의 자녀들을 향한 그분의 선하신 뜻이기 때문이다. "오직 사랑 안에서 참된 것을 하여 범사에 그에게까지 자랄지라 그는 머리니 곧 그리스도라"(엡 4:15). 모든 부모가 자녀가 건강하게 잘 자라 행복한 삶을 살기를 바라는 것처럼, 영적 아버지이신 하나님께서도 자녀들이 올바르게 성장하여 온전한 사람이 되기를 원하신다.

성경은 우리가 영적 어린아이 상태에 머무르지 말고 진리를 알아 영적으로 자라갈 것을 권면한다.

> "우리가 다 하나님의 아들을 믿는 것과 아는 일에 하나가 되어 온전한 사람을 이루어 그리스도의 장성한 분량이 충만한 데까지 이르리니 이는 우리가 이제부터 어린아이가 되지 아니하여 사람의 속임수와 간사한 유혹에 빠져 온갖 교훈의 풍조에 밀려 요동하지 않게 하려 함이라"_엡 4:13-14.

영적으로 어린 상태에 머물러 있으면 진리를 깨닫지 못할뿐더러, 남의 말에 쉽게 현혹되어 흔들리며, 세상의 가치관에 휩쓸려 살아가게 된다. 예수님께서 표적을 행하시고 병자를 고치시며 수천 명을 먹이셨을 때는 많은 무리가 따랐지만, 깊은 진리의 말씀을 하셨을 때는 "이 말씀은 어렵도다 누가 들을 수 있느냐"(요 6:60)라고 불평하며 떠나갔던 것을 보면서 우리는 영적 무지와 유아적 신앙이 무엇인지 알 수 있다.

영적으로 성장해야 하나님의 뜻을 온전히 깨닫고 행할 수 있다. 그리스도인은 예수 그리스도를 믿는 믿음으로 살아가는 사람들이다. 이 믿음이 세상을 이기는 힘이다. 그러므로 믿음이 자라지 않으면 하나님의 부르심에 합당하게 살아갈 수 없으며 수치를 드러내게 된다.

오늘날 교회와 사회에서 문제를 일으키는 이들은 대체로 세 부류다. 그리스도인 행세를 하지만 본질상 가짜인 '가라지', 영적으로 '병든 자' 그리고 영적 '어린아이' 중 하나다. 이들 모두 영적으로 올바르게 성장하지 못한 데서 비롯된다. 가라지는 영적 생명이 없어 성장할 수 없고, 병든 자는 상처나 병으로 온전한 성장이 어렵다. 영적 어린아이는 진리를 배우는 데 게을러 성장이 더딘 상태다. 이들은 선악에 대한 분별력이 없어 무분별한 행동을 하기도 한다. 영적 어린아이가 유치한 행동에서 벗어나기 위해서는 성장하는 수밖에 없다.

"내가 어렸을 때에는 말하는 것이 어린아이와 같고 깨닫는 것이 어린아이와 같고 생각하는 것이 어린아이와 같다가 장성한 사람이 되어서는 어린아이의 일을 버렸노라"_고전 13:11.

신앙의 연조가 오래되었다고, 교회에서 중요한 직분을 맡았다고, 나이가 많다고 해서 자동적으로 영적으로 성장하는 것은 아니다. 영적 성장의 척도는 생각의 중심에 누가 있느냐에 달려 있다. 자기중심이냐 아니면 하나님 중심이냐에 따라 영적 성숙도가 달라진다. 영적 어린아이는 철저히 자기중심적이고 이기적이어서 자신 외에는 아무것도 보지 못한다. 그래서 자기에게 좋은 것만 받아들이고, 마음에 들지 않으면 울고 떼를 쓴다. 그로 인해 주위 사람들은 고통받고 지치게 된다. 자신은 성장하지 않으면서 다른 사람에게 상처만 주는 이들이 큰소리치는 세상은 함께 살아가기 힘든 세상이다.

◆ 풍성한 열매를 맺고 생명을 누리기 위해 ◆

둘째, 영적 성장은 그리스도인에게 풍성한 열매를 맺게 하기 때문이다. "무릇 내게 붙어 있어 열매를 맺지 아니하는 가지는 아버지께서 그것을 제거해버리시고 무릇 열매를 맺는 가지는 더 열매를 맺게 하려 하여 그것을 깨끗하게 하시느니라"(요 15:2). 열매가 없으면 제거해버리신다는 두려운 말씀이다. "아름다운 열매를 맺지 아니하는 나무마다 찍혀 불에 던져지느니라"(마 7:19). 예수님께서 오신 것은 우리에게 생명을 얻게 하고 더 풍성히 얻게 하려는 것이다(요 10:10). 그 풍성한 생명은 영적으로 성장할 때 누릴 수 있다.

영적 성장은 그리스도인에게 많은 유익을 준다. 좋은 나무가 아름다운 열매를 맺듯이 영적으로 성장하는 그리스도인은 성령님의 아름다운 열매를 맺는다. 사랑과 희락과 화평과 오래 참음과 자비와 양선과 충성과 온유와 절제는 성령님을 따라 성장하는 그리스도인의 삶에서 자연스럽게 나타나는 열매다. 또한 "경건은 범사에 유익하니 금생과 내생에 약속이 있[다]"(딤전 4:8). 더욱이 하나님의 양 무리에게 본이 되어 목자장이신 예수 그리스도로부터 시들지 않는 면류관을 받을 것이다(벧전 5:4). 영적 성장으로 성화된 그리스도인은 영원한 영광에 들어가 그리스도와 더불어 왕노릇 하게 될 것을 약속하셨다(계 20:4).

영적 성장은 바로 우리의 행복을 위한 것이다. 영적으로 성장할수록 우리는 죄악에서 보호받기 때문이다. 하나님의 말씀을 지키는 것이야말로 행복하고 자유로운 삶을 보장한다. 따라서 영적 성장은 그리스도인에게 큰 기쁨이 된다. "주께서 생명의 길을 내게 보이셨으니 주 앞에서 내게 기쁨이 충만하게 하시리로다"(행 2:28). 예수님은 "세상에서는 너희가 환란을 당할 것이나 담대하라 내가 세상을 이기었노라"(요 16:33)라고 분명히 말씀하신다.

영적으로 성장하는 그리스도인은 어떤 어려움과 문제들 속에서도 승리를 경험하고 기뻐한다. 영적으로 성숙한 사람은 환경에 상관없이 세상은 결코 알 수 없는 참 기쁨을 누리며 사는 이유가 여기 있다. "나는 여호와로 말미암아 즐거워하며 나의 구원의 하나님으로 말미암아 기뻐하리로다"(합 3:18). 하박국 선지자가 이렇게 넘치는 기쁨을 고백했을 때는 무화과나무와 포도나무에 열매가 없고, 밭에 먹을 것도 없으며 양이나 소도 없어 힘든 상황이었다. 하지만 그는 기뻐했다. 하나님을 즐거워하며 영적으로 성장하는 사람은 환경을 초월한 기쁨을 누리기 때문이다.

어떤 어머니의 아들이 행정고시와 사법고시에 함께 합격했다. 그런데 축하 파티를 열어준 뒤에 얼마 지나지 않아 벌어진 충격적인 사고로 그 아들을 주님께로 먼저 보내야만 했다.

"주님의 놀라운 위로로 하루하루 버티고 있습니다. 태어나는 순간부터 사랑스러운 아들로 부모의 기쁨이었고, 성실한 성품으로 순종하며 자라주었고, 어려운 친구들을 도와주어 친구들에게 사랑을 많이 받았습니다. 공부뿐만 아니라 운동도 잘했고 큰 키에 아름다운 청년으로 잘 자라주었지요. 지난 28년 동안 아들을 통해 주신 큰 기쁨은 아무나 누릴 수 없는 행복이었기에 기막힌 이 사실을 그저 감사함으로 받아들이고자 합니다. '내 엄마가 되어주셔서 고마워요. 이제 엄마의 고생이 끝나고 행복이 시작되었으면 좋겠어요'라고 말했던 아들을 가슴에 묻고, 천국에 있는 아들에게 부끄럽지 않은 부모가 되기 위해 이 땅에서 우리에게 남겨진 사명에 충실하려 합니다."

이렇게 고백하는 영적으로 성숙한 부모의 모습에 큰 감동과 도전을 받은 적이 있다.

영적 성장은 하나님께서 맡겨주신 사명을 감당할 수 있는 사람으로 우리를 준비시킨다. 우리가 맡은 사역의 용량만큼 인격과 영성의 용량도 함께 성장해야 한다. 맡은 사명의 역할과 위상이 커지고 높아졌는데도 영적으로 성장하지 않는다면 큰 사역과 사명은 축복이 아니라 오히려 화가 될 수 있다. 많은 사람에게 영향을 미치는 지도자에게는 영적 성장이 더욱 중요하다. 목회자뿐만 아니라 평신도 지도자, 정치인, 사업가, 교수, 교사, 법조인, 연예인, 언론인, 부모 등도 예외가 아니다. 영적으로 성장하지 않으면 그 영향력이 오히려 타인을 실족하게 하는 돌이 될 수 있음을 잊지 말아야 한다.

♦ 믿음이 성장해 주님을 더 깊이 알아가기 위해 ♦

셋째, 영적으로 성장하면 믿음도 자라기 때문이다. 믿음이 성장하는 것은 영적으로 성장한다는 말과 같다. 믿음은 단순히 하나님의 주권을 인정하는 것 이상을 의미한다. 성경은 "믿음으로 행하고"(고후 5:7), "성령을 따라 행하라"(갈 5:16)라고 하신다. 여기서 '행한다'는 말은 우리 삶 전체의 방향성을 가리킨다.

진정한 믿음은 하나님 말씀에 순종한다. 우리의 삶과 행동 방식은 우리 믿음을 그대로 드러낸다. "믿음은 바라는 것의 실상이요 보이지 않는 것의 증거니"(히 11:1). 믿음은 보이지 않는 것을 의지하고 신뢰하는 것이다. 비가시적이고 비물질적인 영적인 일이다.

그리스도인에게 믿음이란 하나님을 인격적으로 알고 신뢰하며, 예수님께서 우리를 위해 하신 일을 받아들이는 것이다. 우리 상황과 이해 여부를 넘어선 전적 의지와 순종이다. 그러므로 믿음은 예수 그리스도께 대한 전적 신뢰와 순종으로 증명된다. 따라서 불순종은 불신앙에서 비롯된다고 할 수 있다.

예수님이 부활하셨을 때 예수님의 부활을 본 사람들이 다른 제자들에게 그 사실을 알렸다. 그러나 그들이 믿지 않자 예수님께서 나타나셔서 제자들의 "믿음 없는 것과 마음이 완악한 것"(막 16:14)을 꾸짖으셨다. 믿음이 없는 것과 마음이 완악한 것은 연결된다. 하나님의 말씀을 들어도 믿음으로 받아들이지 않으면 마음이 굳어지게 되고, 마음이 완악해지면 들어도 깨닫지 못하며 보아도 알지 못한다. "그들과 같이 우리도 복음 전함을 받은 자이나 들은바 그 말씀이 그들에게 유익하지 못한 것은 듣는 자가 믿음과 결부시키지 아니함이라"(히 4:2). 그리하여 영적으로 퇴보하는 악순환에 빠진다. 그 결과 믿음에서 떠나 하나님의 안식에 들어가지 못하게 된다.

진정한 믿음에는 순종이 따라야 함을 가르쳐준다. "이 모든 명령을 우리 하나님 여호와 앞에서 삼가 지키면 그것이 곧 우리의 의로움이니라"(신 6:25). 의롭다 함을 받는 믿음에는 지켜 행하는 것이 포함된다는 뜻이다. 하나님께서 아브라함을 의롭다 하신 것도 그가 믿고 행했기 때문이다. 그러므로 우리도 믿고 순종함으로 의롭다 하심을 받는다(약 2:23-24). "영혼 없는 몸이 죽은 것같이 행함이 없는 믿음은 죽은 것이니라"(약 2:26).

성경에서 말씀하는 '의로움'의 바른 순서는 믿음이 먼저고 행함이 뒤를 따른다. 하나님께 대한 믿음이 우선될 때 행함이 따라온다는 것이다. 따라서 다른 종교에서 가르치는 선행으로 말미암는 의는 진정한 의로움이 아니다. 선행은 구원받은 믿음에 따라오는 자연스러운 결과일 뿐 구원의 조건이 결코 아니다. 이는 우리가 믿는 복음을 다른 종교와 구별해주는 중요한 진리이다.

"복음에는 하나님의 의가 나타나서 믿음으로 믿음에 이르게 하나니 기록된바 오직 의인은 믿음으로 말미암아 살리라 함과 같으니라"_롬 1:17.

그렇다면 어떻게 믿음의 선진들처럼 강한 믿음을 가질 수 있을까? 한순간에 믿음의 용장이 되지는 않는다. 예수님을 구주로 영접하여 마음이 새로워진 후에 주님께 대한 믿음이 계속 건강하고 올바르게 자라가야 한다. 아기가 태어나 자기 개월 수에 맞게 자라야 하는 것처럼, 영원한 생명을 얻은 자의 믿음이 자라는 것이 정상이다.

그러나 무조건 "믿습니다!" 한다고 해서 믿음이 자라지는 않는다.

믿음의 대상이신 예수 그리스도께 대한 신뢰가 점점 커질 때 비로소 믿음이 온전히 자란다. 누군가를 깊이 신뢰하려면 상대방을 잘 알아야 하듯이 예수님도 인격적으로 알아야 믿고 신뢰할 수 있다.

예수님을 더 깊이 알아가려면 그분이 우리 최대 관심사가 되어야 한다. 우리 마음을 사로잡는 관심사와 생각은 우리의 가치관을 반영하는 거울과 같다. 관심사는 각자가 무엇을 중요하게 여기고 가치 있게 생각하는지를 드러내기 때문이다. 보석을 좋아하는 여인에겐 다이아몬드가 최대 관심사겠지만, 그 가치를 모르는 사람에겐 예쁜 돌 하나에 불과할 것이다. 어떤 것에 중요성을 부여하는 만큼 그 가치가 결정된다. 그러므로 영적 가치를 제대로 알아야 점점 하나님이 주시는 상에 관심을 갖고 믿음도 자랄 수 있다.

그러나 우리의 관심은 물질, 건강과 장수, 체면, 권력, 자녀 교육, 명예 같은 세상 것에 너무 많이 치우쳐 있다. 주된 관심이 이런 일에만 몰려 있다면 믿음이 아직 어리다는 증거다. 예수님 안에 있는 귀중한 가치를 잘 모른다는 것이기도 하다.

믿음이 성장하면 하나님 말씀에 대한 갈망이 더 커지고 예수님을 더 깊이 알고 싶어진다. 죽음의 권세를 이기시고 부활하신 예수 그리스도는 하늘과 땅의 모든 권세를 갖고 만물을 다스리는 주님이기 때문이다. 이 진리를 받아들이면 우리 삶과 사역은 완전히 달라진다. 우리의 마음을 짓누르는 많은 근심과 불안은 예수님을 믿는 믿음으로만 사라질 수 있다.

믿음은 하나님과의 친밀한 관계 속에서 성장한다. 하나님을 더 알수록, 그분의 사랑을 더 체험할수록 믿음이 자란다. 하나님 아버지께서 우리를 사랑하시고 온전히 받아주시는 것을 깨달으면 믿음은 그만큼 성숙해진다. 믿음의 조상 아브라함도 처음부터 온전한 믿음은 아니었다. 가나안에 기근이 들었을 때 그는 하나님을 의지하지 않고 애굽으로 도망쳤다. 그리고 거기서 두려움에 빠져 아내를 누이라고 속이기까지 했다(창 12:10-20). 하지만 아브라함은 그 후 하나님을 점점 알아가면서 마침내 가장 소중한 독자 이삭까지도 하나님께 드릴 수 있는 믿음으로 성장했다.

우리 약한 모습 그대로를 사랑과 용서로 받아주시는 하나님 아버지의 은혜를 체험할 때 하나님을 더욱 신뢰하고 사랑하게 된다. 히브리서 11장에는 신앙 선진들의 믿음의 행보가 기록되어 있다. 거기에는 믿음으로 이룬 기적의 역사도 있지만, 세상이 감당치 못할 믿음으로 고난을 감내한 증언도 있다. 때로 우리는 환경 때문에 고통받고, 그 상황을 통제할 수 없다고 여긴다. 하지만 시각을 바꾸면 그 상황이 오히려 우리 믿음을 성숙하게 한다는 것을 깨닫는다.

"네 하나님 여호와께서 이 사십 년 동안에 네게 광야 길을 걷게 하신 것을 기억하라 이는 너를 낮추시며 너를 시험하사 네 마음이 어떠한지 그 명령을 지키는지 지키지 않는지 알려 하심이라"_신 8:2.

이스라엘은 목이 곧은 백성이었다. 그들은 출애굽 과정에서 하나님의 열 가지 재앙과 홍해 기적을 목격하고 체험했지만, 여전히 원망하며 불순종했다. 그럼에도 하나님께서는 광야 40년의 시련과 연단을 통해 그들의 믿음을 성장시켜 주셨다.

광야에서 태어나 하나님의 도우심과 인도하심을 본 그들의 자녀 세대는 마침내 여호수아를 따라 가나안을 정복하고 하나님 말씀에 순종하는 세대가 되었다. 광야 연단은 하나님만 신뢰하는 믿음을 갖게 했다. 이처럼 여러 시험과 연단은 우리 믿음을 성장시키는 도구가 된다(벧전 1:6-7).

◆ 새사람으로 살아가기 위해 ◆

넷째, 영적 성장은 예수 그리스도께서 남겨주신 지상명령인 '대사명'과 '대계명'을 실천하기 위한 것이다. 제자도는 예수 그리스도께서 제자들에게 명하신 대사명이다. "모든 민족을 제자로 삼아 아버지와 아들과 성령의 이름으로 세례를 베풀고 내가 너희에게 분부한 모든 것을 가르쳐 지키게 하라"(마 28:19-20). 이 대사명의 핵심은 제자 삼는 것이다.

그런데 그리스도의 제자인 우리는 이 지상명령을 제대로 수행하지 못하고 있다. 우리가 다른 이를 제자 삼을 만큼 영적으로 성장하지 못했기 때문이다. 예수님께서 말씀하신 "내가 너희에게 분부한 모든 것"을 한마디로 말하면, "하나님을 전심으로 사랑하고 이웃을 자신과 같이 사랑하라"라는 대계명으로 집약할 수 있다(막 12:28-31). 그러므로 대사명은 사람들을 대계명을 지키는 제자가 되게 하는 일이다.

대계명의 첫째는 "네 마음을 다하고 목숨을 다하고 뜻을 다하고 힘을 다하여 주 너의 하나님을 사랑하라"(막 12:30)라는 명령이고, 둘째는 이웃 사랑의 명령이다. "우리가 이 계명을 주께 받았나니 하나님을 사랑하는 자는 또한 그 형제를 사랑할지니라"(요일 4:21).

요약하면, 대계명이란 "전인격(지성, 감성, 의지, 사회성, 몸의 행동)을 다해 그리스도를 본받아 하나님을 사랑하고 이웃을 사랑하는 온전한 사람이 되는 것"이다. 따라서 모든 사람에게 복음을 전하고 제자훈련을 통해 그들이 하나님을 사랑하고 이웃을 사랑하는 전인격적 영성을 가진 그리스도인이 되게 하는 것이 예수님의 지상명령이다.

대계명과 대사명 실천을 통한 영적 성장의 핵심 목표는 '변화'(transformation)에 있다. 이는 회심을 통해 전인적으로 새로운 사람이 되는 것이다. 성경과 기독교 역사에 보면 하나님을 인격적으로 만난 사람들은 이러한 전인적 변화를 경험했다. 하나님과의 관계 회복을 통해 타인과의 관계도 회복되었다.

"우리에게 구름같이 둘러싼 허다한 증인들이 있으니 모든 무거운 것과 얽매이기 쉬운 죄를 벗어버리고 인내로써 우리 앞에 당한 경주를 하며"(히 12:1). 믿음의 선진들은 "믿음으로 나라들을 이기기도 하며 의를 행하기도 하며 약속을 받기도 하며 사자들의 입을 막기도 [하고] 세상이 감당하지 못하는"(히 11:33, 38) 능력을 덧입고 변화된 삶을 살았다.

현대의 그리스도인에게는 이런 변화를 발견하기 쉽지 않은 것이 사실이다. 그럼에도 성령께서는 여전히 감동을 주시고, 사람 안에서 역사하시는 복음의 능력은 달라지지 않았다. 우리가 하나님 말씀에 온전히 순종한다면 언제든 놀라운 변화의 능력이 나타날 것이다.

진정한 변화는 우리가 예수님을 믿고 거듭나 하나님과 인격적 관계를 맺을 때 일어난다. 하나님과의 인격적인 관계는 우리 전인격을 변화시킨다. 이 관계는 자기 자신, 대인관계, 공동체, 사회, 환경 등 모든 관계와 불가분의 관련이 있다. 하나님과의 관계가 내면에서 대인관계로, 공동체와 사회로 확장돼야 한다. 우리는 이런 관계들을 올바로 세워나가고 있는가? 타인과의 관계가 잘못되어 있다면 하나님과의 관계가 바르게 정립되어 있는지 먼저 물어야 한다.

3장

진정한 영성을 찾아서

하나님을 향한 갈망

A는 암 선고를 받고 절망에 빠져 있었다. 그러다 어떤 전도자를 만나 마지막 희망을 품고 기도원을 찾아갔다. 그곳에서 "예수님을 믿으면 기적적으로 병이 낫고 회복될 것이다. 모든 저주가 물러가고 축복을 받을 것이다"라는 설교를 들었다. 지푸라기라도 잡고 싶은 심정으로 예수님을 영접했다. 그는 새로 태어난 것 같은 경험을 하고 고민과 고통이 사라진 것 같았다. 확실히 병이 나을 것이라 믿었다.

그리고 정말로 기적적으로 병이 나았다. 하나님의 은혜에 감격하여 새 삶을 살기로 결심했다. 신앙생활에 열심을 내며 사람들을 전도하며 간증도 했다. 믿는 자에겐 능치 못할 일이 없다고 여겼다. 그러나 얼마 지나지 않아 부부 문제, 자녀 문제, 경제적 위기 등 인생의 여러 문제에 부딪혔다. 그는 또다시 울부짖으며 간절히 기도했지만 이번에는 아무런 기도 응답을 받지 못했다.

이런 경우 그는 혼란에 빠질 것이다. '내 믿음이 부족해서일까?',

'하나님께서 나를 버리셨나?', '내가 하나님께 잘못한 것이 있는가?' 기도 응답을 받고 뛸 듯이 기뻐하며 행복해하던 기억은 점차 희미해지고 절망에 빠질 것이다. 그는 이제 어떻게 해야 하는가?

A의 신앙에는 잘못된 부분이 있다. 성경이 약속하지 않은 거짓 소망을 믿은 것이다. 오늘날 그릇된 신앙과 영성 개념을 설교하고 가르치는 기도원이나 교회가 많다. 이로 인해 기독교가 폄하되고 하나님의 영광이 가려지는 경우가 허다하다. 한쪽으로 치우쳐 균형을 잃은 잘못된 가르침은 큰 해악을 끼친다. 한국 기독교는 "믿는 자에게는 능히 하지 못할 일이 없느니라"(막 9:23)라는 말씀을 '만사형통'이라는 세상 개념으로 둔갑시켜 오용했다. 예수님의 이 말씀은 귀신 들린 사람에게서 귀신을 쫓아내는 영적인 능력, 즉 영적 전투에서 승리하는 능력에 관한 말씀이지 세상에서 형통한 것과는 아무런 상관이 없다.

구약 성경은 하나님의 말씀을 듣고 지켜 행하면 복을 주겠다고 하신다(신 11:27, 15:4-5). 하나님은 여호와를 경외하는 자에게 그가 택할 길을 가르쳐주시고, 그의 영혼은 평안히 살며 자손은 땅을 상속하리라고 약속하셨다(시 25:12-13). 이처럼 구약은 율법을 온전히 지키면 주어지는 현세의 축복 개념을 강조했다.

그런데 율법을 온전히 지킬 수 있는 사람이 없다는 것이 문제다. "그러므로 율법의 행위로 그의 앞에 의롭다 하심을 얻을 육체가 없나니 율법으로는 죄를 깨달음이니라"(롬 3:20). 실제로 구약에서 이스라엘 백성은 끊임없이 불순종함으로써 하나님을 진노하게 했다. 사람의 노력만으로는 이룰 수 없는 율법은 오직 예수 그리스도의 절대 순종으로 완성된다. 그리고 선행으로 하나님의 축복을 얻는 이전 방식은 새로운 방식으로 대치되었다.[7] 예수님의 보혈을 통하여 이루어진 새 언약, 즉 신약에서는 영적인 복이 강조된다. 우리의 영혼이 하나님 말씀에 순종하고 주 안에 거하여 온전하면, 즉 영혼이 잘되면 범사에 잘되는 은혜와 평강이 임한다(요삼 2절).

그러므로 구약과 신약의 복 개념이 상반되는 것은 아니다. "그런즉 우리가 믿음으로 말미암아 율법을 파기하느냐 그럴 수 없느니라 도리어 율법을 굳게 세우느니라"(롬 3:31). 율법에 근거한 구약의 복이 어린아이의 초보적인 것이라면, 예수님의 구원 사역으로 말미암은 신약의 복은 "장성한 자의 것"이다(히 5:14). 옛 언약의 복은 새 언약의 복을 보여주는 "모형과 그림자"이다(히 8:5). "그러나 이제 그는 더 아름다운 직분을 얻으셨으니 그는 더 좋은 약속으로 세우신 더 좋은 언약의 중보자시라"(히 8:6). 하나님께서 약속하신 '영혼의 온전함'이 더 좋은 복이다. "그러므로 우리가 그리스도의 도의 초보를 버리고 죽은 행실을 회개함과 하나님께 대한 신앙과 … 완전한 데로 나아갈지니라"(히 6:1-2).

◆ '세상의 영'의 실체를 파악하라 ◆

B는 중소 기업가의 아내로 경제적으로 부유한 삶을 살고 있었다. 교회를 다녔지만 열심을 내지는 못했다. 그녀는 가부장적인 남편의 강압적인 언행을 견디지 못해 결국 이혼하고 집을 나왔다. 그리고 하나님을 완전히 잊어버리고 살고 싶다고 생각했다. 그 후 8년 동안 그녀는

정말로 하나님을 잊고 세상에 끌려다니며 되는 대로 살았다. 그러나 사는 게 사는 것 같지 않은 시절이었다. 경제적으로 그렇게 어려웠던 것도 아닌네 먹어도 먹은 것 같지 않았고, 살 때도 편하게 다리를 펴지 못하고 쪼그리고 잠을 잤다. 마치 영혼이 없는 텅 빈 생활 같았다.

그녀는 더는 견딜 수 없어 방황하던 탕자가 아버지 집으로 돌아온 것처럼 마침내 하나님께로 돌아왔다. 그리고 하나님 앞에서 자신의 죄를 진심으로 회개하고 거듭남을 체험했다. 하나님의 은혜를 깊이 깨닫게 되었고, 하나님과 친밀하게 동행하는 삶을 살게 되었다.

그녀는 이런 고백을 했다. "과거에 저는 하나님을 하얗게 잊고 살아도 된다고 속삭이는 세상의 영에 속아서 살았어요. 그러다가 하나님을 떠난 삶이 얼마나 비참한지를 뼈저리게 체험했지요. 이전에는 하나님을 막연히 사랑의 하나님으로만 알았는데, 뼈아픈 경험을 통해 하나님의 공의로우심도 알게 되었어요. 이제는 하나님의 사랑과 공의를 분리할 수 없음을 깨달았어요. 그동안 너무 견디기 힘든 시간을 보내기도 했고, 지금도 여전히 어려울 때가 있습니다. 하지만 이제까지 저를 인도하신 하나님께서 앞으로도 새로운 일을 행하실 것이라 기대합니다."

우리는 영의 실체를 보지 못하기 때문에 영적 세계를 잘 인식하지 못한 채 살아간다. 하지만 실제로 영적 세계에서는 물질세계보다 더 치열한 전투가 벌어지고 있다. 마귀는 피조물에 불과하므로 창조주이신 하나님과 감히 견줄 수 없다. 따라서 죄에 빠지기 쉬운 인간을 인질로 삼아 하나님께 대항한다. 자유의지를 가진 인간을 죄의 노예로 만들어 하나님의 창조 질서를 무너뜨리려는 것이다. 특히 하나님께서 세우신 가정과 교회를 와해시켜 하나님의 구원 사역을 훼방하려 호시탐탐 기회를 노린다.

가정과 교회는 복음을 세상 끝까지 전하기 위해 하나님이 세우신 생명의 공동체다. 신앙 유산을 다음 세대에 전수할 수 있도록 하나님께서 우리에게 맡겨주신 것이다. 이러한 가정과 교회가 무너지면 하나님 뜻을 이 땅에 이룰 수 있는 동력을 잃게 된다. 그러므로 우리는 사회와 직장에서도 세상의 영들과 싸워야 하지만, 무엇보다 가정과 교회를 지키고 온전하게 세우기 위한 영적 전투에서 꼭 승리해야 한다.

한 교회에서는 당회 모임 때마다 심한 다툼과 욕설이 있었다. 그런데 새 목사님이 부임했을 때 그 장소의 영적 어두움을 느끼고 악한 영을 대적하는 기도를 계속했다. 그 결과 어두웠던 당회실은 밝고 아름다운 카페 공간으로 바뀌었고 교제와 전도의 장소가 되었다. 그 교회는 오랜 영적 전투에서 승리를 거두고 이제는 새롭게 변화된 모습으로 아름답게 성장하고 있다.

'영성'은 기독교 밖에서도 널리 사용되는 단어다. 비물질적인 세계나 정신과학 혹은 뉴에이지 운동에서도 이 용어를 사용한다. 영성을 비종교적 영성, 종교적 영성, 기독교 영성, 이렇게 세 가지로 구분하기도 한다. 그러나 세상의 영성과 기독교 영성은 전혀 다르다. 성경에서는 '세상의 영과 하나님의 영', 이렇게 둘로 구분한다.

기독교 영성은 하나님의 영으로부터 나온 것이고, 비기독교 및 타종교의 영성은 세상의 영으로부터 나온 것이라고 성경은 말씀한다.

"우리가 세상의 영을 받지 아니하고 오직 하나님께로 온 영을 받았으니 이는 우리로 하여금 하나님께서 우리에게 은혜로 주신 것을 알게 하려 하심이라"(고전 2:12). 이 말씀은 세상의 영과 하나님께로부터 온 영과의 사이에 영적 전투가 있음을 보여준다. 세상의 영(고전 2:12)은 마귀의 영(약 3:15)이며, 거짓의 영(요 8:44, 요일 4:1), 악의 영(엡 6:12), 죽음과 어두움의 영(요 3:20, 요 10:10), 미혹의 영(요이 1:7), 예수님을 시인하지 아니하는 영(요일 4:3)이다. 그러나 하나님께로부터 온 영(롬 8:9, 14)은 진리의 영(요 14:17)이요, 선의 영(시 25:8, 요 10:11), 생명과 빛의 영(요 1:4) 예수님께서 육체로 오신 것을 시인하는 영(요일 4:2)으로 묘사된다.

성경에서는 진리의 영이신 성령으로 말미암지 않은 다른 영성을 궁극적으로는 세상적, 마귀적, 정욕적으로 보고 있으며 거짓의 아비인 마귀에게서 나온 거짓 영성이라고 한다(약 3:15, 요 8:44). 유진 피터슨은 기독교 영성을 그리스도 중심적이고, 성경에 근거하며, 건강한 전통 위에 세워진 것으로 정의하였으며, 이는 하나님에 대한 개인적이고 인격적인 헌신이 중심이 되어야 한다고 말했다.[8]

인격 없는 영성은 존재할 수 없으며, 삼위 하나님으로부터 나오지 않은 모든 영성은 참된 영성이 아니다.[9] 예수 그리스도와 관계없고 성령의 지배를 받지 않는 영성이나, 다른 종교에서 말하는 영성은 겉으로는 "광명의 천사"(고후 11:14)처럼 신비하게 보이지만, 실제로는 모두 세상의 영, 즉 공중의 권세를 잡은 악한 영과 미혹의 영에서 나온 것이다.

인간은 불순종의 죄로 타락하여 하나님의 형상을 잃어버렸다. 인간의 영혼, 즉 지성과 감성과 의지와 사회성과 몸이 철저히 이기적이고 자기중심적으로 타락했다. 그러나 예수 그리스도의 순종으로 말미암아 믿음으로 의롭다 하심을 받고 새 생명을 얻은 그리스도인은, 하나님과의 관계가 회복되고 죽었던 영이 다시 살아나게 되었다(롬 5:18, 엡 2:1, 8). 그러므로 영성이란 하나님의 형상으로 지음을 받은 사람이 창조주이며 영이신 하나님과 교통할 수 있는 수단이다. 따라서 성령님으로 거듭난 그리스도인에게만 살아 있는 참된 영성이 있고, 거듭나지 못한 사람에게는 죽어 있는 거짓된 영성이 있을 뿐이다.

♦ 교회 내의 잘못된 영성을 분별하라 ♦

그리스도인에게는 비기독교적 영성보다 기독교 내의 잘못된 영성 개념이 더 심각한 문제가 될 수 있다. 한국 교회에 큰 해를 끼친 잘못된 영성의 첫 번째는 개인적 경험과 체험을 과도하게 의존하는 샤머니즘적 영성이다. 과거 은사 집회나 기도원에서 주입된 잘못된 영성이 많은 부작용을 가져왔고 세상에 부도덕한 이미지를 심어주었다. 하나님의 말씀을 바탕으로 하지 않은 주관적인 영적 체험은 사람들을 미혹하고 해를 끼칠 수 있기 때문에 주의해야 한다. 사탄은 때로 광명한 천사로 가장하여 나타나기 때문에 영적 분별력이 없으면 속기 쉽다.

두 번째로 잘못된 영성은 형식적이고 외식적인 종교적 영성이다. 예수님은 모든 죄인을 용서하셨지만 서기관과 바리새인에 대해서는 엄하게 책망하셨다. 그들이 하나님과 관계없는 외식적인 종교적 영성으로 사람들을 정죄했기 때문이다. "화 있을진저 외식하는 서기관들과 바리새인들이여 너희는 천국 문을 사람들 앞에서 닫고 너희도 들어가지 않고 들어가려 하는 사도 들어가지 못하게 하는도다"(마 23:13).

종교적 영성과 성경적 영성의 차이를 살펴보면 다음과 같다.

	종교적 영성	성경적 영성
삶의 모습	형식과 습관에 매여 남에게 보이기 위한 외적인 행위를 중시한다.	예수님을 자신의 구세주로 영접하여 그분과 인격적으로 친밀한 관계를 키워나가며 사랑의 마음에서 우러나오는 삶을 산다.
하나님과의 관계	정죄를 통한 율법적인 관계	용서를 통한 생명의 관계
삶의 결과	선악과를 선택하여 죽음의 결과를 가져온다.	생명나무를 선택하여 생명이신 예수님 안에 거하여 은혜와 진리 가운데서 영원한 생명을 누린다.
행동 동기	다른 사람에게 보이려고 외식으로 자기 의를 행한다.	하나님을 사랑하여 하나님 앞에서 의롭게 살려고 한다.
삶의 기준	자기 중심	하나님 중심

종교적 영성은 모든 판단 기준이 하나님이 아니라 자기 자신에게 있다. 그러나 성경적 영성은 하나님만이 공의로운 심판자이심을 믿고

하나님께 의탁한다. 우리는 하나님과 인격적인 관계를 통해 생명력이 넘치는 영성을 발전시켜야 하며, 습관적 행위에 머물지 말아야 한다.

세 번째로 잘못된 영성은 육신적 영성이다. 인간적 욕심에서 나온 투기와 분쟁 또한 진정한 영성에 해가 된다. "어떤 이들은 투기와 분쟁으로, 어떤 이들은 착한 뜻으로 그리스도를 전파하나니 … 그들은 나의 매임에 괴로움을 더하게 할 줄로 생각하여 순수하지 못하게 다툼으로 그리스도를 전파하느니라"(빌 1:15, 17).

오늘날에도 많은 사람이 하나님의 선한 뜻을 왜곡한 채 자신의 욕심과 경쟁심으로 사역한다. 바울은 그들의 잘못된 영성을 지적한다. "그들이 다 자기의 일을 구하고 그리스도 예수의 일을 구하지 아니하되"(빌 2:21). 사역하는 동기가 하나님의 영광이 아닌 자기 영광과 유익이라면 사역자 자신은 하나님께 책망받을 것이다.

◆ 성경적 영성: 하나님과의 인격적 관계 회복을 향한 여정 ◆

성경적 영성은 기독교 신앙과 삼위일체를 받아들이고, 성경을 영감으로 주어진 무오한 하나님의 말씀으로 인정한다. 성경적 영성은 성령님이 행하시는 모든 사역을 의미한다. '영'은 히브리어로는 '루아흐'(*ruah*), 헬라어로는 '프뉴마'(*pneuma*), 라틴어로는 '스피리투스'(*spiritus*)이다. '성령'이라는 단어도 '스피리투스'에서 유래되었고 루아흐와 프뉴마도 '성령'을 지칭한다. 영과 성령이 같은 어원에서 유래되었다는 점에서 영은 성령에 근원을 둔 것임을 알 수 있다.

신약성경에 '영성'이라는 단어는 직접적으로 나오지 않지만 '영적으로'(pneumatos)라는 형용사 표현은 등장한다. 따라서 원어의 의미를 충실히 반영하자면 '성령님적'으로, '성령님께 속한'으로 이해할 수 있다. 그러므로 영성이란 성령이 우리 속에 형성하시는 모든 영적인 변화와 성숙을 일컫는다.

"여호와 하나님이 땅의 흙으로 사람을 지으시고 생기를 그 코에 불어 넣으시니 사람이 생령이 되니라"(창 2:7). 이 말씀에서 우리는 사람이 영적인 존재임을 명확하게 알 수 있다. 하나님께서 사람에게 영혼을 불어 넣으셨다. 영의 기본적인 의미는 '숨', '몸에 생명을 주는 기운', 즉 목숨을 가리킨다. 바울이 '영적'이라고 말할 때는 모두 성령님과 관련된 말씀이다. 그리고 '영적인 일'은 성령에 속한 일과 성령님이 생명의 원리로 내주하시며 고유한 본성으로 역사하시는 일을 의미한다. "오직 성령께서 가르치신 것"(고전 2:13)을 통해서만 영적인 것을 분별할 수 있다.

성경적인 영성은 그리스도의 인격과 직접적으로 연관된 것을 말한다. 비물질적이고 비육체적인 것이라고 해서 모두 영적인 것은 아니다. 세상 지혜나 세상의 권세 잡은 자는 비물질적이지만 그리스도와 상관없는 "세상의 영"(고전 2:12)이다. 성령이 내주하지 않는 육에 속한 사람 중에도 지혜 있고 인품 좋은 사람이 있다(고전 1:27, 2:6). 바울은 '영적인 사람'과 '육에 속한 사람'을 구분하며, 영적인 사람은 성령의 은사로 결정되는 것이 아니라 성령의 열매가 있어야 함을 분명히 했다(갈 5:22-23).

바울이 말하는 성령의 열매는 외적인 사역이 아니라 예수님을 닮은 품성과 직결되어 있다. 성령의 역사를 체험하거나 은사를 행하는 것으로는 영성을 측정할 수 없다. 오직 "성령이 내주하시고 역사하심에 따라 의지하고 순종하는지"와 "그리스도의 형상을 닮은 성령의 열매가 인격에 있는지"를 통해 알 수 있다. 그러므로 성경적 영성은 예수 그리스도의 인격과 성령의 인격으로 나타나는 것이다.

달라스 윌라드는 영을 "육체와 구별되는 인격적 실체와 힘"으로 정의하면서 영이 인격체임을 강조했다.[10] 창세기의 '생령'(a living being)은 살아있는 존재로서의 전인(全人)을 묘사한다. 성경에서는 하나님은 영이시며(고후 3:17), 인간은 영과 혼과 몸을 가진 유기체라고 말씀한다(살전 5:23).

성경은 인간의 복잡한 본성을 인정하고, 모든 인간 행위를 전인적으로 본다. 인간이 죄를 짓는 것은 영혼뿐만 아니라 육체도 포함되고, 구원 또한 몸과 영혼이 함께 그리스도를 통해 이루어진다. 따라서 영적인 것과 육적인 것이 몸이나 영혼에 따로 있다고 구분해선 안 된다. 영적인 것과 육에 속한 것은 모두 인간의 영혼 안에 있다.

영성과 관련된 구약의 용어들은 믿음, 의, 거룩, 평안, 순종, 완전, 여호와 경외 등이 있다. 구약과 신약에서 '믿는다'는 표현은 '신뢰하다', '의지하다'라는 뜻으로 사용되며, '신앙'과 동일한 의미를 지닌다. 가령 민수기 21장 9절에서 놋뱀을 바라보는 신앙은 예수 그리스도를 바라보는 것을 예표한다. 신앙에는 지적, 의지적, 감정적 측면이 모두 포함되며, 신약에서는 이것을 '영적으로 주리고 목마름'으로 표현한다(마 5:6, 요 6:50-58).

성경적 신앙에는 의지와 신뢰라는 소극적인 면과 순종이라는 적

극적인 면이 있다. 하나님께 대한 인간의 관계성과 목마름에서 '신앙'
과 '영성'은 밀접하게 연결된다. 그러므로 영적 성장은 믿음 성장과 같
은 의미다. 반면, 예수 그리스도께 대한 신뢰와 순종의 신앙이 없는 다
른 모든 종교의 영성은 거짓 영성이다. 진정한 의미의 영성은 하나님
과의 관계성이기 때문이다.

하나님과의 인격적 관계 형성

영성이 하나님을 의지하고 순종하는 인격적인 관계라고 할 때, 왜 오
늘날 많은 그리스도인이 영성에 무관심하거나 영적 성장에 실패하는
지가 분명해진다. 우리가 직면한 심각한 문제 중 하나는 지식과 실천
을 동일시한다는 점이다. 이론과 지식으로 아는 것을 실천하고 있다
고 착각하는 이들이 많다. 특히 익숙한 것에 대해서는 잘 안다고 생각
해 더는 주의를 기울이지 않는다. 하지만 이런 무디고 굳은 생각은 참
믿음에 기초한 성경적 영성과는 아무런 상관이 없다. 성경적 영성은
하나님과의 친밀하고 인격적인 관계이기 때문이다.

바른 관계의 특징은 서로를 인격적으로 깊이 아는 것이다. 이는
막연한 지식이나 착각과는 전혀 다른 차원의 앎이다. 그렇다면 어떻
게 하나님과 인격적으로 깊은 관계를 맺을 수 있을까? 진심을 담은 대
화로 가능하다. 구약에서 하나님과 인격적으로 깊은 관계를 맺은 대
표적 인물은 모세였다. 그는 하나님과 친밀히 대화했다.

"모세가 여호와께 아뢰되 보시옵소서 주께서 내게 이 백성을 인도하여 올
라가라 하시면서 나와 함께 보낼 자를 내게 지시하지 아니하시나이다 주

께서 전에도 말씀하시기를 나는 이름으로도 너를 알고 너도 내 앞에 은총을 입었다 하셨사온즉 내가 참으로 주의 목전에 은총을 입었사오면 원하건대 주의 길을 내게 보이사 내게 주를 알리시고 나로 주의 목전에 은총을 입게 하시며 이 족속을 주의 백성으로 여기소서 여호와께서 이르시되 내가 친히 가리라 내가 너를 쉬게 하리라"_출 33:12-14.

이 본문은 하나님께서 큰 기적으로 구원하여 백성 삼으신 이스라엘이 우상을 섬기며 불순종했을 때, 모세가 하나님께 간절히 기도한 내용이다. 모세는 이스라엘 자손들을 향한 마음의 고통과 근심을 하나님께 친밀히 아뢰었다. 하나님도 모세에게 친근히 응답하셨다. 모세의 이러한 모습은 영성이란 하나님과의 인격적 교제 가운데 그분을 깊이 알아가며 신뢰하고 순종하는 삶임을 보여준다.

신앙, 가치관, 삶의 방식의 한 방향 정렬

인격적 교제에는 지성뿐 아니라 감정과 의지도 포함된다. 창세기 1장 27절의 "하나님의 형상대로 사람을 창조하시되"라는 말씀은 사람이 지성, 감성, 의지의 온전한 인격으로 교통하시는 하나님의 형상을 닮은 존재임을 보여준다. '형상'은 관계성을 내포한 표현이다. 하나님의 지성적 속성에는 지식, 지혜, 진리가 있고, 도덕적이고 정서적인 속성으로는 선하심, 사랑, 자비, 거룩함, 평강, 의로움, 질투, 분노 등이 있다. 의지적 속성은 의지, 자유, 능력, 주권이다.

인간은 하나님의 완전한 속성에 비해 매우 제한적이고 불완전하지만, 하나님의 인격적 형상대로 창조되었기에 본질적으로 영적인 존재이다. 구약에서는 인간의 영을 낙담(출 6:9, 사 61:3), 복종(민 14:21), 번민(창 41:8), 질투(민 5:14), 인내(전 7:8), 겸손(잠 16:19) 등의 인격적 요소와 연결하여 말하고, 신약에서도 인간의 영을 인격의 표현으로 묘사한다(막 2:8, 8:12, 요 11:33, 13:21, 벧전 3:4).

영성은 단순한 개념이 아니다. 하나님과의 관계를 이루고 유지하는 그리스도인의 삶 전체를 아우르는 것이다. 영성은 하나님께 대한 신앙, 구원을 통해 형성된 가치관, 그리고 그 가치관이 구체적인 삶의 방식으로 표현되고 형성되는 실천적 측면을 모두 포함한다. 그러므로 우리가 추구하는 참된 영성이란 인간의 전인격이 그리스도의 온전한 형상을 닮아가는 것을 말한다.

사이몬 찬은 삼위일체적 영성의 필요성을 역설한다. 창조 세계의 질서와 안전감을 특징으로 하는 성부의 영성, 예수 그리스도의 인격을 통해 하나님과의 인격적 관계를 추구하는 성자의 영성, 표적과 기사를 일으키는 하나님 권능의 역사에 열려 있는 성령의 영성을 포괄해야 한다는 것이다. 또한 복음주의는 그리스도의 구원 사역을 중심으로 한 성자 영성을, 오순절 운동은 기적과 영적 은사를 강조하는 성령 영성을 중시하는데, 그는 이 두 가지 영성이 성부 하나님 안에서 조화를 이루어야 한다고 역설한다. 그렇지 않으면 전통적 복음주의 영성은 세상과 격리된 지식 위주의 냉소적 경건주의가 되고, 은사주의 영성은 진리와 동떨어진 감정적 샤머니즘으로 전락할 수 있다고 경고한다.[11]

양극단으로 자주 치우치는 한국 교회가 깊이 새겨들어야 할 충고다. 그러므로 복음주의는 감성적으로 영성을 더욱 계발하고, 은사주의는 지성적으로 영성을 더 추구해야 전인적으로 균형 잡힌 영성을 형성할 수 있다.

하나님을 향한 영혼의 갈망

일반적으로, 영성은 인간 내면에 있는 가장 깊은 욕구에 대한 응답으로 묘사되지만, 성경적 영성은 하나님을 향한 갈망을 의미한다.

> "하나님이여 주는 나의 하나님이시라 내가 간절히 주를 찾되 물이 없어 마르고 황폐한 땅에서 내 영혼이 주를 갈망하며 내 육체가 주를 앙모하나이다"_시 63:1.

인간은 본성적으로 영적인 것에 대한 갈망을 품고 있는데, 이는 오직 하나님만이 채우실 수 있는 공허함과 결핍이다. 성경은 인간이 죄로 인해 타락하여 하나님과 분리되어 영적으로 죽은 상태라고 말한다(엡 2:1). 이는 인간의 영적 존재성이 사라졌다는 것이 아니라, 하나님과의 관계가 끊어졌다는 뜻이다.

타락으로 하나님과의 관계는 단절되었지만, 인간은 본래 영적 존재이므로 창조주에 대한 어느 정도의 인식을 지니고 있다. 물론 반응 정도에는 차이가 있다. 하나님은 피조물인 인간과 친밀하고 인격적인 관계를 맺길 원하신다. "너희는 내게로 돌아오라 만군의 여호와의 말이니라 그리하면 내가 너희에게로 돌아가리라 만군의 여호와의 말이니라"(슥 1:3). 그러므로 참된 영성은 인간이 잃어버린 하나님과의 깊은 관계, 즉 절대 의존적 관계성을 회복하는 데 있다.

또한, 영성은 하나님의 사랑에 인간이 의존과 순종으로 화답하는 것이다. 영성은 피조물인 인간이 창조주 하나님을 갈망하며, 하나님을 알고자 하는 갈급함으로 영으로 하나님과 인격적 교제를 나누는 것으로 정의할 수 있다. 하나님의 의에 주리고 그분을 향해 목마름이 올바른 기독교 영성이다.

이런 면에서 영성은 예수 그리스도를 알아가고 가까이 나아가는 삶이자, 하나님과 인격적 관계를 맺어가는 총체적 경험이라 할 수 있다. 신구약 영성의 기초는 하나님을 경외함에 있다. 예수 그리스도에 대한 믿음에 근거하지 않는 영성은 충만함을 경험할 수도 없고 완성되지도 않는다. 참된 기독교 영성은 회개와 믿음으로 하나님의 자녀로 거듭남을 통해 시작된다. 또한 성령의 역사로 창조주 하나님과 사랑의 관계를 회복하고, 제자훈련을 통해 성화되어 전인격적으로 하나님의 형상을 회복해 나아간다.

2부

마음과 삶과 인격의 동행

영성 형성의 실제

4장

영적 성장은
어떻게 이루어지는가

영적 성장의 3요소

우리는 종종 자신의 능력과 한계를 혼동하곤 한다. 스스로는 구원하거나 거룩하게 할 수 없으며, 성령을 부여할 수도 없다. 그것은 오직 하나님만이 하실 수 있다. 우리의 노력은 하나님의 은혜에 대한 응답일 뿐이다. 반대로 우리가 해야 할 일을 하나님께 맡기려 할 때도 혼란에 빠진다.[12]

우리는 결과에 초점을 맞추다 보면 과정을 소홀히 하기 쉽다. 한국 사회는 전후 폐허 속에서 급속한 경제성장을 이루며, 목적을 위해서라면 어떤 과정도 정당화될 수 있다는 그릇된 인식을 내면화했다. 이런 잘못된 사고방식이 그리스도인에게도 영향을 미쳐, 교회 성장과 부흥조차 목적 지향적이 되었다. 그 결과 성장 과정에서 다양한 문제들이 나타났지만, 부흥과 성장의 참된 의미를 성찰하고 반성할 여유조차 없었다.

하지만 그리스도인에게 과정은 목적만큼이나 중요하다. 목적을 이루는 과정은 우리의 몫이기에, 하나님 보시기에 선하고 올바른 방법으로 헤쳐 나가는 것은 우리가 해야 할 일이고 우리 책임이다. 그리고 결과는 하나님께 맡겨야 한다. 그런데 우리는 과정은 무시한 채 결과에만 연연하곤 한다. 하나님의 역할과 우리의 역할을 혼동하면 삶이 힘들어진다. 하나님께서 하시는 일과 우리가 감당해야 할 일을 구분하는 지혜가 필요하다.

성경적 영성을 형성하기 위해 하나님께 맡겨야 할 부분과 우리가 해야 할 일에는 무엇이 있을까? "하나님은 우리 안에 생명과 능력을 불어넣으시고 성령으로 우리를 충만케 하신다. 그러나 그 생명과 능력이 현실 속에서 드러나게 하는 것은 우리의 책임이다."[13]

"오직 우리 주 곧 구주 예수 그리스도의 은혜와 그를 아는 지식에서 자라 가라 영광이 이제와 영원한 날까지 그에게 있을지어다"_벧후 3:18.

이 말씀에 따르면 우리가 영적으로 성장하기 위해서는 세 가지 요소가 필요하다.

첫째, 은혜다. 성령님은 하나님의 은혜를 깨닫게 하심으로 우리 안에 바른 영성이 형성되도록 도우신다. 은혜를 베풀고 말씀을 깨우쳐주시는 분은 하나님이시다.

둘째, 진리에 대한 지식이다. 예수 그리스도를 아는 지식, 즉 진리를 통해 우리의 인격은 온전히 형성될 수 있다. 예수님이 진리이시므로 그분을 인격적으로 알고 순종할수록 믿음이 자라고 인격이 성화되는 것이다. 즉, 진리의 말씀을 배우고 순종하는 것은 우리에게 주어진 몫이다.

셋째, 시간이다. "자라 가라"라는 말씀은 시간의 흐름 속에서 성장해가는 과정을 나타낸다. 영적으로 성장하기 위해서는 시간과 과정이 반드시 필요하다. 갓 태어난 아기가 유아기, 유년기를 지나 청소년, 청년, 장년으로 자라듯, 영적 성장에도 거듭난 이후의 성장 과정이 반드시 필요하다. 성장 유형과 속도는 개인마다 다를 수 있지만, 성장의 과정을 건너뛰고 단번에 성숙해질 수는 없다.

◆ 은혜로 인한 영성 형성 ◆

영적 성장의 첫 번째 요소는 은혜다. 우리는 예수 그리스도의 은혜 안에서 영적으로 자라가야 한다. 영적 성장은 성령님의 역사하심을 통해 우리가 예수 그리스도의 은혜를 깨달을 때 시작된다. 은혜는 전적으로 하나님께서 우리에게 주시는 것으로, 하나님의 주권에 속한다. 은혜는 우리의 노력이나 선행으로 얻을 수 있는 것이 아니다. 선행은 구원의 조건이 아니라 열매일 뿐이다.

하나님의 은혜를 깊이 체험하고 아는 사람은 감사와 겸손함이 배어 있다. 우리가 예수 그리스도의 은혜 안에 있는지 알려면 자신의 영적 상태를 돌아보면 된다. 불만이 가득하고 감사가 없다면 예수 그리스도의 은혜로부터 멀어진 상태라 할 수 있다.

교회에서 열심히 헌신하는 분 중에도 이런 말을 하는 이들이 있다. "내가 교회를 위해 얼마나 오랫동안 헌신했는데 나를 이렇게 대하다니 어떻게 이럴 수 있나?" 설령 우리의 헌신을 소홀히 여기는 일이 있다 해도 이런 태도를 취한다면 공로의식에 사로잡혀 있음을 보여주는 것이다.

공로의식에 빠진 사람은 자기가 받은 은혜는 잊고 자신이 한 일에만 초점을 맞추며 보상을 바란다. 그러나 예수 그리스도의 은혜의식이 있는 사람은 "이와 같이 너희도 명령받은 것을 다 행한 후에 이르기를 우리는 무익한 종이라 우리가 하여야 할 일을 한 것뿐이라"(눅 17:10)라고 고백할 뿐이다.

믿음으로 받는 은혜: 영적 성장의 알파와 오메가

은혜는 세상이나 다른 종교에서는 찾아볼 수 없는 복음의 핵심 개념이다. 예수 그리스도의 복음 외에는 은혜를 줄 수 없다. 타종교는 모두 인간이 스스로 노력해서 구원의 길을 찾아가는 고행과 수고의 종교다. 그들은 구원이 자신의 선행과 노력에 대한 당연한 대가라고 여긴다. 그러나 성경은 "율법의 행위로 그의 앞에 의롭다 하심을 얻을 육체가 없나니 율법으로는 죄를 깨달음이니라"(롬 3:20)라고 말씀한다.

죄성을 지닌 인간은 자신의 노력과 선행으로는 의롭게 될 수 없다. 기독교 복음은 인간의 공로가 아니라 하나님께서 친히 베풀어주시는 무한한 은혜로 구원받는다는 진리를 보여준다. 우리의 노력으로는 결코 할 수 없는 것을 오직 예수 그리스도께서 구원의 길을 열어주셨기에 은혜인 것이다.

믿음은 창조주 하나님과의 인격적 관계를 다시 받아들이고 회복하는 방편이다. 우리가 구원받기 위해 할 수 있는 유일한 일은 하나님께서 예수 그리스도를 통해 완성하신 구원을 믿음으로 받아들이고 순종하는 것뿐이다. 아담의 불순종으로 죄가 인류에게 들어왔지만 예수 그리스도의 순종으로 구원이 성취되었음을 믿고 의지하는 것이다. 따라서 인간의 구원은 오직 예수 그리스도의 은혜로만 가능하다.

예수 그리스도의 구속 사역으로 말미암은 은혜는 조명해주시는 성령님의 사역으로 우리에게 깨달아진다. 은혜는 성부 하나님께서 예수님의 희생을 통해 성령님을 통해 우리에게 내리시는 선물이다. 은혜의 근거는 예수 그리스도께 있다. 그래서 '예수 그리스도의 은혜'라고 하는 것이다.

예수 그리스도께서 우리가 치러야 할 죄의 값을 대신 치르셨다. 그분의 보혈을 통해 우리는 완전한 죄 사함의 은혜를 받았다. 은혜란 하나님께서 자격 없는 자에게 거저 베푸시는 무한한 호의다. 이렇게 하나님께서 우리를 선택하시고 부어주시는 은혜는 영적 성장의 알파와 오메가가 된다.

왜 은혜가 필요할까? 우리가 연약한 존재이기 때문이다. "우리가 아직 연약할 때에 기약대로 그리스도께서 경건하지 않은 자를 위하여 죽으셨도다"(롬 5:6). 인간의 의지와 노력으로는 어쩔 수 없이 실수하기 마련이다. 성경에는 믿음의 조상들조차 인간적 연약함으로 인해 수치스러운 죄를 저지른 사건들이 곳곳에 기록되어 있다. 노아가 술에 취해 장막 안에서 벌거벗은 일(창 9:21)이나 아브라함이 이방인들을 두려워해 두 번이나 아내를 누이라고 속인 일(창 12:13; 20:2) 등이 그렇다.

예수님께서는 십자가 처형을 당하시기 전날, 로마 군병들에게 잡히시기 전에 제자들에게 그들이 자신을 버리고 도망갈 것을 예언하셨다. 이에 베드로를 비롯한 모든 제자들은 "내가 주와 함께 죽을지언정 주를 부인하지 않겠나이다"(마 26:35)라고 호언장담했다. 그러나 예수님이 잡히시고 십자가에 못 박히실 때 제자들의 결의와 의리는 순식간에 무너지고 말았다.

이처럼 연약하고 두려워하던 제자들도 이후 용서의 은혜를 받고 성령님이 충만히 역사하시자 완전히 변화되었다. 그들은 죽음도 두려워하지 않고 담대하게 복음을 전하며 순교할 만큼 믿음이 성장한 것이다. 그러므로 예수 그리스도의 은혜와 성령님의 도우심 없이 인간의 노력과 의지만으로는 의롭게 되거나 온전한 믿음으로 성장할 수 없다.

마태복음 1장에 나오는 예수 그리스도의 족보에 죄와 허물 많은 사람들이 포함된 것은 하나님의 넘치는 은혜를 잘 보여준다. 여기에는 유다가 며느리 다말과의 사이에서 낳은 베레스, 다윗이 우리야의 아내 밧세바와의 사이에서 낳은 솔로몬이 있다. 심지어 이방 기생 라합과 이방 여인 룻도 예수님의 계보에 들어 있다. 이들의 과거가 아무리 수치스러울지라도 하나님은 그들에게 구원의 은혜를 베푸시고 예수 그리스도의 조상이 되는 영광을 허락하신 것이다. 이것이야말로 하나님의 놀라운 은혜가 아닐 수 없다.

그러므로 우리 중에 은혜를 받기에 합당하지 않거나 장애물이 되는 존재는 없다. 오직 자신의 연약함과 부족함을 깨달은 사람만이 은혜를 받을 수 있기 때문이다. 하나님 은혜를 진정으로 경험하려면 우리의 죄성과 결점을 진실하게 인정해야 한다. 스스로 의롭다고 여기는 사람은 결코 은혜를 맛볼 수 없다.

자기 죄를 알고 용서의 은혜를 입은 여인은 눈물로 예수님의 발을 적셨지만, 자신을 의롭게 여기며 공로의식에 사로잡힌 바리새인은 예수님을 비난하기 바빴다(눅 7:38-39). 많은 빚을 탕감받은 자가 더 크게 감사하며 은혜를 누릴 수 있기 때문이다. 그러므로 오직 믿음으로 죄사함을 받고 의롭게 된 우리에게는 자랑할 만한 것이 아무것도 없다(롬 3:27).

> "일하는 자에게는 그 삯이 은혜로 여겨지지 아니하고 보수로 여겨지거니와 일을 아니할지라도 경건하지 아니한 자를 의롭다 하시는 이를 믿는 자에게는 그의 믿음을 의로 여기시나니 일한 것이 없이 하나님께 의로 여기심을 받는 사람의 복에 대하여 다윗이 말한 바 불법이 사함을 받고 죄가 가리어짐을 받는 사람들은 복이 있고 주께서 그 죄를 인정하지 아니하실 사람은 복이 있도다 함과 같으니라"_롬 4:4-8.

영적 성장의 주체이신 성령님

그리스도인의 모든 영적 성장은 성령님의 사역이다. 성령님은 진리의 영이시므로 우리를 모든 진리 가운데로 인도하신다(요 16:13). 또한 우리가 예수 그리스도의 은혜를 깨닫고 믿음으로 의롭게 되도록 도우신다. 성령님의 역사가 없으면 참된 회심도, 믿음도 없다. 예수님은 성령님을 가리켜 '또 다른 보혜사'라고 하시며 "그가 와서 죄에 대하여 의에 대하여 심판에 대하여 세상을 책망하시리라"(요 16:8)라고 말씀하셨다. 성령님은 우리의 죄를 깨닫게 하시고, 하나님의 의를 가르치시며, 심판에 대해 경고하신다.

첫째, 성령님은 죄에 대해 세상을 책망하시고 회개로 이끄신다. 성령님은 거룩하신 분이다. 그러므로 성령님께서 가장 먼저 하시는 일은 우리에게 정직하고 깨끗한 영을 주셔서 죄를 회개하게 하는 것이다. 거룩하신 하나님의 임재 안에 거하길 원한다면 먼저 영혼 깊은 곳의 죄를 깨닫고 회개해야 한다. 회개는 우리에게 죄를 멀리하고 싶은 갈망과 결단을 준다. 또한 우리로 하여금 의에 주리고 목마르게 만든다. 그래서 그리스도와 함께하기를 갈망하고 더욱 의롭고 거룩하며 순결해지길 원하게 된다.

인간적 후회는 자신이 한 일 때문에 가슴 아파하는 것이라면, 회개는 하나님께 죄를 지어 그분을 슬프게 한 것 때문에 가슴 아파한다. 후회는 인간 중심적이고 회개는 하나님 중심적이다. 다윗이 죄를 지었을 때 가장 두려워한 것은 성령님께서 떠나시는 것이었다. "나를 주 앞에서 쫓아내지 마시며 주의 성령을 내게서 거두지 마소서"(시 51:11). 그는 성령님의 임재를 위해 "하나님이여 내 속에 정한 마음을 창조하시고 내 안에 정직한 영을 새롭게 하소서"(시 51:10)라고 간구했다.

둘째, 성령님은 하나님의 의를 가르쳐주시고 깨우쳐주신다. 성령님의 조명과 감동이 없다면 우리는 하나님의 의와 진리를 깨달을 수 없다. 성령님의 사역이 없다면 우리는 마치 유대인들처럼 하나님의 말씀을 듣고도 그 은혜의 복음을 깨닫지 못할 것이다. 성령님은 우리에게 그리스도를 알려주실 뿐 아니라 그리스도께 존귀와 찬양을 올려드리게 하신다. 그러므로 우리가 의의 기준으로 삼고 본받아야 할 것은 율법이 아니라 "생명의 성령의 법"(롬 8:2)이다. '성령의 법'은 죄와

제자도의 관점에서 본 영성 형성

사망의 법에서 우리를 해방시켜주신 그리스도의 은혜의 법이다.

"이는 그리스도 예수 안에 있는 생명의 성령의 법이 죄와 사망의 법에서 너를 해방하였음이라 율법이 육신으로 말미암아 연약하여 할 수 없는 그것을 하나님은 하시나니 곧 죄로 말미암아 자기 아들을 죄 있는 육신의 모양으로 보내어 육신에 죄를 정하사 육신을 따르지 않고 그 영을 따라 행하는 우리에게 율법의 요구가 이루어지게 하려 하심이니라"_롬 8:2-4.

예수 그리스도는 율법의 요구를 완성하셨다. 예수 그리스도의 은혜를 깨달은 사람은 육신이 아닌 성령님을 따르며 영적인 일에 마음을 둔다(롬 8:5). "무릇 하나님의 영으로 인도함을 받는 사람은 곧 하나님의 아들이라"(롬 8:14). 성령님의 인도하심을 받는 사람이 곧 영적인 사람이다. 그러므로 영성은 예수 그리스도의 은혜를 통해 하나님과 영적으로 교통하도록 도와주시는 성령님의 사역의 결과다.

셋째, 성령님은 심판에 대해 경고하시며 세상을 책망하신다. 이 세상의 임금 즉 세상의 영인 마귀가 이미 심판받았음을 확증하신다(요 16:11). 성령님은 또한 장차 임할 심판에 대해서도 우리에게 일깨우신다. 역사와 시대에 대한 통찰력을 주시고 장래 일을 알려주셔서 우리가 영적으로 깨어 있게 하신다. "하나님의 집에서 심판을 시작할 때가 되었나니 만일 우리에게 먼저 하면 하나님의 복음을 순종하지 아니하는 자들의 그 마지막은 어떠하며"(벧전 4:17). 그리하여 "근신하라 깨어라 너희 대적 마귀가 우는 사자같이 두루 다니며 삼킬 자를 찾나니"(벧전 5:8)라고 경고해주신다.

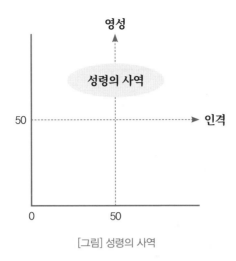

[그림] 성령의 사역

우리는 하나님의 영이신 성령님을 통해 하나님을 알고 교제할 수 있다. "오직 하나님이 성령으로 이것을 우리에게 보이셨으니 성령은 모든 것 곧 하나님의 깊은 것까지도 통달하시느니라"(고전 2:10). 우리는 성령님의 인도로 영적인 것을 올바르게 분별할 수 있다(고전 2:13). 영적 성장이 일반적인 교육을 통한 성장과 다른 점은 성령님께서 개입하여 주관하고 이끄시기 때문이다.

성령님의 인도하심은 우리의 자유의지에 따라 달라질 수 있다. 성령님은 인격이시므로 우리의 자유의지를 존중하시며, 강요하지 않으시고, 우리 스스로 영적인 선택을 하길 기다리신다. 성령님은 우리가 잘못된 선택을 하면 근심하시며 "말할 수 없는 탄식으로 우리를 위하여 친히 간구"(롬 8:26)하신다. 또한 성령님은 우리의 굳은 마음을 제거하고 새 영과 부드러운 마음을 주셔서 하나님 말씀을 지켜 행할 수 있게 도우신다. 굳은 마음으로는 은혜를 받을 수 없기 때문이다.

제자도의 관점에서 본 영성 형성

"맑은 물을 너희에게 뿌려서 너희로 정결하게 하되 곧 너희 모든 더러운 것에서와 모든 우상숭배에서 너희를 정결하게 할 것이며 또 새 영을 너희 속에 두고 새 마음을 너희에게 주되 너희 육신에서 굳은 마음을 제거하고 부드러운 마음을 줄 것이며 또 내 영을 너희 속에 두어 너희로 내 율례를 행하게 하리니 너희가 내 규례를 지켜 행할지라"_겔 36:25-27.

성령님은 초이성적으로는 역사하지만, 비인격적으로 역사하시진 않는다. 성령님의 역사는 이성을 거스르는 것이 아니라 이성을 초월하는 것이며, 비인격적이지 않고 인격적이다. 그동안 일부 잘못된 은사 집회에서 문제가 발생한 것은 성령님의 사역과 무관한 비인격적 요소가 많았기 때문이다. 사도행전 2장에는 오순절에 성령님께서 제자들에게 임하신 사건이 기록되어 있다. "그들이 다 성령의 충만함을 받고 성령이 말하게 하심을 따라 다른 언어들로 말하기를 시작하니라"(행 2:4). 이때 그곳에 모인 사람들은 각자 자신의 언어로 하나님의 위대한 일을 말하는 소리를 들었다(행 2:11).

성령님이 임하실 때 초자연적인 현상과 기적이 나타날 수 있다. 이런 현상은 궁극적으로 복음을 전파하고 하나님 영광을 나타내기 위한 것이다. 따라서 초자연적이면서도 질서와 인격적 범주를 벗어나지 않는다. 그러나 기적이 일어난다고 해서 모두 성령님의 역사라고 단정 지을 수는 없다. 마귀도 큰 이적을 행하여 사람들을 미혹할 수 있기 때문이다(계 13:13-14). 그러므로 성령님의 역사는 질서를 따라 선하고 의로운 인격의 모습으로 나타난다는 사실을 잊지 말아야 한다.

◆ 진리 지식을 통한 인격 형성 ◆

은혜가 하나님의 주권적 역사이자 선물이라면 우리가 해야 할 일
은 무엇일까?

> "그러나 너는 배우고 확신한 일에 거하라 너는 네가 누구에게서 배운 것
> 을 알며 또 어려서부터 성경을 알았나니 성경은 능히 너로 하여금 그리스
> 도 예수 안에 있는 믿음으로 말미암아 구원에 이르는 지혜가 있게 하느니
> 라"_딤후 3:14-15.

성경의 진리를 배우고 확신한 일에 거하는 것이 영적 성장을 위하
여 우리가 해야 할 일이다. "악한 사람들과 속이는 자들은 더욱 악하여
져서 속이기도 하고 속기도 하나니"(딤후 3:13). 세상에서는 속고 속이
는 일이 많지만, 우리는 진리를 알고 순종함으로써 영적으로 성장하
여 속임수에 넘어가지 않는 지혜를 얻을 수 있다.

올바른 영적 성장에는 하나님 말씀을 통해 예수님을 닮아가는 인
격 형성이 따라야 한다. 오늘날 영성이라는 말이 오용되고 왜곡되어
본래의 가치와 유익을 잃어버린 이유는 인격이 함께 따라오지 못했기
때문이다. 인간 지성이나 감정, 신체적 기본 욕구를 속되게 여기고 거
부함으로써, 인간 됨을 버리고 하나님처럼 되어야 한다는 영지주의의
영향은 잘못된 영성 개념을 낳았다.

이에 대해 데이비드 베너는 "영성이란 점점 더 거룩해지기 위해
인간성을 상실하는 것이 아니라 점점 더 온전한 인격이 되는 것, 즉 그

리스도를 닮은 온전하고 거룩한 사람이 되는 것"이라고 했다.[14] 영성이 우리의 인간성을 빼앗는 것이 아니라 오히려 인간 됨을 회복시킨다는 의미다.

그리스도인이 인격적으로 성장하려면 진리를 통해 마음과 성품에서부터 변화가 일어나야 한다. 진리는 우리 인격을 근본적으로, 내면에서부터 변화시킬 수 있다. 하나님은 우리를 변화시켜 장차 올 '새 하늘과 새 땅'의 시민으로서 합당하게 준비시키길 원하신다. 자아에만 집착하는 이기적 인격에서 벗어나, 하나님과 이웃을 사랑하는 이타적 인격으로 성장하기를 바라신다. 내면은 인격이 형성되는 중심이다. 토저는 "진정한 기독교 신앙은 본질적으로 내면에 관한 일이다. 그러므로 우리는 내면적으로 그리스도인이 되어야 한다"라고 했다.[15]

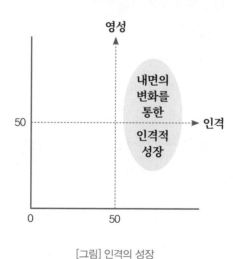

[그림] 인격의 성장

진리 안에서 하나님을 아는 기쁨

진리란 시간과 공간을 초월하는, 절대로 변치 않는 영원한 가치와 기준이다. 진리는 거짓과 정반대되는 개념이다. 진리는 천지만물을 창조하신 하나님께로부터 비롯되었다. 즉, 하나님 말씀이 절대 진리다. 그런데 아담과 하와가 하나님 말씀에 순종치 않고 사탄의 거짓에 속아 타락한 이후, 인류 역사는 진리에서 멀어져 사탄의 속임수에 계속 넘어가고 있다.

특히 절대 진리를 믿지 않는 포스트모던 시대의 사람들은 가치관이 흔들리고 있다. 분명한 기준 없이 상대적 상황윤리를 추구하기 때문이다. 절대 진리를 믿지 않는 사람은 상황에 따라 입장을 바꾼다. 자기 편의에 따라 가치가 바뀌기 때문이다. 모든 종교와 신념을 포용하고 존중한다는 종교다원주의는 오히려 결정의 기준이 될 보편 원리를 상실케 해서 혼돈과 무질서를 초래했다.

우리는 종종 진리와 진실을 혼동한다. 진리는 진실하지만, 진실하다고 해서 다 진리는 아니다. 진리는 절대적이고 객관적이지만, 진실은 상대적이고 주관적이다. 진리를 올바로 깨닫기 위해서는 진실하지만 진리가 아닌 것이 있음을 인식해야 한다. 자신의 생각에 진실하다고 해서 무조건 옳다고 주장해서는 안 된다. 인간의 소견이나 생각은 부패한 본성으로 인해 태생적 한계를 지니고 있다. 그러므로 하나님 말씀에 근거하지 않은 진실은 인간적인 진실에 불과하며, 타당성이나 신뢰성이 없다.

진리의 절대 기준은 하나님 말씀이다. 예수님은 세상을 떠나시기 전, 제자들을 위해 "그들을 진리로 거룩하게 하옵소서 아버지의 말씀

제자도의 관점에서 본 영성 형성

은 진리니이다"(요 17:17)라고 기도하셨다. 진리인 하나님 말씀으로 제자들이 성화될 수 있음을 가르쳐주신 것이다.

하나님을 아는 것은 지성, 의지, 감정이 모두 관여된 인격적 교제다. 성육신하신 예수 그리스도를 통해 보이지 않는 하나님을 알고 교제할 수 있다. "영생은 곧 유일하신 참 하나님과 그가 보내신 자 예수 그리스도를 아는 것이니이다"(요 17:3). 예수 그리스도는 진리이시다(요 14:6). 진리는 예수님을 알 때 발견된다. 그러므로 진리이신 예수님을 알고 순종하면 온전한 인격으로 성화될 수 있다.

예수님은 산상수훈을 통해 진리가 단순히 구약의 문자적 법을 넘어서는, 더 깊은 사랑의 법임을 제자들 마음에 새겨 주셨다. 산상수훈은 우리에게 돌에 새긴 율법보다 성령으로 마음에 새긴 하나님의 계명을 지키라 가르친다. 신앙생활이 습관화될수록 우리 내면은 의무감으로 인한 율법주의와 과도한 열심에서 오는 분주함으로 죽어간다.

그리스도께서 우리에게 원하시는 것은 죽은 지식이나 인간적 열심이 아니라 하나님과의 친밀한 인격적 관계다. 진리의 말씀을 통해 하나님을 인격적으로 알 때, 지성, 감성, 의지, 사회성과 몸을 아우르는 전인이 인격적으로 변한다. 진리를 배움으로 변화된 인격에는 성령의 열매, 즉 사랑, 희락, 화평, 오래 참음, 자비, 양선, 충성, 온유, 절제(갈 5:22-23)가 따라온다. 영혼과 몸을 포괄하는 온전한 인격으로 하나님을 알고 사랑하는 것, 그것이 인간을 향한 하나님의 가장 중요한 뜻이자 첫째 계명이며 진리다(막 12:30).

하나님은 그분을 사랑하고 순종하는 제자에게 당신의 선하심, 영원하심, 무한하심, 진리, 사랑, 영광 등을 보여주신다(요 14:21). 그러므로 진리를 통해 하나님을 깊이 인격적으로 알면 하나님의 사랑을 체험하는 큰 기쁨이 있다. 또한 이는 내적 생명에 속하기에, 사람들과 사물을 인식하는 외적 감각의 지식과는 구별된다.

온전한 인격이란 진리와 공의로우심을 따르는 삶

> "이러므로 우리도 항상 너희를 위하여 기도함은 우리 하나님이 너희를 그 부르심에 합당한 자로 여기시고 모든 선을 기뻐함과 믿음의 역사를 능력으로 이루게 하시고 우리 하나님과 주 예수 그리스도의 은혜대로 우리 주 예수의 이름이 너희 가운데서 영광을 받으시고 너희도 그 안에서 영광을 받게 하려 함이라"_살후 1:11-12.

성경은 '인격'이라는 단어를 명시적으로 언급하진 않지만, "성도로 부르심을 입은 자"로서 "합당하게 행하라"라고 권한다(롬 1:7, 빌 1:27, 살후 1:11). 우리가 하나님의 부르심에 합당한 자로 성장할 때, 예수님의 이름이 우리 가운데 영광을 받으시고, 우리 또한 주 안에서 영광을 받게 된다. 이 얼마나 기쁜 소식인가?

그리스도인이 추구해야 할 인격은 첫째, 옳고 그름의 절대 기준인 하나님 말씀에 대한 믿음이며, 둘째, 어떤 희생이 따르더라도 하나님의 기준에 따라 옳은 길을 선택하려는 마음의 소망과 결단의 의지이다.

"주께 합당하게 행하여 범사에 기쁘시게 하고 모든 선한 일에 열매를 맺게 하시며 하나님을 아는 것에 자라게 하시고"(골 1:10). 하나님의 부르심을 입은 자에게 합당한 인격은 세상 도덕이나 윤리를 뛰어

제자도의 관점에서 본 영성 형성

넘는 온전한 사람 됨이다. 이는 우리의 일상 전체를 "하나님이 기뻐하시는 거룩한 산 제물"(롬 12:1)로 드리는 것을 의미한다. 성도로 부르심을 받은 자들은 하나님의 거룩하신 성품을 본받아야 한다. 인간은 연약하고 불완전하지만, 하나님의 형상대로 지음받은 인격을 가졌기에 하나님 말씀에 순종함으로써 거룩한 인격으로 변화될 수 있다.

> "그의 신기한 능력으로 생명과 경건에 속한 모든 것을 우리에게 주셨으니 이는 자기의 영광과 덕으로써 우리를 부르신 이를 앎으로 말미암음이라 이로써 그 보배롭고 지극히 큰 약속을 우리에게 주사 이 약속으로 말미암아 너희가 정욕 때문에 세상에서 썩어질 것을 피하여 신성한 성품에 참여하는 자가 되게 하려 하셨느니라"_벧후 1:3-4.

본문은 "우리를 부르신 이를 앎으로 말미암아" 우리가 하나님의 성품에 참여할 수 있다고 말씀한다. 하나님께서 이스라엘 백성의 지도자를 세우실 때는 "하나님을 두려워하며 진실하며 불의한 이익을 미워하는 자"(출 18:21)를 택하셨다. 성경이 가르치는 인격의 최우선 순위는 하나님을 경외하는 것이다. 진리이신 하나님 말씀으로 올바른 기준을 세우는 것이 우선되어야 하기 때문이다. 우리를 부르신 하나님의 성품이 우리 인격의 기준이 되어야 한다.

하나님은 공의로우시며 바르시다. "그는 반석이시니 그가 하신 일이 완전하고 그의 모든 길이 정의롭고 진실하고 거짓이 없으신 하나님이시니 공의로우시고 바르시도다"(신 32:4). 그러므로 그리스도인의 인격은 올곧고 진실해야 한다. 진실이란 보이는 현실과 보이지 않는 실제가 정확히 일치하는 것이다.

"말씀이 육신이 되어 우리 가운데 거하신"(요 1:14) 예수 그리스도는 하나님의 가장 완전하신 형상이시다. 따라서 그분을 알고 닮아가는 것이야말로 온전한 인격으로 형성되는 유일한 길이다(요 14:6). 그리스도인의 인격은 세상이 말하는 인간 도덕과 윤리를 넘어, 하나님 성품인 그리스도의 형상을 회복하는 것이어야 한다. 그리스도의 형상이란 이성, 감정, 의지, 사회성, 행위 등 다섯 가지 요소를 아우르는 인격에 하나님께서 기뻐하시는 선한 열매를 맺는 것이다. 그러므로 이다섯 가지 인격 요소에서 그리스도의 형상이 드러나지 않는다면, 그그리스도인의 인격에는 결함이 있다고 할 수 있다.

> "나는 너희에게 이르노니 너희 원수를 사랑하며 너희를 박해하는 자를 위하여 기도하라 … 너희가 너희를 사랑하는 자를 사랑하면 무슨 상이 있으리요 세리도 이같이 아니하느냐 또 너희가 너희 형제에게만 문안하면 남보다 더하는 것이 무엇이냐 이방인들도 이같이 아니하느냐 그러므로 하늘에 계신 너희 아버지의 온전하심과 같이 너희도 온전하라"_마 5:44, 46-48.

예수님은 제자들에게 세상 사람들보다 훨씬 높은 수준의 온전함을 요구하셨다. 심지어 하나님 아버지의 온전하심과 같이 온전할 것을 요구하셨다. 인간이 하나님처럼 온전해지는 것이 어떻게 가능할까? 인간의 힘으로는 불가능하다. 오직 주 안에 거하며 성령의 도우심을 받아야만 한다. 이 말씀에서 중요한 것은 우리가 온전할 수 있느냐가 아니라, 우리가 하나님 말씀에 순종할 수 있느냐이다.

이런 말씀을 들으면 대부분 부담스러워하며, 순종할 마음조차 갖지 않는다. 한국 교회의 문제는 교인들의 인격이 예수님의 가르침과는 동떨어진 모습을 보인다는 점이다. 더욱 안타까운 것은 교회 안에 세상의 도덕 수준에도 못 미치는 부끄러운 인격을 가진 이들이 있다는 사실이다. 도대체 왜 이런 상황이 벌어졌을까? 아마도 신앙이 인격과 연결되지 못했기 때문일 것이다.

일반적으로 인격과 도덕성은 부모의 교육이나 사회의 가치관에 의해 형성된다. 그런데 한국인의 사고방식과 문화는 샤머니즘과 무속신앙의 영향을 받아, 도덕의식이 낮고 기복신앙을 좋아하는 경향을 보인다. 또한 유교의 영향으로 타인을 배려하기보다는 자기중심적인 체면을 중요시하고 외적인 과시를 즐긴다. 그래서 거짓말에 대해 무척 관대할 정도로 죄에 둔감해져 있다.

더욱이 정치, 사회가 급변하고 짧은 시간에 경제가 압축 성장하면서, 성공을 위해서라면 과정을 무시하고 수단을 정당화해도 된다는 그릇된 가치관이 팽배해졌다. 세상은 물질만능주의에 빠져 돈을 숭배하고, 성공 기준 또한 물질에 두고 있다. 이런 가치관이 교회에까지 스며들어, 그리스도인의 가치관도 세상 사람들과 거의 다를 바 없어졌다. 세상 사람들과의 차이가 교회에 다닌다는 것뿐이라면, 과연 진정한 그리스도인이라 할 수 있겠는가?

주의 이름으로 큰 권능의 사역을 했다 해도 하나님의 말씀을 듣고 행하지 않는 자에게는 준엄한 심판이 기다리고 있다. "내가 너희를 도무지 알지 못하니 불법을 행하는 자들아 내게서 떠나가라"(마 7:23). 영성이 하나님과의 관계 속에서 성령님의 사역에 의해 주도적으로 형성되는 것이라면, 인격은 사람들과의 관계와 삶에서 하나님의 말씀을 듣고 행하는 과정에서 형성되는 것이다.

각지의 위치나 역할에 맞지 않는 비성숙한 인격을 가진 사람들로 인해 우리 사회와 교회는 몸살을 앓고 있다. 나이는 들었지만 아이처럼 무책임하고 고집부리는 자들, 지도자의 자리에 있으면서도 그 역할에 걸맞은 인격이 갖춰지지 않아 물의를 일으키는 경우를 주변에서 쉽게 볼 수 있다. 인격의 성장을 소홀히 하고 오로지 높은 지위와 성공을 추구하는 데에만 집착한 결과이다.

돈이나 이성, 권력 남용은 결국 모두 인격의 문제로 귀결된다. 사회와 교회에서 터지는 추한 사건의 대부분은 인격의 결함에서 비롯된 것이다. 그리고 언젠가는 그에 대한 대가를 치러야 할 때가 온다. 자신이나 혹은 주변 사람 중 누군가는 그 인격적 결함에 대한 대가를 고통스럽게 치를 수밖에 없다. 그러므로 우리에게 인격의 성장은 무척 중요하다.

♦ 성령의 역사와 인간의 순종, 영적 성장의 두 축 ♦

'자라간다'는 말은 시간의 흐름에 따라 성장해가는 과정을 의미한다. 사람은 영유아기, 청소년기 등 여러 단계를 거쳐 성인으로 성장한다. 자연스러운 성장에는 충분한 시간과 과정이 필요하다. 그렇기에 급성장한 사회나 국가는 급성장 신드롬을 호되게 경험한다.

영성과 인격의 조화로운 성장에도 시간과 과정이 꼭 필요하다. 이는 햇볕과 토양의 양분이 공급됨으로 나무가 자라 꽃이 피고 잎이 무성해지는 자연의 이치와 같다. 마음이 새로워지면 인격도 자연히 변화된다.

영적 성장이란 성령의 사역으로 마음이 변화되어 새사람이 되는 것을 의미한다. 성령은 새 언약을 통해 우리의 마음을 과거의 인간 중심적 시각에서 그리스도 중심의 새로운 시각으로 변화시켜주신다. 그래서 육(인간 중심)을 따르지 않고 성령을 따라 그리스도의 형상을 이루게 된다(갈 4:19, 29-31). 예수 그리스도의 은혜와 진리로 우리의 마음이 새로워지고 성장하면서 자연스럽게 영성과 인격이 갖추어지는 것이다. "살리는 것은 영이니 육은 무익하니라 내가 너희에게 이른 말은 영이요 생명이라"(요 6:63). 성령님으로 말미암은 예수 그리스도의 은혜는 상처받고 병든 영혼의 내면을 치유하고 새롭게 변화시킬 수 있다.

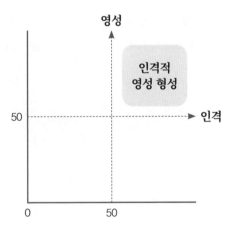

[그림] 인격과 영성의 연합

영성은 신비롭고 깊은 내면의 영역이어서 객관적인 측정이 쉽지 않다. 영성은 그 사람의 삶에 드러나는 인격을 통해 알 수 있다. "이러므로 그들의 열매로 그들을 알리라"(마 7:20)는 말씀에는 그리스도를 닮은 인격으로 그의 영성을 알 수 있다는 의미가 담겨 있다. 예수 그리스도께서 말씀하신 '열매'는 사역의 결과가 아니라 인격에 나타나는 성령님의 열매를 가리킨다(갈 5:22-23).

내면의 깊은 변화는 궁극적으로 성령의 역사로 일어난다. 동시에 성령의 역사를 받아들이는 인간의 순종 또한 필수적이다. 죄의 본성을 지닌 육에 대해서는 자기 부인이 있어야 진정한 내면의 변화가 가능하기 때문이다. 그러므로 인격적 영성 형성을 위해서는 은혜와 진리가 균형 있게 연합되어야 한다.

하나님의 은혜는 우리의 죄를 용서해주고, 진리는 우리의 순종을 통해 죄에서 벗어나도록 도와준다. 이처럼 영적 성장은 성령님의 사역과 인간의 순종이 연합할 때 일어나며 일정한 과정과 시간을 필요로 한다. 따라서 영적 성장이란 그리스도인이 하나님 말씀에 대한 전적 신뢰와 절대 순종으로 내면에 성령의 열매를 맺으며 온전한 성품을 형성해 나가면서 '그리스도의 형상'을 이루어가는 것이다.

5장

당신은 지금
어디에 있는가

영적 상태의 현주소

우리가 약속 장소를 찾아갈 때 "지금 가고 있는데 어디로 가야 하나요?"라고 물으면 으레 "지금 어디 계세요?"라는 답이 돌아온다. 맞다. 목적지에 제대로 도착하려면 먼저 현 위치를 파악해야 한다. 영적 성장도 이와 다르지 않다. 바른 목적과 방향으로 나아가기 위해선 지금 영적으로 어떤 상태인지 정확히 알아야 한다. 객관적 성찰이 우선되어야 하는 이유다. 현재의 영적 상태를 제대로 인식할수록 올바른 영적 성장이 가능해진다.

오스왈드 챔버스는 《산상수훈》에서 이렇게 말했다. "당신의 마음을 화나게 하는 것은 무엇인가? 당신을 비난하는 소리인가? 아니면 하나님을 모욕하는 소리인가? 그 질문에 대한 답이 당신이 어디에 서 있는지를 알려주는 표시이다."

영적 성장은 거듭남, 즉 영적 생명의 탄생에서 시작된다. 예수 그리스도를 통한 죄 사함을 믿고 하나님의 자녀가 되는 순간부터 영적 성장은 싹튼다. 이 믿음은 하나님께서 우리를 택하시고 예수 그리스도께서 우리를 위해 십자가에서 이루어놓으신 구원의 은혜를 '받아들이는' 행위이다. 구원은 하나님의 주도적 은혜이며, 인간의 영역이 아니다. 우리는 수동적으로 그 은혜를 받아들일 뿐이다. 하지만 이 수동성이 우리의 무책임함을 의미하는 것은 아니다. 믿음으로 의롭다 함을 받으려면 회개가 먼저 이루어져야 한다. 새 피조물로 거듭나기 위해 죄에 대한 진실한 회개는 필수다.

그러므로 영적 성장은 진리이신 하나님 말씀에 근거한 믿음, 곧 예수 그리스도와의 인격적 관계에서 비롯된다. 예수 그리스도로 말미암아 영생을 얻었다면 이미 영적 성장은 시작된 것이다. 따라서 영적 상태를 점검하려면, 영적 출발점이 바르게 잡혀있는지, 출발은 했지만 얼마 가지 못해 멈춰버린 것은 아닌지, 잘못된 길로 들어선 것은 아닌지 등을 살펴보아야 한다. 영적 성장이 더디다면 삶 속에서 회개와 순종이 제대로 이루어지고 있는지 돌아보아야 한다.

♦ 그리스도인의 영적 상태 점검: 4가지 유형 ♦

그리스도인의 영적 상태는 크게 네 유형으로 나뉜다. 육신적, 세속적, 율법주의적, 온전한 그리스도인이 그것이다. 엄밀히 성경적으로 보면 앞의 세 부류는 참된 그리스도인이라 할 수 없다. 세 유형은 신학적 관점이 아닌, 교인들의 실제 삶에서 발견되는 모습을 그렇게 명명한 것이다.

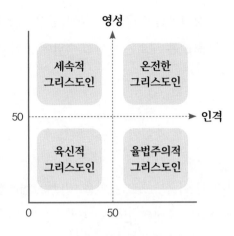

영성

세속적
그리스도인

온전한
그리스도인

50 ┈┈┈┈┈┈┈┈┈┈┈ → 인격

육신적
그리스도인

율법주의적
그리스도인

0   50

[그림] 네 가지 유형의 그리스도인

그리스도 안에서 온전한 사람을 세우려는 영적 성장은 '인격과 영성의 균형 잡힌 성장'을 목표로 한다. 위 그림은 인격과 영성의 성장과 그리스도인의 네 가지 대표적 유형과의 관계를 보여준다. 수직선은 하나님과의 관계인 영성의 성장을, 수평선은 대인관계에서의 인격 성장을 나타낸다. 영성이 자랄수록 위로, 인격이 성숙할수록 오른쪽으로 향한다고 하면, 영성과 인격이 함께 성장하면 '온전한 그리스도인' 영역을 지날 것이다.

그러나 인격 성장이 영성을 따라가지 못하면 '세속적 그리스도인'에 머물고, 반대로 영성 성장이 인격에 미치지 못하면 '율법주의적 그리스도인'에 그치게 된다. 영성과 인격 모두 미숙하다면 '육신적 그리스도인' 수준에 머문다.

제대로 된 영적 성장을 위해 현재 자신의 영적 상태를 객관적이고 정확하게 진단할 필요가 있다. 자기기만과 착각을 떨쳐내고 솔직하게 자신을 직시하는 것이야말로 올바른 영적 성장의 첫걸음이다. 있는 위치와 가야 할 곳을 모른 채로는 방황할 수밖에 없기 때문이다.

◆ 육신적 그리스도인 ◆

L은 삼촌을 따라 먼 이국땅으로 이민을 떠났다. 삼촌은 신실한 믿음과 성품으로 하나님의 은혜를 입어 큰 부를 이루었다. L도 삼촌 곁에서 함께 복을 받아 누리며 많은 재산을 얻었다. 그러나 L의 사람들과 삼촌의 사람들 사이에 이해관계로 다툼이 일어났다. 삼촌은 너그러운 마음으로 L에게 먼저 선택권을 주고 분가시켜 주었다.

L은 삼촌이 하나님께 의지하고 순종하는 모습을 지켜보며 하나님을 믿게 되었지만, 중대사를 결정할 때는 자기 생각을 앞세웠다. 그는 신앙보다 세속적 가치관에 따라 화려하고 부유한 동네로 이사했다. 그곳은 부유하지만 도덕적으로 타락한 곳이었다. L은 처음에는 신앙적 양심으로 마음이 불편해 이사를 고려했지만, 점점 그곳의 화려하고 안락한 삶을 포기하는 게 힘들어졌다.

그 동네에서 아내를 만나 결혼하고 딸들을 낳아 기르며 미약했던 신앙마저 흐려졌다. 세속적이고 부도덕한 문화에 서서히 동화됐던 것이다. 거기서 자란 두 딸 역시 부도덕한 가치관에 물들어 자유분방한 삶을 살았다. 결국 아내는 세상을 떠나고 딸들은 차마 입에 담기 어려운 죄를 짓고 말았다. L의 가정은 비극적 종말을 맞았다.

이 이야기는 구약 인물 롯의 이야기를 각색한 것이다.

영적 성장 단계에 따라 그리스도인의 영적 상태는 몇 가지 유형으로 나뉜다. 첫째는 영적·인격적 성숙도가 낮은 육신적 그리스도인이다. 영적인 성향보다 육신적 성향이 두드러지는 그리스도인을 일컫는다. 성경의 대표적 예는 고린도교회 교인들이다. 바울은 고린도 교인들에게 "형제들아 내가 신령한 자들을 대함과 같이 너희에게 말할 수 없어서 육신에 속한 자 곧 그리스도 안에서 어린아이들을 대함과 같이 하노라"(고전 3:1)라고 말씀한다. 바울은 육신에 속한 사람들의 상태를 "너희 가운데 시기와 분쟁이 있으니 어찌 육신에 속하여 사람을 따라 행함이 아니리요"(고전 3:3)라고 진단한다.

육신적 그리스도인은 미숙한 어린아이처럼 모든 것을 이기적이고 자기중심적으로 받아들인다. 영적 관심이 적을뿐더러 대인관계에서도 무책임한 언행을 서슴지 않는다. 교회에서는 이곳저곳 돌아다니며 이간질하고 싸움을 부추기고, 파벌을 만들어 물의를 일으킨다. 그가 가는 곳마다 평화가 깨지고 사소한 문제도 확대되며 소란스러워진다. 마치 제 뜻대로 되지 않는다고 아무 데서나 떼쓰고 우는 어린아이 같다. 이런 부류는 죄의식이 약하고 비도덕적이며 수치심과 염치를 모른다. 이들은 영적으로 어려서 믿음이 유치할 뿐 아니라 영적 분별력이 없어 작은 일에도 동요하며 갖가지 문제를 일으킨다.

> "우리가 다 하나님의 아들을 믿는 것과 아는 일에 하나가 되어 온전한 사람을 이루어 그리스도의 장성한 분량이 충만한 데까지 이르리니 이는 우리가 이제부터 어린아이가 되지 아니하여 사람의 속임수와 간사한 유혹에 빠져 온갖 교훈의 풍조에 밀려 요동하지 않게 하려 함이라"_엡 4:13-14.

C는 모태신앙으로 어릴 때부터 부모의 손에 이끌려 교회에 다녔다. 어려서부터 성경을 듣고 자라 잘 안다고 착각하며 의무감으로 교회에 출석하고 있다. 하지만 그의 삶은 교회 다니는 것 외에는 세속 사람들과 별반 다르지 않다. 가정이나 교회에서도 적당히 둘러대는 거짓말에 능하다. 또 소문을 만들고 퍼뜨리기 좋아해 사람들 사이에 갈등을 종종 부추긴다. 모든 일을 자기 편의대로 해석하며 이해관계에 따라 행동한다.

이런 사람은 스스로 믿음이 있다고 여기지만 실상은 육신의 욕심대로 살고 있다. 인격적으로도 매우 유치하고 미성숙한 육신적 모습이다. 이런 경우는 거듭나지 못한 가라지일 가능성도 있고, 영적으로 매우 미성숙하거나 영적으로 잠들어 있거나 병들어 있는 그리스도인일 수도 있다. "내가 어렸을 때에는 말하는 것이 어린아이와 같고 깨닫는 것이 어린아이와 같고 생각하는 것이 어린아이와 같다가 장성한 사람이 되어서는 어린아이의 일을 버렸노라"(고전 13:11).

그럼 교회에서 문제를 일으키는 이러한 육신적 그리스도인을 어떻게 대해야 할까? 영적 어린아이들의 특징은 자신의 문제를 인식하지 못한다는 것이다. 제 유치한 인격에서 비롯된 문제를 남에게 떠넘기고 책임지기를 피한다. 따라서 이들에겐 먼저 책임을 지게 하는 것이 바른 성장의 출발점이 된다. 성경은 육신의 욕심대로 사는 자들에게 하나님 나라를 유업으로 받지 못할 것이라 경고한다(갈 5:19-21). 합당한 열매를 맺지 않는 가지는 잘려나갈 것이라는 경고를 귀담아들어야 한다. 그러므로 육신적 그리스도인은 구원의 확신을 가지고 영적으로 올바르게 성장하는 데 힘써야 할 것이다.

◆ 세속적 그리스도인 ◆

두 번째 그리스도인의 유형은 세속적 그리스도인이다. 이들은 영적 체험을 하고 은혜도 받았으나 여전히 세상의 물질적 소유나 형통을 더 중시하고 육신의 소욕을 따라 사는 사람들이다. 영적으로는 열심이나 인격적 문제로 언행이 일치하지 않고 덕을 세우지 못한다. 즉, 영성과 인격을 조화시키지 못하고 행함 없이 믿음만 외치며 자기 소견에 좋은 대로, 편리한 대로 살아간다.

삼손은 '나실인'으로 특별한 은혜를 입은 자였다. 그는 이스라엘을 구원할 사사의 사명도 받았다. 그러나 그는 하나님이 주신 은혜와 사명을 가볍게 여겨 육체적 쾌락을 좇다가 힘의 근원을 잃고 비참하게 죽고 말았다. 세속적 가치관을 가지고 있던 삼손은 하나님께서 주신 크신 은혜를 깨닫지 못하고 자신에게 맡겨진 사명을 완수하지 못했다.

죄를 지은 후 예수님 발에 눈물로 향유를 부은 여인(눅 7:37-38)과 "하나님이여 불쌍히 여기소서 나는 죄인이로소이다"라고 고백한 세리(눅 18:13) 등도 이 부류에 속할 수 있다. 세속적 그리스도인은 하나님의 은혜로 믿음의 길에 들어섰으나 세상에서 살던 습관대로 여전히 세속의 가치관에 익숙하고 과거 죄의 속박에 매여 있는 사람들이다.

은혜를 받았다고 당장 인격이 성숙되는 것은 아니다. 실생활에서 믿음의 결단이 필요하다. 받은 은혜만큼 하나님 말씀에 순종하며 살 때 신앙 인격이 형성되는 것이다. 세상을 여전히 사랑하는 세속적 그리스도인은 영성 추구와 더불어 그에 걸맞은 인격을 갖춰야 한다. 그렇지 않으면 비참한 결과를 맞게 된다는 사실을 알아야 한다.

사도행전 5장에 나오는 아나니아와 삽비라는 교회에서 영적으로 인정받고 싶어 소유를 팔아 헌금했다. 그런데 일부를 감추고 전부 드린 척하다가 베드로에게 책망을 들었다. "땅이 그대로 있을 때에는 네 땅이 아니며 판 후에도 네 마음대로 할 수가 없더냐 어찌하여 이 일을 네 마음에 두었느냐 사람에게 거짓말한 것이 아니요 하나님께로다"(행 5:4). 결국 그들은 성령의 책망을 받고 즉사하고 말았다.

D는 기도를 많이 하는 '영파'로 소문난 목회자다. 나름대로 영적 은사도 많고 사역도 제법 커졌다. 교인 수가 늘어나 건물을 크게 짓고 각종 집회도 많이 인도한다. 그런데 언행이 문제였다. 교인들에게 목회자를 잘 대접해야 복받는다고 가르치며 사업하는 교우들에게 돈을 요구한 것이다. 값비싼 명품으로 치장하고 교인들에게 속된 말을 서슴지 않으며 모든 것을 돈으로 해결하려 들었다.

D 같은 그리스도인을 어떻게 봐야 할까? 성경은 이렇게 말한다. "돈을 사랑함이 일만 악의 뿌리가 되나니 이것을 탐하는 자들은 미혹을 받아 믿음에서 떠나 많은 근심으로써 자기를 찔렀도다"(딤전 6:10). "마음이 부패하여지고 진리를 잃어버려 경건을 이익의 방도로 생각하는 자들의 다툼이 일어나느니라"(딤전 6:5).

이런 자들에게 주님은 이렇게 말씀하실 것이다. "내가 너희를 도무지 알지 못하니 불법을 행하는 자들아 내게서 떠나가라"(마 7:23), "이 백성이 입으로는 나를 가까이 하며 입술로는 나를 공경하나 그들의 마음은 내게서 멀리 떠났나니 그들이 나를 경외함은 사람의 계명으로 가르침을 받았을 뿐이라"(사 29:13).

지금도 입으로는 신앙을 고백하나 인격이 따르지 않아 문제를 일으키는 이들이 많다. 말로는 은혜를 외치면서도 삶의 방식은 여전히 세상에 속해 부끄러운 인격을 보이는 것이다. 신앙을 자랑하면서도 여전히 세속 가치관을 지닌 '세속적 그리스도인'은 "두 마음을 품어 모든 일에 정함이 없[다]"(약 1:8).

E는 여름 휴가 때 가족과 함께 예전에 유학했던 외국을 찾았다. 마침 유학 시절 친했던 현지인 가족이 휴가를 가게 되어 편히 지내라며 집을 내주었다. E는 며칠 동안 그곳에서 아이들과 머물렀다. 그런데 아이들이 뛰어다니며 온 집 안을 엉망으로 만들어 놓았다. 김치찌개, 된장찌개 등 한국 음식을 해먹어 냄새로 이웃이 불편해하는데도 개의치 않고 제멋대로 지냈다.

만일 당신이 E에게 집을 빌려준 입장이라면 어떨까? 남의 입장은 배려하지 않고 자기 편한 대로만 산다면 인격에 결함이 있는 것이 분명하다. 요즘 우리 사회에는 다른 이를 아랑곳하지 않고 자신의 편리와 이익만 좇는 이기심으로 병든 사람이 많다.

어떤 이들은 은혜를 받았으나 부덕한 인격이 변화되지 않아 주변 사람들에게 피해를 주고 시험에 빠뜨리기도 한다. 인격적 문제를 일으키는 그리스도인은 부덕함으로 남을 실족하게 만든다. 입으로만 회개하고 같은 죄를 반복해 하나님의 오래 참으심을 시험하고 그분의 은혜를 남용한다. 이들은 하나님의 이름으로 그분의 영광을 훼손하는 자들이다. "실족하게 하는 일들이 있음으로 말미암아 세상에 화가 있도다 실족하게 하는 일이 없을 수는 없으나 실족하게 하는 그 사람에게는 화가 있도다"(마 18:7)라는 말씀을 명심해야 한다.

"이제 내가 너희에게 쓴 것은 만일 어떤 형제라 일컫는 자가 음행하거나 탐욕을 부리거나 우상 숭배를 하거나 모욕하거나 술 취하거나 속여 빼앗거든 사귀지도 말고 그런 자와는 함께 먹지도 말라 함이라 밖에 있는 사람들을 판단하는 것이야 내게 무슨 상관이 있으리요마는 교회 안에 있는 사람들이야 너희가 판단하지 아니하랴 밖에 있는 사람들은 하나님이 심판하시려니와 이 악한 사람은 너희 중에서 내쫓으라"_고전 5:11-13.

예수님은 분명히 "열매를 맺지 아니하는 가지는 아버지께서 제거해 버리[신다]"라고 경고하셨다(요 15:2). 세속적 그리스도인은 하나님의 은혜를 악용하여 대인관계에서 실수를 저지르고 타인에게 피해를 입히기도 한다. 그러므로 자신의 부덕함을 부끄러워하고 회개해야 한다. 아울러 그리스도를 아는 지식으로 매일 성장하고 하나님의 부르심에 합당한 인격을 이루도록 더욱 힘써야 한다.

♦ 율법주의적 그리스도인 ♦

세 번째 유형은 인본주의적 혹은 율법주의적 그리스도인이다. 사람들과의 관계에 치중하지만 하나님과의 영적 관계에는 무지한 이들이다. 그들은 사람 중심의 '인본주의'에서 벗어나지 못하고 하나님 중심의 '신본주의'를 거부한다. 윤리적, 율법적 도덕성은 있어 보이나 영적인 것에는 관심이 없다.

일반적으로 율법주의적 그리스도인은 하나님의 의보다 자기 의를 내세우는 교만에 빠져 있다. 자기 의를 세우려 하나님의 의를 저버린 자들이다. "하나님의 의를 모르고 자기 의를 세우려고 힘써 하나님의 의에 복종하지 아니하였느니라"(롬 10:3).

이들은 하나님 말씀보다 자기 이성이나 가치관을 우선시한다. 밤에 예수님을 찾아와 영생을 물은 니고데모는 율법에 정통한 바리새인이자 유대인의 영적 지도자였다. 그러나 그는 영적인 것을 깨닫지 못하고 무지했다(요 3:10). 인본주의적이고 율법주의적 그리스도인은 윤리, 도덕, 율법에 집착하며 타인의 인정을 중요하게 여긴다. 하지만 성령님의 사역으로 말미암는 영성에는 무지하다. 그들은 세상의 도덕관이나 자신의 종교적 가치관을 하나님 뜻보다 앞세운다.

모범적이고 도덕적인 자들 중엔 스스로를 의롭게 여기는 이들이 많다. 그러나 성경은 "어떤 길은 사람이 보기에 바르나 필경은 사망의 길이니라"(잠 14:12)라고 말한다. 사람이 보기에 옳아도 하나님 보시기엔 선하지 못한 것이 있다는 말씀이다.

하나님 말씀은 절대 진리며 사람이 순종하고 따라야 할 기준이다. 율법 자체는 하나님이 주신 선하고 완전한 법, 하나님이 정하신 창조 질서다. 그러나 죄로 인한 타락으로 사람의 노력으로는 이룰 수 없는 법이 되었다. 문제의 핵심은 율법 자체가 아니라 율법으로 의롭게 되려는 인간의 교만에 있다. 인간의 자기중심적 의에서 비롯된 율법주의는 그리스도의 은혜를 잊고 행위의 의로움에 빠지게 한다.

바울은 "사람이 의롭게 되는 것은 율법의 행위로 말미암음이 아니요 오직 예수 그리스도를 믿음으로 말미암는 줄 알므로 … 율법의 행위로써는 의롭다 함을 얻을 육체가 없느니라"(갈 2:16)라고 하면서 율법에 얽매이기 쉬운 인간 본성을 경고했다. 그런데도 율법주의적 그리스도인들은 바리새인들처럼 인간 규범과 원칙을 하나님 뜻보다 더 중요시한다. 하나님 말씀을 자기 편의대로 왜곡하고 자기가 좋아하는 것만 받아들인다. 즉, 하나님을 향한 믿음이 아닌 자신을 향한 믿음을 기준 삼아 산다.

"주께서 이르시되 이 백성이 입으로는 나를 가까이하며 입술로는 나를 공경하나 그들의 마음은 내게서 멀리 떠났나니 그들이 나를 경외함은 사람의 계명으로 가르침을 받았을 뿐이라"(사 29:13). 그들은 입으로는 그리스도인임을 고백하지만 내면은 불신앙에 사로잡혀 하나님의 은혜에서 멀어져 있다. 예수님이 제자들에게 영적 교훈을 가르치실 때 "이 말씀은 어렵도다"라며 불평하면서 예수님을 떠난 제자가 많았다(요 6:60, 66). 인본주의적 사고의 한계에서 벗어나지 못하고 영적 진리를 깨닫지 못했기 때문이다.

그러므로 그리스도인이 영적 성장에서 특히 경계해야 할 것은 예수 그리스도의 진리와 은혜에서 떠나 인간이 만든 규율을 절대화하는 율법주의이다. 율법주의자들은 자신을 위해 까다로운 규칙을 만들고 지엽적인 일에도 금기사항을 정한다. 그러고는 스스로 자신의 규칙에 얽매여 사랑과 기쁨을 잃은 채 비판주의자가 되곤 한다.

예수 그리스도는 율법을 완전히 성취하셨다(롬 10:4). 이 진리를 모르면 바리새인과 서기관들처럼 그리스도에 대한 잘못된 개념과 인식으로 "이것이 하나님을 섬기는 일"(요 16:2)이라 하면서 그리스도를 십자가에 못 박고 제자들을 핍박하는 죄를 범하게 된다. 율법에 얽매인 유대인들은 하나님을 믿는다고 하면서도 "그리스도의 십자가의 원수"(빌 3:18)로 살아갔다. 자기 신념이 하나님 뜻보다 우선될 때, 하나님의 이름을 내세우면서 하나님을 대적하는 모순이 생긴다.

바울은 갈라디아 교인들에게 "너희가 이같이 어리석으냐 성령으로 시작했다가 이제는 육체로 마치겠느냐"(갈 3:3)라고 책망했다. 한때는 영적으로 은혜를 입고 신앙생활을 시작했지만, 시간이 흐르면서 율법에 얽매이고 경직되어 영적 성장이 멈춘 그리스도인이 있다. 신앙생활이 익숙해지고 습관화되면서 예수 그리스도께 대한 첫사랑을 잃어버린 자들이다. 은혜를 망각한 채 율법주의자가 되면 자연스럽게 영적으로 병들게 된다. 더 나아가 스스로 율법의 교사라 여겨 타인을 정죄하는 교만에 빠지기도 한다.

하지만 바울은 율법을 '초등학문'이라고 칭한다. "이제는 너희가 하나님을 알 뿐 아니라 더욱이 하나님이 아신 바 되었거늘 어찌하여 다시 약하고 천박한 초등학문으로 돌아가서 다시 그들에게 종노릇 하려 하느냐"(갈 4:9). 그러므로 우리는 성령으로 시작했다가 율법적이고 권위적인 모습으로 변질되어 육체로 마치지 않도록 특별히 주의해야 한다.

F는 모태신앙으로 오랜 기간 신앙생활을 해왔다. 교회에서는 직분을 맡았고 사회에서도 안정된 직업에서 일한다. 세속적 기준으로 볼 때 그는 인격적으로 존경받으면서 삶에서는 도덕적인 모습을 보인다. 그러나 이로 인해 자만해져 영적으로는 하나님의 은혜를 깨닫지 못하고 있다. 그는 교회 일을 자신의 판단 기준에 따라 사사건건 따지고 비판했다. 구원받은 은혜에 대한 빚진 마음이 아니라, 자신의 도덕적 기준만이 옳고 정당하다는 채권자 의식에 사로잡혀 있다. 그래서

다른 이들의 잘못을 날카롭게 비판하기를 좋아한다. 자신이야말로 타인의 잘못을 짚어낼 자격을 갖춘 심판자라는 신념으로 살아간다. 이로 인해 교회 곳곳에 원망과 불평의 쓴 뿌리가 번져 나가 많은 이들을 괴롭게 했다(히 12:15).

교회 안에는 F와 같이 신앙생활이 습관화되고 형식화되면서 자기중심적으로 타인을 판단하고 정죄하는 사람들이 있다. "그들은 말만 하고 행하지 아니하는"(마 23:3) 자들이다. 그래서 예수님은 "화 있을진저 외식하는 서기관들과 바리새인들이여 너희는 천국 문을 사람들 앞에서 닫고 너희도 들어가지 않고 들어가려 하는 자도 들어가지 못하게 하는도다"(마 23:13)라고 책망하셨다. 또한 "예수께서 이르시되 너희는 사람 앞에서 스스로 옳다 하는 자들이나 너희 마음을 하나님께서 아시나니 사람 중에 높임을 받는 그것은 하나님 앞에 미움을 받는 것"(눅 16:15)이라고도 말씀하셨다.

그들은 "하나님 앞에서 아무도 율법으로 말미암아 의롭게 되지 못할 것이 분명하니 이는 의인은 믿음으로 살리라 하였음이라"(갈 3:11)라는 말씀을 명심해야 한다. 인본주의적이고 율법주의적인 그리스도인은 하나님과의 관계에서 가장 큰 죄인 '교만의 죄'를 범하게 된다. 그들은 타인의 티끌을 보기보다 자신을 돌아보며, 하나님 앞에서 교만이 가장 큰 죄임을 인식하여 자신의 들보를 먼저 직시해야 한다. 그러므로 자신의 의로움이 하나님보다 앞서는 교만을 회개하고, 하나님의 주권과 공의로운 심판에 복종하는 겸손함을 회복하여 그리스도의 은혜를 깨달아 가는 것에 성장한다면, 아름답고 온전한 그리스도의 형상을 닮아갈 수 있을 것이다.

♦ 온전한 그리스도인 ♦

네 번째 유형은 영성과 인격이 균형 있게 성숙한 온전한 그리스도인이다. 우리 주 예수 그리스도는 완전한 하나님이시며 동시에 완전한 사람이시다. 그분은 하나님의 형상으로 지음받은 인간의 흠 없는 완벽한 모범이다. 예수님은 온전하고 이상적인 인간이 되심으로써 우리에게 전심으로 하나님을 경외하며 자연스럽게 하나님과 연합되는 길을 열어주셨다.

영성과 인격이 온전히 성숙한 성경 인물로는 아브라함, 요셉, 모세, 여호수아, 사무엘, 다윗, 다니엘, 욥, 엘리야, 엘리사, 이사야, 예레미야 같은 선지자들과 베드로, 요한, 바울 같은 사도 등 여러 믿음의 선조들이 있다. 이들의 공통점은 처음에는 영성적으로나 인격적으로 연약했지만, 영적 성장을 통해 영성과 인격이 성숙해가며 하나님의 사람들이 되었다는 점이다.

믿음의 조상 아브라함도 처음에는 두려움과 염려가 많은 연약한 사람이었다. 자신의 안전을 위해 아내를 누이라 속이는 인격적인 결함도 보였다. 그러나 하나님을 더 깊이 체험하고 알아가면서 독자 이삭을 드릴 수 있을 만큼 온전한 믿음의 사람이 되었고, 롯이 사는 땅과 타민족을 위해 간절히 기도하는 중보자로 성장했다. 아브라함은 믿음에 걸맞은 인격으로, 믿음의 조상으로 성장한 것이다.

구약 인물 중 다니엘은 영성과 인격을 겸비한 온전한 사람으로서 신앙인이라면 누구나 따를 만한 훌륭한 모델이다. 그는 바벨론에 포로로 끌려갔음에도 올바른 신앙과 성품으로 흠 없는 하나님의 사람으로 살았다. 평생 전심으로 하나님을 섬겼을 뿐 아니라, 지혜와 총명함으로 여러 이방 왕들로부터 뛰어난 실력을 인정받았다.

대적들이 아무 허물도 찾을 수 없을 만큼 다니엘의 영성과 인격은 뛰어났다. "이에 총리들과 고관들이 국사에 대하여 다니엘을 고발할 근거를 찾고자 하였으나 아무 근거, 아무 허물도 찾지 못하였으니 이는 그가 충성되어 아무 그릇됨도 없고 아무 허물도 없음이었더라"(단 6:4). 포로로 잡혀갔던 다니엘의 온전한 영성과 인격은 그가 섬겼던 이방 왕들을 감동시켜 고레스왕을 통해 유다 민족이 귀환하여 성전을 재건할 수 있도록 허락하는 데 중요한 역할을 했다(대하 36:23, 단 6:28).

신약 시대에서는 바나바와 같은 인물에게서 온전한 그리스도인의 모습을 찾아볼 수 있다. "바나바는 착한 사람이요 성령과 믿음이 충만한 사람이라"(행 11:24)라는 말씀은 그가 영성과 인격을 겸비한 자였음을 보여준다. 바나바는 핍박자였다가 회심한 바울을 받아주었을 뿐 아니라 자신보다도 앞세워 그를 리더로 세움으로써 초대교회가 말씀 위에 든든히 세워지는 토대를 마련했다.

G는 젊은 시절, 격렬한 데모에 앞장서 감옥에도 갈 만큼 인간적인 혈기가 많았다. 그러나 오랜 기간 수많은 연단과 훈련 과정을 거치며 점점 더 그리스도의 향기를 발하는 목회자로 변모했다. 지금은 시대에 대한 영적 통찰력과 혜안으로 많은 이들을 올바르게 교육하고 선도하고 있다. 그는 과거의 혈기 어린 인격에 머무르지 않고, 그리스도의 은혜와 진리를 알아감으로써 겸손해지고 아름답게 성장해나갔다. 그 결과 주님을 진실로 사랑하는 영성과 사람들을 섬기는 인격으로 성화되었다.

겨자씨는 작은 씨앗이지만 자라서 커지면 새들이 그 그늘에 깃든다(막 4:31-32). 한 사람의 영성과 인격이 연합하여 성장하면 수많은 사람에게 선한 영향을 끼칠 수 있다는 뜻이다.

온전한 그리스도인으로 성장하는 것은 성령님의 인도하심에 따라 하나님을 향한 갈망과 영적 감수성을 키워나가는 과정이다. 인격과 영성이 부족한 사람이 어떻게 성령의 열매를 맺는 성숙한 인격으로 변화될 수 있을까? 이는 오직 그리스도의 구원 사역을 통해 죄 사함을 경험하고, 그분의 한없는 사랑과 은혜를 깨달으며, 진리를 추구하는 삶을 살아갈 때 비로소 가능해진다. "전에 악한 행실로 멀리 떠나 마음으로 원수가 되었던 너희를 이제는 그의 육체의 죽음으로 말미암아 화목하게 하사 너희를 거룩하고 흠 없고 책망할 것이 없는 자로 그 앞에 세우고자 하셨으니"(골 1:21-22).

그리스도인의 인격은 예수 그리스도와 직접적으로 연결되어 있어야 한다. 성경적 관점에서 추구해야 할 인격은 단순히 인본주의적 도덕이나 윤리를 넘어선, 예수님을 닮은 거룩한 인격이다. 우리가 예수님과 연합할 때, 비로소 죄에 대해 죽고 죄에 매여 살지 않으며, 새 생명 가운데 살아갈 수 있게 된다(롬 6:4, 6).

인간을 향하신 하나님의 무한한 사랑과 진리를 깨닫고, 그분의 선하신 뜻을 이해하며 순종하는 삶을 통해 영성과 인격이 조화롭게 자랄 수 있다. 예수 그리스도는 영성과 인격의 완벽한 조화를 이루신 모범이 되신다. 따라서 그리스도인의 영적 성장 목표는 예수 그리스도의 인격과 영성을 우리 속에 온전히 이루는 것이다.

♦ 세상 속에서 빛나는 거룩함 ♦

하나님은 거룩하시다(사 6:3). 거룩함은 피조물과 구별된 창조주 하나님의 속성이다(계 15:4). 거룩함은 죄와 세상의 속된 것에서 구별된다는 의미다. 하나님께서는 그의 자녀들도 그분의 거룩하심에 동참하기를 원하신다. "내가 거룩하니 너희도 거룩할지어다"(벧전 1:16).

하나님의 백성이 거룩하지 못하고 죄를 범하면 결국 하나님의 거룩한 이름을 더럽히게 된다. 하나님께서는 "내가 내 거룩한 이름을 내 백성 이스라엘 가운데에 알게 하여 다시는 내 거룩한 이름을 더럽히지 아니하게 하리니 내가 여호와 곧 이스라엘의 거룩한 자인 줄을 민족들이 알리라 하라"(겔 39:7)라고 말씀하신다.

그리스도인에게 거룩함은 단순히 힘겹게 지켜야 할 의무가 아닌, 하나님의 백성으로서 누리는 특권이다. 그러나 안타깝게도 오늘날 많은 그리스도인이 거룩함의 가치를 간과하고 있다. 오늘날은 "마음이 부패하여지고 진리를 잃어버려 경건을 이익의 방도로 생각하는 자들"(딤전 6:5)이 많은 시대이기 때문이다. 이 시대에 우리가 되찾아야 할 보석이 바로 거룩함이다.

거룩함은 인격의 모든 측면에서 하나님을 경외하며, 그분이 의도하신 삶을 사는 것을 의미한다. 이것이 세상 속에서 실현되는 거룩함이다. 하나님의 속성 자체가 거룩하시기에, 그리스도인에게 거룩함은 일상의 의무이자 근본적인 요청이 된다. 우리는 예수 그리스도의 주권을 인정하며, 삶의 모든 영역에서 성도에게 합당한 인격적 거룩함을 발전시켜야 한다.[16]

세상과 단절된 금욕주의나 물질 만능주의로 치우치는 세속주의는 잘못된 영성의 표현이다. 우리의 과제는 이런 극단을 피하고, 온 마음으로 예수 그리스도를 사랑하며 닮아가는 거룩한 그리스도인이 되는 것이다. 거룩함은 인간의 건강한 영성이자 하나님의 온전한 뜻이다(살전 5:23).

미국의 대표적인 체험적 부흥 신학자였던 조나단 에드워즈는 자신의 신앙을 이렇게 고백했다.

> 하나님과 거룩함에 대한 나의 갈망은 점점 더 커져갔다. 순수하고 겸손하며 거룩하고 신성한 기독교가 내겐 그 무엇보다 사랑스럽게 다가왔다. 모든 삶의 영역에서 완전한 그리스도인이 되고 싶었고, 그리스도의 복된 모습을 닮고자 하는 뜨거운 열망으로 가득 찼다. 복음이 가르치는 순수하고 즐겁고 복된 법칙을 따라 살고 싶었다.
>
> 이 일에 진보가 있기를 간절히 바랐기에 나는 이를 추구했다. 밤낮으로 그 열망은 멈추지 않았다. 어떻게 하면 더 거룩해질 수 있을까? 어떻게 하면 더 거룩한 삶을 살며, 더 하나님의 자녀답고 그리스도의 제자다운 모습이 될 수 있을까? 이 물음이 내 머릿속을 떠나지 않았다.
>
> 그때 나는 하나님의 은혜와 거룩함이 더 부어지길 간구했고, 예전에 은혜를 구하던 때보다 훨씬 더 진지하게 거룩한 삶을 추구했다. 그 어떤 일을 추구할 때보다 더 부지런하고 간절한 마음으로, 쉼 없이 나를 돌아보며 거룩하게 살 수 있는 올바른 방법과 수단을 고민했다.
>
> - 이안 머레이, 《조나단 에드워즈 삶과 신앙》

우리에게는 이런 영적 갈망과 거룩함을 추구하는 마음이 있는가? 오늘날 이와 같은 열망이 있다면 많은 그리스도인이 온전한 사람이 되어 세상의 빛으로서 어둠을 밝히고, 세상의 소금으로서 부패를 막을 수 있는 영향력과 능력을 발휘할 수 있을 것이다.

제자도의 관점에서 본 영성 형성

6장

당신은
어디로 가고 있는가

영적 성장의 목적

나는 어렸을 때부터 길눈이 어두웠다. 평소 다니는 길 외에는 잘 몰라서 꼭 필요한 곳만 다녔다. 한번은 초등학교 1학년 때 어떤 친구가 자기 생일에 집으로 초대했다. 집에 돌아갈 때 우리 집까지 데려다주겠다는 약속을 받고 갔지만 친구가 약속을 지키지 않아서 혼자 집을 찾아와야 했다. 영락없이 길을 잃고 헤매다가 울면서 간신히 집으로 돌아왔던 기억이 난다. 그 후로도 비슷한 상황들로 미아가 될 뻔했던 적이 여러 번 있었다.

미국에서 운전을 배우면서 길에 대한 감각을 익히기 시작했다. 지도를 보고 현 위치와 목적지를 파악하여 따라가면 도착할 수 있었다. 한번은 한국에서 오신 분을 모시고 운전해서 약속 장소로 가야 할 일이 있었다. 초행길이라 긴장이 되어 지도를 보고 한참을 고속도로로 달렸는데 뭔가 이상했다. 자세히 확인해보니 북쪽으로 가야 했는데 반대 방향인 남쪽으로 달리고 있었던 것이다. 매우 당황스러웠으나 겨우 방향을 바꿔 부지런히 달렸다. 하지만 이미 한참을 반대로 왔고, 퇴근 시간까지 겹쳐 길이 막혔다. 결국 약속 시간을 두 시간이나 넘겨 도착했고, 기다리던 분과는 어긋나고 말았다. 휴대폰도 없던 시절, 얼마나 미안하고 부끄러웠는지 고개를 들 수 없었다.

그 사건은 나에게 방향의 중요성을 일깨워 주었다. 잘못된 방향으로 열심히 달릴수록 되돌리기가 더 힘들다는 사실을 절감했다. 하물며 인생의 방향 전체가 잘못되어 있다면 어찌 되겠는가?

천재 물리학자 아인슈타인에 대한 재미있는 일화가 있다. 아인슈타인이 기차를 타고 가던 중, 역무원이 표를 점검했다. 아인슈타인은 아무리 찾아도 표를 찾을 수 없었다. 역무원은 그가 워낙 유명하니 표가 없어도 괜찮다고 했지만, 박사는 계속 표를 찾았다. 역무원이 이유를 묻자 아인슈타인은 "내가 어디로 가야 하는지 알기 위해 표를 찾아야겠네"라고 대답했다.

인생이라는 기차를 타고 있는 우리도 어디로 가는지 모른 채 달려가고 있지는 않은가? 당신의 인생은 어디를 향하고 있는가? 당신은 무엇을 위해, 무엇을 향해 살아가는가? 이런 질문을 언제 해보았는가? 살기 바빠서 생각할 겨를조차 없지는 않았는가?

인생에서 올바른 목표와 방향을 아는 것은 매우 중요하다. 열심히 살았는데 방향이 틀렸다면 어떡하겠는가? 인생을 되돌릴 수 있겠는가? 사람들은 불교나 뉴에이지, 윤회사상 등의 영향으로 죽은 후에 다음 생이 있다고 믿고 싶어 한다. 하지만 성경은 "한 번 죽는 것은 사람에게 정해진 것이요 그 후에는 심판이 있으리니"(히 9:27)라고 분명히 말씀한다. 또 예수님은 "나는 알파와 오메가요 처음과 마지막이요 시작과 마침이라"(계 22:13)라고 하셨다. 인생은 처음과 끝이 있을 뿐 결코 되돌릴 수 없다. 그러므로 단 한 번뿐인 인생에서 어떤 길을 선택하느냐에 따라 어디서 어떻게 영원을 보낼지가 결정된다면, 우리가 진정 올바른 방향으로 가고 있는지 종종 점검해 봐야 할 것이다.

◆ 인생의 두 갈래 길 ◆

서울역에서 출발하는 기차는 출발 지점은 같지만 종착지의 방향에 따라 전혀 다른 곳으로 달려간다. 인생에는 여러 갈래의 길이 있어 보이지만, 사실 두 갈래 길밖에 없다. 세상을 사랑하는 넓은 길과 예수 그리스도를 따르는 좁은 길, 즉 육체의 소욕을 따르는 길과 성령님의 소욕을 따르는 길이다(갈 5:16). 비록 인생의 출발점은 같아도, 어떤 길을 선택하느냐에 따라 그 결과는 천양지차로 달라진다.

육체의 길은 인간 존재의 내적 중심인 자아가 통제하고 주권을 행사한다. 이 길은 내 뜻대로, 하고 싶은 대로 사는 삶처럼 보이지만, 실상은 죄에 종노릇하는 것이다. 결국 마귀가 파놓은 함정에 빠져 두려움과 멸망의 깊은 수렁으로 떨어지는 비참한 결과를 초래한다.

반면, 성령의 길은 우리가 붙잡고 있던 통제권을 내려놓고 그리스도 중심으로 살아가게 한다. 전적으로 성령님의 도우심에 의지하여 생각하고 행하며 살아가는 것이다. 성령님이 인도하시는 길은 처음에는 속박받는 것 같이 보이지만, 성령은 진리로 자유함을 주셔서 무한 지평의 새로운 길을 열어주신다. 육체의 욕심을 따르는 길은 죄의 본성에 따라 사는 삶이지만, 성령님은 우리에게 새 본성을 주셨다. 갈라디아서는 이 두 길을 대조적으로 설명하고 있다.

육체의 길	성령님의 길
율법의 행위(2:16, 3:2) 인간 중심의 삶(2:12) 초등교사(3:24) 종노릇(4:3) 여종에게서 육체를 따라 남(4:23) 육체의 일(5:19-21) 썩어질 것을 거둔다(6:8) 육체로 자랑한다(6:13)	믿음의 행위(2:16, 3:2) 그리스도 중심의 삶(2:20) 의롭다 함을 얻게 함(3:24) 하나님의 자녀(4:6) 자유 있는 여자에게서 약속으로 남(4:23) 성령의 열매(6:22-23) 영생을 거둔다(6:8) 십자가를 자랑한다(6:14)

조나단 에드워즈의 5대손 드와이트 에드워즈는 저서 《내면의 혁명》에서 그리스도인의 두 가지 상반된 길에 관해 이야기한다. 첫 번째 길은 입으로는 하나님을 위해 산다고 하지만, 실제로는 세상에서 축복받기 위해 믿는 삶이다. 두 번째 길은 하나님 이름이 온전히 드러나도록 하나님의 영광을 추구하는 삶이다.

첫 번째 길을 가는 사람들은 하나님의 영광을 외치고 신앙의 말을 하지만, 실제 삶에서는 세상적 유익을 먼저 추구한다. 그래서 세상 사람들과 같은 가치관에 따라 살아간다. 성경은 이들을 "마음이 부패하여지고 진리를 잃어버려 경건을 이익의 방도로 생각하는 자들"(딤전 6:5)이라고 부른다. 마치 롯이 세상의 가치관에 따라 소돔과 고모라를 "여호와의 동산과 같고 애굽 땅과 같았더라"(창 13:10)라는 안목으로 선택했다가 비참한 최후를 맞는 것과 같다.

두 번째 길을 가는 사람들은 그리스도의 유익을 최우선으로 두고 하나님을 갈망하는 이들이다. 아브라함은 자기 갈 길을 하나님께 맡기고 눈에 보이지 않는 믿음의 선택을 했다(창 13:14). 첫 번째 사람들은 "축복을 얻기 위해 하나님께 내가 무엇을 해야 하나요?"라고 묻는다. 하지만 두 번째 사람들은 "하나님의 영광을 더 잘 드러내기 위해 내가 무엇을 할까요?"라고 질문한다. 처음에는 두 부류의 모습이 비슷해 보이지만, 시간이 흐를수록 결과는 확연히 달라지고 전혀 다른 열매를 맺는다.

롯이 소돔을 택한 결과, 아내는 소금기둥이 되고 딸들은 큰 죄를 범하는 비참한 인생이 되었다. 반면 아브라함은 하나님 말씀에 따라 선택하여 영광스러운 믿음의 조상이 되었다. 첫 번째 사람들은 육체의 소욕의 열매를 맺고, 두 번째 사람들은 성령의 열매를 맺는다(갈 5:19-23). 육체를 위해 심는 자는 '썩어질 것'을 거두고, 성령을 위해 심는 자는 영생을 거두게 된다(갈 6:8).

> 변화를 위해 우리가 해야 할 일은 스스로의 힘으로 기독교인의 의무를 다하는 것이 아니다. 하나님의 위대하심에 우리의 영적 초점을 맞추고 하나님의 영광을 바라보며 끊임없이 묵상하는 것이 되어야 한다. 하나님의 위대하심과 임재하심에 압도되는 것만큼 우리 영혼에 활력을 불어넣고 마음에 만족을 주며 모든 근심을 없애고 우리의 존재를 고귀하게 만드는 것은 없다. 이것이 바로 당신과 내가 창조된 목적이다.
> – 드와이트 에드워즈, 《내면의 혁명》

영광은 하나님의 본질이며 그분 인격의 위엄이다. 우리가 추구해야 할 올바른 목적과 방향은 우리의 번영이 아니라 하나님의 영광이다. 그것이 하나님께서 우리를 창조하시고 구원하신 목적이기 때문이다. 성부, 성자, 성령 삼위 하나님께서 우리를 택하시고 상속자로 삼으신 것은 "그의 영광의 찬송이 되게 하려"(엡 1:12)는 것이다. 그렇다면 우리가 어떻게 하나님의 영광의 찬송이 될 수 있을까? 우리가 그리스도의 형상을 덧입을 때 가능하다. "말씀이 육신이 되어 우리 가운데 거하시매 우리가 그의 영광을 보니 아버지의 독생자의 영광이요 은혜와 진리가 충만하더라"(요 1:14).

◆ 그리스도를 닮아가는 전인격적 변화의 여정 ◆

인간은 하나님의 형상으로 지음을 받았다는 것과 인간의 몸이 하나님이 성전이라는 이 두 가지 진리는 성경의 핵심적인 가르침이다. … 폭력은 하나님의 형상을 어그러뜨리고, 육체적인 쾌락은 하나님의 성전을 더럽힌다. 하나님의 형상과 하나님의 성전, 이 두 가지가 모두 침해를 당하고 우리 시대의 신들과 우상들이 대신 그 자리를 차지하고 있다.
– 래비 재커라이어스, 《진리를 갈망하다》

요즘 TV 프로그램이나 영화에서 가장 인기 있는 소재는 폭력과 쾌락이다. 불과 수십 년 전까지만 해도 규제 대상이었던 폭력과 쾌락의 장면들이 이제는 마치 경쟁이라도 하듯 점점 더 극단적으로 표현되며 도덕적 타락을 부추기고 있다. 세상이 부패하고 타락할수록 그리스도인은 더욱 거룩하고 성결하게 구별되어 하나님의 형상과 성전을 회복해야 할 특별한 소명을 받은 것이다.

우리가 선택하고 걸어야 할 길은 하나님의 영광을 추구하는 길이다. 이는 인간이 본래 받았으나 잃어버린 '하나님의 형상'을 회복해야만 가능한 길이다. 인간의 타락으로 파괴된 하나님의 형상을 어떻게 회복할 수 있을까? 그 해답은 예수 그리스도 안에 있다. 그분은 하나님의 영광이며 "보이지 아니하는 하나님의 형상"(골 1:15)이시기 때문이다. 인간의 불순종으로 인해 파괴되었던 하나님의 형상이 예수 그리스도의 철저한 순종으로 말미암아 회복되었다. 예수 그리스도로 인해 인간은 하나님의 형상으로 창조되었을 때의 모습으로 다시 온전해질 수 있게 된 것이다.

잃어버린 하나님의 형상을 회복하기 위해서는 그리스도께 전적으로 위탁하고 순종하며 그분을 닮아가야 한다. 이것이 바로 '영성 형성'이다. 이환의 《몽테뉴와 파스칼》에서는 파스칼의 회심을 묘사하면서, 비참과 절망 속에 있던 인간이 하나님 자녀로서의 본래 위엄을 되찾은 감격을 파스칼의 글을 인용해 표현했다. "기쁨, 기쁨, 기쁨, 기쁨의 눈물! 인간 영혼의 위대." 하나님을 알게 됨으로써 인간은 자신의 존엄과 위대함을 되찾고, 이로써 구원이 완성된다는 것이다. 인간의 불행과 타락의 근원이 하나님을 거역하고 그분에게서 떠난 데 있다면, 그 치유는 하나님께로 다시 돌아감으로써만 이루어진다.[17]

인간의 죄로 인해 단절되었던 하나님과의 관계는 예수 그리스도의 대속으로 말미암아 회복되어 구원에 이르게 되었다. 인생의 모든 문제는 하나님을 떠났기에 생긴다. 그러므로 예수 그리스도를 통해 하나님께 나아가는 것만이 인생 모든 문제의 유일한 해답이다.

하나님의 형상을 회복하는 일은 어떤 신비한 체험을 통해 단번에 주어지지 않는다. 우리의 지성과 감정, 의지와 행동이 하나님의 뜻에 순종하며 점진적으로 예수 그리스도를 닮아가는 과정에서 형성된다. 이런 점에서 영성 형성은 "하늘에 계신 너희 아버지의 온전하심과 같이 너희도 온전하라"(마 5:48)는 예수님의 명령에 인간이 순종한 결과처럼 보인다. 그러나 예수 그리스도의 형상을 회복하는 영성 형성은, 인간이 자기 힘으로 스스로 통제하여 온전함을 성취하는 '자아실현'과는 차원이 다른 일이다. 그리스도의 형상을 향해 성장하는 과정에는 옛 자아를 버리고 십자가에 못 박히는 죽음이 수반되기 때문이다. 즉, 영성 형성에서 인간의 순종은 자아실현이 아니라 자아 죽음을 선택하기 위한 것이다.

죄의 본성인 자아가 죽고 거듭나 그리스도의 형상으로 다시 소생하게 하시는 것은 하나님의 영역이다. "긍휼이 풍성하신 하나님이 우리를 사랑하신 그 큰 사랑을 인하여 허물로 죽은 우리를 그리스도와 함께 살리셨고"(엡 2:4-5). 우리의 몫은 자아가 죽을 수 있도록 육신의 소욕을 부인하고 말씀에 따라 살기로 결단하며 묵묵히 순종하는 것이다. 그러므로 영성 형성은 성령님의 사역과 우리의 순종이 만나 이뤄지는 결과다.

영성 형성은 예수님이 내리신 대계명, 즉 "네 마음을 다하고 목숨을 다하고 뜻을 다하고 힘을 다하여 주 너의 하나님을 사랑하라"(막 12:30), "네 이웃을 네 자신과 같이 사랑하라"(막 12:31)는 명령을 실천하는 과정이다. "너는 마음을 다하고 뜻을 다하고 힘을 다하여 네 하나님 여호와를 사랑하라"(신 6:5)는 구약의 핵심 명령도 동일한 의미를 전하고 있다.

여기서 '마음'은 히브리어 '레밥'으로 지성, 감성, 의지를 포함하는 용어다. 한마디로 '인격'을 의미한다. '뜻'은 히브리어로 '네페쉬'라고 하는데 일반적으로 영혼, 숨, 목숨을 의미한다. '힘'은 히브리어로 '메오드'로서 능력, 육체적인 힘을 가리킨다. 그러므로 지, 정, 의, 사회성, 몸이 포함된 전인격으로 하나님을 사랑하고 순종하는 것이 그리스도의 형상을 회복해가는 길에서 핵심이다.

칼빈은 "예수 그리스도가 현재적 하나님의 형상이므로 우리는 그 형상을 따라 새롭게 변화되어야 한다"라고 주장했다.[18] 예수님은 우리의 전인격적 영성 형성의 목표일 뿐 아니라 성장의 본이 되셨다. 예수 그리스도는 지성적으로는 지혜가 자라가고, 감성적으로는 하나님과 사람에게 더욱 사랑스러워졌으며, 의지적으로는 하나님 아버지의 뜻에 전적으로 순종하셨다. 또한 사회적으로는 부모와 이웃을 사랑하고, 신체적으로는 키가 자라고 강건해지셨다(눅 2:40, 51, 52). 이처럼 예수님의 생애는 영성이 인격과 직결됨을 보여준다.

✦ 온전한 사람이 되어간다는 복된 희망 ✦

한국의 국보 제1호인 숭례문이 화재로 무너져 내려 온 국민을 충격에 빠트린 일이 있었다. 한 사람의 분풀이로 인한 화재로 수백 년간 지켜

온 한 나라의 문화재가 순식간에 잿더미로 변해버렸다.

세상에는 세우는 일과 무너뜨리는 일이 공존한다. 사회를 발전시키고 일으키는 사람이 있는가 하면, 파괴하고 허무는 사람도 있다. 사람을 키우고 세우는 일 역시 마찬가지다. 다른 사람을 세워주는 이가 있는가 하면 무너뜨리는 이도 있다. 좋은 것을 세우기는 힘들고 오래 걸리지만 허물기는 쉽고 급격하게 이루어진다.

우리는 모든 것이 무너지는 시대를 살아가고 있다. 이런 때일수록 그리스도의 몸을 세우는 일에 전력을 다해야 한다. 이 세상과 인생에서 사람을 바르게 세우는 일만큼 가치 있고 중요한 일은 없기 때문이다. 예수 그리스도께서는 하나님 나라를 세우시려고 복음을 전하시고, 그를 믿고 따르는 이들을 완전한 자로 세우기 위해 성육신하시고, 가르치고 치유하시며, 죽고 부활하셨다. "우리가 그를 전파하여 각 사람을 권하고 모든 지혜로 각 사람을 가르침은 각 사람을 그리스도 안에서 완전한 자로 세우려 함이니"(골 1:28). 그러므로 우리 자신뿐 아니라 서로 돌아보아 상대방을 세우는 일이야말로 그리스도인에게 주어진 가장 중요한 사명이다(빌 2:4).

그렇다면 사람들을 어떻게 세워야 할까? 우리는 그들이 예수 그리스도의 형상을 닮은 완전한 사람이 되어 하나님의 형상을 회복하도록 도와야 한다. 성경에서 말하는 완전함은 성장, 즉 성화를 뜻한다. "그러므로 우리가 그리스도의 도의 초보를 버리고 … 완전한 데로 나아갈지니라"(히 6:1-2). 온전한 사람이 된다는 것은 "모든 신령한 지혜와 총명에 하나님의 뜻을 아는 것으로 채우게 하시고 주께 합당하게 행하여 범사에 기쁘시게 하고 모든 선한 일에 열매를 맺게 하시며 하

제자도의 관점에서 본 영성 형성

나님을 아는 것에 자라게"(골 1:9-10) 되는 것을 의미한다.

우리는 그리스도 안에서만 온전해질 수 있다. 영성 형성은 예수 그리스도를 닮은 온전한 사람으로 변화되도록 가르치는 것이며, 핵심은 종교적 지식을 쌓는 것이 아니라, 실생활에서 하나님을 범사에 인정하며 순종하는 영적으로 변화된 사람이 되게 하는 것이다. 우리의 근본 실체가 하나님의 형상이므로, 그리스도인의 삶에서 경험하는 모든 사건은 영성 형성의 경험이라 할 수 있다. 이를 위해 우리는 "내가 너희에게 분부한 모든 것을 가르쳐 지키게 하라"라는 예수님의 마지막 당부를 실천해야 한다. 하나님의 말씀을 바르게 가르치고 지키도록 하는 것이 교육의 중요한 사명이다.

그러나 말씀대로 살아가도록 교육하지 못해 세상의 부패와 타락이 날로 심각해지고 있는 것이 현실이다. 진정한 배움이란 변화를 가져오는 것인데, 변화가 없다면 배우지 못했거나 교육을 잘못했다는 의미이기 때문이다. 우리의 생각, 결정, 행동, 감정, 모든 관계 등이 그리스도의 형상을 닮은 인격으로 형성되지 않고 파괴적인 모습으로 변질되고 있다는 뜻이다.

그러므로 올바른 교육은 믿음의 본질을 가르칠 뿐 아니라, 예수 그리스도를 닮은 거룩한 인격으로 성장하도록 돕는 것을 사명으로 한다. 완전한 사람이란 성령에 의해 그리스도 안에서 생각과 감정, 의지와 사회성, 행동이 새로워지고 경건해진 상태를 의미한다. 우리 인생의 궁극적인 목적은 "그리스도 안에서 완전한 사람"(골 1:28)이 되는 것이어야 한다. 그러므로 참된 영성은 하나님의 부르심에 합당한 인격의 열매를 맺어야 한다.

개혁주의 신학의 구원론은 회개와 회심, 중생, 칭의, 성화, 영화까지를 구원의 여정으로 본다. 광의의 영성 형성은 개혁주의 구원론처럼 회개에서 영화에 이르기까지 포괄하는 개념이다. 그것은 성령의 사역을 통해 하나님과의 관계 속에서, 그리고 공동체 안에서 그리스도인의 전 생애에 걸쳐 전인격적인 삶이 예수 그리스도의 인격을 닮아가며 변화되는 과정을 의미한다.

그리스도인의 영성 형성 과정에서 참된 영성의 시작은 '회개와 중생'으로 거듭나는 것이다. 그리스도의 완전한 의로 덧입혀져 '칭의'로 의롭게 되고, 그리스도의 형상을 이루는 영성 형성의 '성화'를 거쳐 예수 그리스도를 닮은 '영화'에 이르게 된다. '칭의'가 하나님과의 관계 회복이라면, '성화'는 예수 그리스도를 닮아감으로써 하나님의 형상을 회복하는 것이다.

또한 그리스도의 형상이 온전하게 이루어지는 것, 즉 성화를 궁극적으로 완성하는 것이 '영화'다. 성화는 영화를 향해 나아가는 성장과정이다. 이처럼 영성 형성은 성경의 진리가 점진적으로 지성, 감성, 의지, 관계성, 행실에 영향을 줌으로써 예수 그리스도를 전인격적으로 깊이 알아가고 닮아가는 영적 성장의 과정이다. 그러므로 어떤 특정한 부류의 그리스도인에게만 해당되는 것이 아니라 모든 그리스도인에게 반드시 이루어져야 하는 필수 과정이다.

영적 성장의 핵심은 인격의 다섯 가지 요소, 즉 지성, 감성, 의지, 사회성, 몸의 행동이 균형 있게 성화되어 가는 것이다. 이 요소들은 서로 연결되어 전체적인 영적 성장에 영향을 준다. 또한 각 요소는 영성과도 직접적인 관계가 있다. 지성, 감성, 의지는 내면적 영성과 연결되고, 사회성과 몸의 행동은 외적으로 표출되는 영성과 연관된다. 따라서 우리의 인격이 예수 그리스도를 닮은 온전한 사람으로 변화되려면 지성, 감성, 의지, 사회성, 몸의 행동 등 인격의 다섯 가지 요소가 성령으로 새롭게 거듭나야 한다(요 3:5-6).

　만약 인격의 전 영역에서 균형 잡힌 성장 없이 인격과 동떨어진 영성만 주장하고 전인격적 영성을 무시한다면, 그것은 왜곡되고 병적이다. 영성 형성은 하나님을 인격적으로 만나고 가슴 깊이 알아가는 것이며, 우리의 사고, 직관, 의지, 느낌, 관계, 행동을 총동원해 하나님을 사랑하는 것이기 때문이다. 하나님을 알아갈수록 우리 인격의 모든 부분이 선하고 아름답게 변화될 것이다.

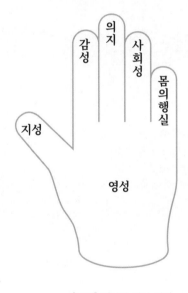

[그림] 전인적 영적 성장

7장

내적 영성

하나님 나라를 세우는
3가지 마음 준비

일본에 처음 방문했을 때 신선한 충격을 받았다. 일본은 선진국 중 그리스도인 인구가 가장 적은 비기독교 국가임에도, 사회는 기독교인이 많은 한국보다 정직하고 법과 질서를 존중하는 모습을 보였다. 과거 일본 대지진 참사에서도 큰 재앙 속에서 질서를 지키며 타인에게 폐를 끼치지 않으려는 시민정신이 돋보였다. 한편으로 일본 사회의 도덕성과 시민 정신이 부럽기도 했다.

그렇다면 하나님께서는 왜 이렇게 부족한 한국을 사랑하시고 놀라운 은혜를 베푸시는 걸까? 일본은 수많은 우상에 짓눌려 어둠 속에 갇혀 살아가고 있다. 어쩌면 그들의 정직과 친절은 자발적인 것이 아니라 두려움에서 비롯된 억압된 행동일 수도 있다. 속내를 감추고 외형적으로만 드러나는 도덕성은 하나님 앞에서 가치가 없다. 하나님은 "내가 보는 것은 사람과 같지 아니하니 사람은 외모를 보거니와 나 여호와는 중심을 보느니라"(삼상 16:7)라고 말씀하신다.

반면 우리는 내면을 잘 드러내는 민족이다. 그래서 감정적으로 쉽게 폭발하기도 하고, 남에게 상처를 주면서 자기감정을 풀어버리는 약점이 있다. 그러나 하나님은 영적인 가면을 쓰기보다 오히려 부족하고 부끄러운 속내를 드러내고 하나님 앞에 진실되게 나오는 것을 기뻐하신다(요 4:24).

◆ 영적 성장의 핵심, 좋은 땅 같은 마음 가꾸기 ◆

예수님은 마태복음 13장에서 씨 뿌리는 비유를 통해 우리 마음을 길가, 돌밭, 가시밭, 좋은 땅에 비유하셨다. 씨는 하나님의 말씀으로 비유된다. 실제로 씨앗이 지닌 생명력은 놀라울 정도다. 2000년 된 미라에서 나온 씨를 심었더니 싹이 났다고 할 정도다. 하물며 말씀의 생명력은 훨씬 더 놀랍다. 그런 놀라운 능력의 말씀을 듣고도 우리의 믿음이 자라지 않고 변화되지 않는다면, 문제는 말씀(씨)에 있는 것이 아니라 우리의 마음(밭)에 있음을 알 수 있다.

말씀에 대한 믿음은 좋은 마음밭인 건강한 마음에서 자랄 수 있다. 마음이 길가나 돌밭, 가시밭이라면 씨가 뿌려져도 결실할 수 없다. 씨가 길가에 뿌려지면 "악한 자가 와서 그 마음에 뿌려진 것을 빼앗[는다]"(19절). 돌밭에 뿌려지면 "그 속에 뿌리가 없어 잠시 견디다가 말씀으로 말미암아 환난이나 박해가 일어날 때에는 곧 넘어[진다]"(21절). 가시떨기에 뿌려지면 "세상의 염려와 재물의 유혹에 말씀이 막혀 결실하지 못[한다]"(22절). 이처럼 길가, 돌밭, 가시밭 같은 마음이라면 능력 있는 하나님의 말씀을 들어도 믿음이 자라지 않는다.

길가는 애굽의 바로왕이나 바리새인처럼 완고하고 강퍅한 마음이다. 돌밭은 관습과 규율로 딱딱하게 굳어진 마음이다. 가시밭은 상처 많고 병든 마음, 왜곡된 마음이다. 마음밭이 좋은 땅처럼 순전하고 건강한 사람은 "말씀을 듣고 깨닫는 자니 결실하여 어떤 것은 백 배, 어떤 것은 육십 배, 어떤 것은 삼십 배"(23절)의 견고한 믿음으로 자란다. 그러므로 우리는 마음을 옥토가 되도록 일구어야 한다.

텃밭에 채소 씨를 심으려면 먼저 돌을 골라내고 가시와 잡초를 제거해야 한다. 밭을 먼저 일군 후에 씨를 뿌려야만 과실이 잘 맺히기 때문이다. 우리 마음밭도 이와 같다. 씨를 뿌리기 전에 마음속 돌과 가시를 제거하는 작업이 필요하다. 마음이 굳은 관습에 얽매이거나 굳어지지 않도록 날마다 하나님 말씀으로 새롭게 일구어야 한다. 또한 찌르기 쉬운 세상의 욕심과 재물의 유혹이라는 가시를 매일 뽑아내야 말씀이 마음에 뿌리내릴 수 있다. 집을 청소하지 않으면 먼지가 쌓이듯, 우리 마음을 말씀과 기도로 돌보며 청소하지 않으면 세상의 것으로 더러워질 수밖에 없다.

성경에는 '마음'이라는 단어가 300회 이상 등장한다. "모든 지킬 만한 것 중에 더욱 네 마음을 지키라. 생명의 근원이 이에서 남이니라"(잠 4:23). 이 말씀은 영적 성장에서 마음이 얼마나 중요한지를 일깨워준다. 그런데도 우리는 마음을 살피기를 꺼리고, 어떻게 마음을 지켜야 할지 잘 모른다. "내 마음을 나도 모르겠다", "열 길 물속은 알아도 한 길 사람속은 모른다"는 말들이 이것을 잘 나타낸다.

우리가 마음을 잘 알지 못하는 첫 번째 이유는 인간의 영혼이 지성, 감정, 의지의 복합체이기 때문이다. 인간의 내면에는 지적, 감정적, 의지적 기능이 분리되어 있지 않고 서로 영향을 주며 연결되어 있다. 그래서 마음이라는 표현에는 생각, 감정, 의지가 포함된다. 우리는 생각이 많을 때 "마음이 복잡하다"라고 하고, 감정이 상했을 때는 "마음이 아프다", 의지가 약할 때는 "내 마음대로 잘 안 된다"라고 말한다. 생각과 감정, 의지를 표현할 때 모두 '마음'이라는 말을 쓰고 있다.

마음을 잘 알지 못하는 두 번째 이유는 인간이 영혼의 창조주 하나님을 떠남으로써 하나님의 형상이었던 내면이 타락하고 부패했기 때문이다. 내면의 주인이신 하나님을 배반하고 제멋대로 살아감으로써 마음의 본래 기능을 상실하게 된 것이다. "만물보다 거짓되고 심히 부패한 것은 마음이라 누가 능히 이를 알리요마는 나 여호와는 심장을 살피며 폐부를 시험하고 각각 그의 행위와 그의 행실대로 보응하나니"(렘 17:9-10).

성경은 오직 하나님만이 인간의 마음을 아시며 드러내실 수 있다고 말씀한다. 또한 사람이 마음에 하나님을 두기를 싫어하는 것이 모든 죄의 근원이라고 밝힌다(롬 1:28). 죄로 인해 마음의 질서가 파괴되었고 많은 상처로 마음에 병이 들었다. 그러므로 상하고 병든 마음의 중심에 그리스도를 주인으로 모시고 순종해야 온전히 회복된다. 그리스도의 형상이 우리 인격 안에 온전히 이뤄질 때 "네 마음을 다하고 목숨을 다하고 뜻을 다하여 주 너의 하나님을 사랑하라"(마 22:37)라는 첫째 되는 대계명을 지킬 수 있다.

마음은 하나님과 인격적이고 친밀한 관계를 맺는 중심이다. 그래서 전심으로 하나님을 사랑하라고 명령하신 것이다. 어떻게 하면 마음을 다해 하나님을 사랑할 수 있을까? 하나님 말씀을 듣고 순종할 수 있는 부드러운 마음으로 변화되어야 한다. 죄로 부패한 마음은 강퍅하여 불순종하기 때문이다.

> "또 새 영을 너희 속에 두고 새 마음을 너희에게 주되 너희 육신에서 굳은 마음을 제거하고 부드러운 마음을 줄 것이며 또 내 영을 너희 속에 두어 너희로 내 율례를 행하게 하리니 너희가 내 규례를 지켜 행할지라"
> _겔 36:26-27.

마음이 굳고 완고하면 하나님 말씀을 들어도 깨닫지 못한다. 그러나 성령님께서 감동주시는 사역에 마음을 열고 순종하면 새 영과 부드러운 새 마음을 선물로 받는다. 그러므로 내면 깊은 곳에서 하나님을 향한 온전한 지각과 사랑이 없는 형식적 종교생활은 거짓된 영성이다(요 5:42, 요일 4:1). 내면의 변화가 없는 종교 행위는 형식에 그치고 종교적 지식에만 머물러, 조화처럼 생명 없는 거짓 영성에 빠진다.

예수님은 마음에 하나님을 사랑함이 없는 유대인들에게 이사야의 예언을 인용해 꾸짖으셨다. "이 백성이 입술로는 나를 공경하되 마음은 내게서 멀도다"(막 7:6). 사람의 전통은 지키면서 하나님의 계명을 버리는 종교인들의 위선을 지적하신 것이다. 만일 영적 성장의 초점을 외적 행위와 경건의 모양에만 맞춘다면, 영성 훈련은 생명 없는 율법주의나 외형주의에 빠질 것이다. 때로 신앙 훈련을 받는다며 기계적이고 습관적으로 성경 지식만 쌓다가 신앙생활이 종교 행위로 전락하는 경우가 있다. 외적 신앙생활만 강조하면 율법주의나 영적 교만만 커질 뿐, 진정한 성경적 영성은 형성되지 않는다.

제자훈련도 마찬가지다. 겉모습에만 치중하면 성경적 제자도를 실천할 수 없다. 제자훈련이 사람의 마음에서 나오는 "악한 생각 곧 음란과 도둑질과 살인과 간음과 탐욕과 악독과 속임과 음탕과 질투와 비방과 교만과 우매함"(막 7:21-22) 등을 자동으로 제거하지는 않기 때문이다. 그러므로 제자훈련을 마쳤다고 해서 반드시 영성 형성이 제대로 이뤄졌다고 단정 짓기는 어렵다. 진정한 내면의 변화 없이 지식만 얻은 채로 그칠 수 있기 때문이다. 따라서 제자훈련 기간뿐 아니라 이후에도 지속적인 영적 성장이 필요하다.

영성은 외적 행동 훈련과 습관으로 변화되는 것이 아니다. 하나님의 말씀과 계명이 내면을 변화시켜 예수의 제자로서 성품이 달라져야 한다. "너희 속에 그리스도의 형상을 이루기까지 다시 너희를 위하여 해산하는 수고를 하노니"(갈 4:19). 그리스도의 형상을 이루는 핵심은 "너희 속"에 있다. 변화의 목표는 '영혼'의 변화다.

우리의 내면이 '디카이오수네'(*dikaiosune*), 즉, 진정 '의로운 사람'으로 변화되면 행동은 자연스럽고 쉽게 뒤따르게 된다. 선한 사람은 내면에 쌓은 선에서 하나님의 뜻에 합한 선한 행동이 나온다(마 12:35). 따라서 누군가의 영적 성장을 도우려 할 때, 그가 하나님 나라와 그분의 의를 구하는 선한 사람으로 성장하도록 이끄는 게 중요하다. 선한 행실은 선한 마음의 열매요 결과인 까닭이다. 그러므로 영적 성장을 통해 하나님 나라를 세우기 위한 새로운 원리는 '밖에서 안으로'가 아닌, '안에서 밖으로', 즉 근본적으로 변혁되는 데 있다.

♦ 하나님 중심의 지성: 건강한 영성 형성의 핵심 열쇠 ♦

인격의 첫째 되는 요소는 생각하는 지성이다. 사고력은 인간을 다른 동물과 구별 짓는 핵심 요소라 할 수 있다. 선과 악을 분별하고 추론할 수 있는 사고력은 사람이 하나님의 형상으로 지음받은 증거다. 그러나 인간의 타락으로 인해 죄로 말미암아 인간의 뇌에는 착각에 따른 속이는 기능, 즉 자기기만 또는 역기능이 생겼다.

유대인 대학살이라는 끔찍한 죄를 저지른 히틀러의 배후에는 독일인 전체를 집단적으로 세뇌시킨 괴벨스라는 인물이 있었다. 괴벨스는 일부 진실이 섞인 거짓말이 100% 거짓말보다 훨씬 더 효과적이라는 심리를 이용해 나치를 만들어냈다. 아우슈비츠에서 살아남은 빅토르 프랭클은 "누군가에게 인간에 대한 잘못된 개념을 제시하면, 그를 타락시키는 것은 시간문제"라고 했다. 이처럼 인간의 마음에는 거짓에 쉽게 속고 미혹되는 약점이 있다.

인류 역사의 시초에 하와는 "너희가 결코 죽지 아니하리라"(창 3:4)라는 뱀의 교활한 거짓말에 속아 결국 하나님 말씀에 불순종하는 죄를 범하고 타락하게 되었다. 이로 인해 인간은 주인이신 하나님을 떠나 사탄의 속임수에 빠져 인생의 모든 고통을 겪게 되었다. 타락한 인간의 생각은 거짓이나 잘못된 개념으로 인해 언제든 그릇된 길로 갈 수 있다. 그러므로 하나님의 뜻을 올바로 분별하려면 성경 진리가 우리 생각과 개념의 중심에 자리 잡아야 한다.

그동안 한국 교회는 지성과 영성 사이에 긴장이 존재하므로 서로 연합할 수 없다고 여기는 경향이 있었다. 전통적인 교회는 정통신학과 교리에 매여 메마른 지성을 강조했다면, 은사 중심의 교회에서는 주관적인 성령 체험의 뜨거운 영성만을 외쳤다. 전통교회는 17세기에 인본주의로 전락한 계몽주의의 영향으로 신학을 객관적이고 순수한 지적 탐구로 여겼다. 그 결과 전통교회 신학은 삶에 변화를 주지 못하는 지식 위주의 신학이 되고 말았다. 냉랭한 태도와 합리주의에만 치우친 성경 해석으로는 삶에 영향을 끼치기 어려웠다. 이에 대한 반작용으로 체험적 신앙이 강조되기도 했지만, 주관적이고 감정적인 체험을 성령 체험으로 오인해 물의를 일으키기도 했다. 이처럼 한국 교회 내에서 지성과 영성의 조화로운 발전은 쉽지 않았고, 양극단이 공존해 왔다.

이에 대해 알리스터 맥그래스는 "신학이 객관성만 추구하는 학문이 아니라 하나님과 그분이 행하신 일을 아는 인격적 지식이 되고, 인지적인 것만이 아니라 관계적인 것이 될 때 지성과 영성은 연합되며 하나가 될 수 있다"라고 했다. 또한 "다음 세대 복음주의에 가장 큰 도전은 평범한 그리스도인 신자들의 삶과 믿음에 근거하여 뿌리를 잃지 않으면서도 지적인 헌신을 증가시키는 것"이라고 주장했다.[19]

성경에 근거한 지성의 성장은 영성 형성의 토대가 된다. 성경에 나타난 지적 기능에는 생각, 계획, 기억, 깨달음, 분별, 묵상, 앎, 의심함, 의논함, 궁구함 등이 있다. 영성 형성에는 사고방식에서부터 시작되는 새로운 패러다임, 즉 생각의 변화가 반드시 필요하다. 성경을 통해 이성적으로 진리를 깨닫고 이해하면 감정이 일어나고 감동에 이른다. 그러면 의지가 설득되고 그 결과 순종이 이루어진다. 따라서 영성 형성은 지성의 변화에서부터 시작된다.

마음을 새롭게 함

"너희는 이 세대를 본받지 말고 오직 마음을 새롭게 함으로 변화를 받아 하나님의 선하시고 기뻐하시고 온전하신 뜻이 무엇인지 분별하도록 하라"(롬 12:2). 우리의 생각이 건전하면 마음도 건강해진다. 하나님과 친밀한 관계를 맺으면 순수하고 건전한 생각을 할 수 있다. "교훈과 책망과 바르게 함과 의로 교육하기에 유익한"(딤후 3:16) 말씀으로 성경적 가치관을 심어주면 "하나님의 사람으로 온전하게 하며 모든 선한 일을 행할 능력을 갖추게"(딤후 3:17) 되기 때문이다.

과거에는 기독교 교육과 영성을 별개로 여겼다. 그러나 파커 팔머는 《가르침과 배움의 영성》에서 교육의 영성에 관한 새로운 주장을 펼쳤다. 교육의 주제인 자아와 세계를 초월해야만 진정성과 자발성, 진리와 자유를 발견할 수 있다는 것이다. 그가 말하는 초월은 도피가 아니라 '영을 불어넣는 것'이다. 교육이 기도로 충만하지 않으면 자아와 세계가 끊임없는 힘겨루기를 벌인다. 이럴 때 교육은 닫힌 논리에 갇혀 부자유와 비진리만을 낳는다. 이런 교육은 자신의 왜곡된 생각을 세상에 억지로 밀어붙이는 사람을 만들어내거나, 세상의 압력에 굴복하여 자신의 정체성을 잃어버리는 사람을 길러낼 뿐이다.

그러나 자아와 세계를 초월하는 영성은 이런 닫힌 사고에서 벗어나게 해준다. 그리고 우리를 진리, 자비, 사랑으로 이끈다. 이런 영성을 가진 교육은 기도를 통해 사랑의 마음으로 자신과 타인 그리고 세계를 바라보는 법을 가르쳐준다. 그리고 지성을 단순히 분리하고 정복하거나 조작하고 지배하는 데 사용하지 않는다. 대신 창조된 공동체 안에서 자기 자신의 역할을 올바르게 찾아가도록 돕는다.[20]

생각은 신념, 태도, 기대, 지각의 영향을 받으며 감정에 영향을 끼친다. 신념이란 어떤 것을 사실로 받아들이는 것으로, 신념 체계(core beliefs)는 인간 중심에 자리한 확신이나 믿음을 의미한다. 그리고 우리의 신념 체계는 세계관과 직결된다. 평소에 우리는 세계관을 잘 의식하지 못하지만 누구에게나 자기만의 세계관이 있다. 우리의 모든 결정은 의식하든 못하든 이 세계관에 따라 내려진다. 그러므로 성경적 시각에서 경험하고 해석하며 반응하는 성경적 세계관이 형성되어 있어야 올바른 결정과 선택을 내릴 수 있다. 영성에 대한 그릇된 개념은 잘못된 세계관에서 비롯되기 때문이다.

한국은 뿌리 깊은 유교의 영향으로 그리스도인마저 유교적 가치관과 기독교적 가치관을 혼동하기도 한다. 세상에서 가르치는 도덕과 윤리는 인본주의의 한계를 벗어나지 못하는 반면 기독교는 창조주 하나님의 특별계시인 성경 진리를 기반으로 한다.

마이클 피터슨은 기독교 세계관에 대해 이렇게 주장한다. "기독교 세계관은 주관주의, 상대주의 도덕이론을 거부하면서, 동시에 이기주의(egoism)와 공리주의(utilitarianism)의 윤리 이론도 배격한다. 창조론적 형이상학이 기독교 세계관의 중심이다."[21] 이기주의 윤리는 개인의 흥미를 돋우는 것은 무엇이든 도덕적으로 옳다고 여긴다. 그리고 공리주의는 사회적 관심사에 도움이 되는 행동을 옳은 것으로 본다.

반면에 창조론적 형이상학은 인간을 바라보는 출발점 자체가 '하나님의 형상'이라는 점에서 다르다. 이 관점은 인간의 인격(person)을 중요하게 여기는데, 우리의 인격은 초월자이신 하나님의 속성을 반영하기 때문이다. 하나님은 사람을 "성경적 영성을 발전시키고 지식을 추구하는 존재"로 만드셨다. 오직 인간만이 지닌 독특한 특성은 이성적 능력, 감정과 감각, 그리고 선택할 수 있는 자유의지라 할 수 있다. 이것이 기독교적 인식의 기초가 된다.

하나님에 대한 바른 인식

인간 이성은 모든 것을 자신의 한계 안에서 이해하고 자신의 언어로 환원하려 한다. 우리에게는 성경에 계시된 하나님이 아닌, 우리의 생각으로 만들어낸 우상을 믿고 싶어 하는 타락한 본성이 자리잡고 있다. 인간은 자신이 원하는 방식대로 반응하고 편리하게 이용할 수 있는 우상을 선호한다.

그러나 지성의 영성은 하나님에 대한 거짓 형상을 벗어버리고, 참되고 살아계신 하나님께로 자신을 열어가는 과정이다. 온전한 지성의 형성은 하나님을 올바로 아는 것에서 시작된다(잠 1:7). 우리는 하나님을 인간 수준의 왜소한 차원에 가두어 두는 한계에서 벗어나야 한다. 우리 마음속에 자리 잡은 하나님에 대한 그릇된 이미지를 벗어던지고 하나님의 주권을 인식하는 과정을 거쳐야 한다. 하나님은 단순히 우리보다 조금 더 높은 지적 능력과 사랑의 능력을 지닌 어떤 초인이 아니다. 하나님은 유일하고 영원하며, 전지전능하고 불변하신 절대자이시다. 스스로 존재하시며, 무한하고 거룩하신 분으로, 인간의 모든 사고와 기대를 무한히 초월하신다.

인간은 창조주이신 하나님을 완전히 알거나 이해할 수 없다. 오직 성경에 계시된 하나님의 속성과 성품에 대해서만 알 수 있을 뿐이다. 그러므로 성경 말씀을 통해 하나님을 알아감으로써 지성이 진리에 따라 변화되어야 한다. "나는 … 네 하나님 여호와라 나 외에는 다른 신을 네게 두지 말지니라"(신 5:6-7). 이 첫째 계명은 우리 생각 속 하나님에 대한 잘못된 개념이나 인식을 버리는 것까지 포함한다. 우리가 상상이나 환상 속에서 만들어낸 하나님의 거짓 형상을 버려야 성경에 나타난 하나님을 진정으로 알 수 있다.

죽음의 권세를 이기시고 부활하신 예수 그리스도는 하늘과 땅의 모든 권세를 가지고 온 만물을 다스리는 주님이시다. 하나님의 형상이신 예수 그리스도를 알면 알수록 우리의 세계관은 예수님 중심으로 변화된다. 예수님처럼 생각하고 주님처럼 살면 삶의 모든 영역에서 올바른 결정을 내릴 수 있고 우리의 삶도 달라진다.

세계관이 성경의 진리로 변화되지 않으면 지성의 영성은 갖추어지지 못하고 진정한 변화도 일어나기 어렵다. 우리의 성품은 생각에 의해 빚어지기 때문이다. 지성이 건강하게 성장하고 바르게 형성되려면 먼저 성경 전체를 아우르는 통합적인 관점, 즉 성경적 세계관을 통해 가치관이 올바로 세워져야 한다.

성령님께서 이끄시는 지성의 영성은 거룩한 공의, 거룩한 사랑과 같은 하나님의 속성에 대한 깊은 깨달음에 뿌리를 두고 하나님을 경외하게 한다. 우리의 삶의 방식과 행동은 영혼 내부에서 비롯되므로, 마음 중심에서 하나님을 전심으로 사랑하여 사고방식이 성경 진리로 변화되지 않으면 진정한 영성을 기대할 수 없다. "그러나 무엇이든지 내게 유익하던 것을 내가 그리스도를 위하여 다 해로 여길 뿐더러 또한 모든 것을 해로 여김은 내 주 그리스도 예수를 아는 지식이 가장 고상하기 때문이라"(빌 3:7-8).

지성의 영성은 삶의 복잡성을 인식하고 삶의 여러 부분을 그리스도 안에서 하나로 통합된 전체로 연결한다. 따라서 우리는 어떻게 살고 어떻게 순종할지에 관해 자유와 융통성, 즉 지혜를 터득한다. 지혜와 지식은 진리에 근거해야 하므로 '하나님의 말씀'이며 '하나님의 지혜'이신 예수 그리스도께서 지식의 구심점이자 근거가 되신다. 결국 예수 그리스도를 깊이 알아가는 지식을 얻음으로써 지혜로운 사람이 되는 것이다.

생각의 변화

나는 오랫동안 고지식한 생각의 틀에 갇혀 하나님께서 주신 십자가가 아닌 내가 스스로 만든 십자가를 지고 불필요한 고생과 수고를 감내해야 했다. 그중 하나가 바로 '천사 콤플렉스'였다.

대학 1학년 때 예수 그리스도를 인격적으로 만난 후, 특히 십자가의 은혜에 감격하며 살았다. 그런데 "자기를 부인하고 십자가를 지라"라는 말씀을 무조건 희생하고 순종하라는 말씀으로 오해했다. 그래서 주변 가까운 이들의 요구에 항상 "네"라고 대답하고, 그들에게 맞추려 애썼다.

그러자 주위의 요구가 점점 더 늘어났고, 내 몸과 마음은 지치고 우울해졌다. 결국 그 요구들은 내가 감당할 수 없는 무거운 짐과 멍에가 되어버렸다. 의욕마저 잃어가던 어느 날, 체력 고갈로 건강마저 무너지고 말았다. 면역력이 떨어진 상태에서 독감 예방접종을 한 탓에 바이러스가 몸 구석구석 퍼진 것이다.

그 후로는 말라리아에 걸린 사람처럼 고열을 앓았고, 약 부작용으로 불면증에 시달렸다. 식사를 거의 하지 못해 영양실조에 걸려서 앉아 있을 힘도 없었다. 또한 다리를 관통하는 척추신경에 이상이 생겨서 심한 통증으로 견딜 수 없는 지경까지 이르렀다. 사망의 음침한 골짜기를 걷는 나날이었다.

남편은 교회가 부흥하면서 많은 사역으로 바빴고 두 아들은 청소년기를 보내고 있던 때였다. 누구에게도 도움을 청하지 못했다. 어쩌면 나는 다른 사람을 돕고 섬겨야 한다는 지나친 책임의식 때문에 나 역시 다른 사람의 돌봄이 필요한 연약한 존재라는 사실을 깨닫지 못했던 것 같다. 주위에는 아무도 없고, 하나님께서도 침묵하시는 듯했다. 의사는 내 건강이 정상으로 돌아오기 힘들 거라고 했다. 더는 일상에서 평범하게 살 수 없겠구나 싶었다.

그러나 하나님께서는 그런 시간을 통해 사람은 누구나 각자의 한계가 있다는 사실을 깨닫게 하셨다. 모든 일을 잘할 수 있는 초인은 존재하지 않는다는 사실과, 나 역시 연약하고 보잘것없는 인간임을 인정하게 되었다. 남의 요구에 "아니요"라고 말해도 죄책감을 느낄 필요가 없다는 것도 배웠다.

성령님의 도우심 없이는 인간관계에서 실패하고 비참해질 수밖에 없는 존재임을 고백하게 되었다. 자기 힘으로 자기를 부인하고 십자가를 질 수 있다는 생각이 교만임을 겸허히 받아들였다. 내가 만들고 자초한 무거운 멍에 대신, 주님이 주시는 가벼운 멍에를 메야 함을 깨달은 것이다.

"수고하고 무거운 짐 진 자들아 다 내게로 오라 내가 너희를 쉬게 하리라

나는 마음이 온유하고 겸손하니 나의 멍에를 메고 내게 배우라 그리하면
너희 마음이 쉼을 얻으리니 이는 내 멍에는 쉽고 내 짐은 가벼움이라"
_마 11:28-30.

이처럼 내 생각의 틀이 바뀌자 몸 상태도 서서히 호전되기 시작
했다. 완전한 회복까지는 무려 1년 6개월이 걸렸다. 놀랍게도 그 후
성령님께서는 새 영과 새 마음, 새 몸을 선물로 주셨다. 그 덕분에 예
전보다 더 건강해지고 젊어졌다는 말까지 들을 정도였다.

우리가 무슨 생각을 하느냐가 우리가 어떤 사람이 되는가를 결정
한다. 성품은 생각에 의해 만들어진다. "대저 그 마음의 생각이 어떠
하면 그 위인도 그러한즉"(잠 23:7). 우리의 인격은 우리의 생각의 결과
다. 생각이 느낌과 행동을 좌우한다. 의지력만으로는 도저히 이겨낼
수 없는 감정도 있기 마련이다. 그럴 때는 그 감정의 근원인 생각을 바
꿈으로써 우회적으로 극복해나가야 한다.

건전하고 훌륭한 생각은 삶을 변화시키는 힘이다. 건강한 생각과
마음이 없이는 온전한 사람이 될 수 없다. 생각은 영적 생활의 핵심이
다. 우리의 생각은 성격을 형성하고 마음의 습관이 된다. 따라서 사고
방식을 바꾸는 일은 성격을 변화시키는 일과 연결되어 있다.

건강한 정신을 가진 사람은 마음의 토양에 뿌리 내린 작은 생각
하나도 소홀히 여기지 않는다. 좋은 생각에는 물을 주고 나쁜 생각은
신속히 뿌리째 뽑아낸다. 건강한 사고방식은 고통스러운 경험마저
도 잘 이겨내며 영적으로 성장할 수 있게 해준다. 건전한 생각의 목
표는 자신과 하나님과의 조화로운 관계 속에서 마음의 평안을 얻는

데 있다.

생각은 영혼 깊은 곳에 고결한 품성의 토대를 마련해준다. 우리는 마음속 생각에 따라 빚어지기 때문이나. 고결한 인격은 하늘에서 그냥 떨어지는 것이 아니다. 마음을 옥토로 일구는 수고가 필요하다. 다시 말해, 성령님께서 우리 생각의 주체가 되시어 진리의 말씀으로 우리의 사고를 조명하는 지속적인 훈련이 필요하다. 아울러 품성은 위기 상황에 부닥쳤을 때 가장 명확하게 드러나는 법이다. 위기에서 내면에 감추어진 우리의 진정한 자아가 드러나기 때문이다.

생각이 잘못되어 있으면 인격도 잘못될 수밖에 없다. 인격에 어떤 문제가 있다면 그 원인은 잘못된 생각에 있는 경우가 많다. 물질에 가치를 두는 사람은 인생의 목표로 물질을 추구한다. 그러나 영혼에 가치를 두는 사람은 정신적, 영적인 것을 추구한다. 어떤 가치관을 지니느냐에 따라 인격도 달라질 수밖에 없다.

가치관은 지식을 활용하는 방식에도 영향을 준다. 어릴 적 가정에서 배운 가치, 학교 교육, 보고 들은 경험과 읽은 책들이 모두 지성에 작용한다. 그런 의미에서 사고방식을 바꾸는 일은 성격을 변화시키는 일이기도 하다.

복음 진리는 건강한 생각과 믿음을 낳는다. 성령님은 우리의 왜곡된 신념 체계를 바로잡으시고 하나님의 뜻에 부합하는 생각을 하도록 이끄신다(요 14:26, 롬 8:27). 따라서 모든 생각을 성령님께 맡기고 그리스도께 순종할 때 우리의 지성이 그리스도의 사랑 안에서 새롭게 태어날 수 있다. 죄로 물든 육신의 생각을 벗어던지고 성령님께서 생각의 주체가 되실 때 지성에 온전한 영성이 형성된다.

♦ 하나님의 형상인 감성: 그리스도인의 감정 관리와 영성 형성 ♦

인격에서 또 하나의 핵심 요소는 바로 감성이다. 하나님의 형상대로 지음받은 인간은 감성적 존재다. 사람이 감정을 느끼는 것이 정상이다. 오히려 감정이 무디고 무감각하다면 그것이야말로 비인격적이라 할 수 있다. 감정은 온전한 신앙을 위해 그만큼 중요하다. 감정은 하나님의 인격적 형상을 닮은 우리 인격의 일부다.

예수 그리스도께서도 슬퍼하시고(요 11:35), 기뻐하시고(마 5:12), 분노하시고(막 3:5), 긍휼히 여기시는(막 6:34) 등 자연스레 감성을 나타내셨다. 반면 바리새인들은 감정 없는 회칠한 무덤처럼 냉랭하고, 경직되고, 교만한 자기 의만 가득했다(마 23:27).

H는 훌륭한 집안 배경, 학력, 외모에 성실한 남편까지 둔 복받은 인재였다. 법조계에서 일하며 부족함 없는 삶을 사는 듯했다. 하지만 알고 보니 남모를 고민으로 갈등하고 있었다. 첫 번째 결혼 실패 후 혼자 키운 맏아들이 사춘기를 맞아 방황하기 시작한 것이다. 머리 좋은 아들이 공부는 내팽개치고 사고치고 다니며 공부를 게을리하는 바람에 대학 진학조차 힘든 상황이었다.

H는 막막함과 괴로움 속에 지내던 중 교회에서 제자훈련을 받게 되었다. 그 과정에서 은혜를 경험하며 자신의 진짜 모습을 직시하기 시작했다. 그녀는 아들에게 진심 어린 사과를 했다. "엄마가 너에게 참 많이 잘못했구나. 너희 아빠와 이혼하면서 상처를 줬으면서도 아픈 네 마음을 헤아리지 못했어. 너를 많이 힘들게 했구나. 정말 미안하다. 엄마를 용서해줄 수 있겠니?"

그 후 아들은 놀랍도록 변했다. 반항을 그치고 술과 담배도 끊었다. 열심히 공부해 명문대에 들어갈 만큼 마음을 다잡았다. 엄마의 진실한 사랑이 담긴 사과가 아들의 마음을 움직인 것이다. 감정의 상처로 반항하고 방황했던 아들이 치유와 함께 삶의 안정을 되찾게 되니 제대로 실력을 발휘하게 된 것이다. 이렇듯 우리가 대인관계에서 겪는 갈등의 상당 부분은 감정 문제에서 비롯된다. 감정의 문제는 여타 문제보다 뿌리가 깊고 여파가 크기 때문이다.

감정이 신앙의 중요한 요소라는 것은 분명하지만, 한국 교회는 적절한 수준 이상으로 지나치게 의존해온 것이 사실이다. 한국인이 다른 민족보다 감성적 기질이 강한 탓도 있을 것이다. 일부 은사 집회에선 감정적 경험을 무조건 좋은 영성으로 치부하고 그에 매몰돼 영성에 대한 그릇된 인식을 부추기기도 한다.

영성에 있어 감정은 중요하지만 그리스도인의 모든 감정이 다 영성이 되지는 않는다. 바른 감정은 영적 성장에 도움이 되지만 어떤 감정은 잘못된 영성으로 빠지게 해 오히려 그것을 신앙으로 착각하게 만들기도 한다. 따라서 온전한 인격을 갖추려면 감정이 어떻게 올바로 성장할 수 있는지 알아야 한다.

종교개혁자 루터와 칼빈은 음악이 영혼 깊은 곳까지 스며들 수 있음을 간파했다. 그들은 시편 찬송을 통해 감성을 통한 영성 형성을 중시했다. 하지만 계몽주의와 과학을 추종하던 철학의 영향으로, 개혁주의는 열성적 감정 추구를 경계하며 회의적 태도를 보이게 되었다. 그리하여 장로교회는 감정을 자제하고 조용하고 엄숙한 예배 전통을 지니게 되었다.

제자도의 관점에서 본 영성 형성

그러나 조나단 에드워드는 "친밀하고 사랑 넘치는 하나님의 임재를 직접 느끼는 감각이 전혀 없는 종교는 광신에 젖은 모조품에 불과하다"라고 보았다. 그는 "이런 감각은 하나님의 말씀과 일치하는 은혜로운 정서를 일으키며 하나님의 아름다움을 경험하게 해준다"라고 반론했다.[22] 에드워드는 자연이나 실체 같은 범주들을 그저 추상적인 것으로 치부하는 이신론에 맞서, 삼위일체이신 하나님의 은혜로운 인격에 초점 맞추었다. 하나님의 선하고 아름다운 인격성을 느끼는 과정에서 온전한 영성이 형성될 수 있다는 것이다.

하워드 라이스는 개혁주의자들이 지나친 감정주의로 자기도취에 빠질까 봐 감성을 거부해왔지만, "마음의 이성도 무수한 오류에 빠질 수 있으므로 이성과 감성이 연합해 균형을 이뤄야 올바른 영성을 형성하고 거짓된 마음에서 자유로워질 수 있다"라고 했다.[23] 감성으로 느껴지는 개인적 경험이 없는 지식은 죽은 지식이 될 수 있다. 그러나 교회사를 돌아보면 이성과 감성의 조화보다는 한쪽으로 치우치는 경향이 더 많았다. 그 결과 바른 영성을 형성하지 못했던 것이다.

레너드 스윗은 "경험의 본질보다는 영적 경험 그 자체를 숭배하려는 포스트모던 감각주의에 대한 해독제로서, 교회는 성경적인 경험을 제공해야 할 사명이 있다. 유행을 따르는 것이 아니라 진리로 문화에 영향을 미쳐야 한다"라고 역설한다.[24] 그리스도인이 추구해야 할 감성은 성경 진리에 기반해 체험되고 경험된 하나님의 은혜에서 비롯되는 느낌과 감정이다. 특히 포스트모던 시대를 살아가는 우리는 성령이 주관하시는 거룩한 감성으로 무장해야 한다. 아울러 영성과 감성을 하나님 말씀에 따라 성령님의 사역으로 연결 지어야 한다.

영성 형성을 위한 감정의 역할

감정은 영혼의 언어다. 하나님 앞에서 솔직한 감정을 드러낼 때 비로소 변화가 시작된다. 하나님과 친밀함을 누리려면 내면의 감정까지 그분 앞에 투명하게 내어놓아야 한다. 감정에 귀 기울이는 자세는 하나님과 인격적으로 만나는 진실함으로 이끈다. 정서적으로 미숙한 어린아이 상태로는 영적으로 성숙한 그리스도인이 될 수 없다.

한국은 희로애락을 감추고 표정에 감정을 드러내지 않는 문화였다. 감정 표현을 자제하는 것을 미덕으로 여겨온 유교 정신 탓이다. 이런 문화에선 진정한 인격적 교제가 어렵고, 체면 위주의 위선적이고 형식적인 관계만 유지되곤 한다.

이와 같은 형식적 관계가 대인관계뿐 아니라 하나님과의 관계에도 존재할 수 있다. 하나님과 이런 형식적 관계를 맺으면 외식과 율법주의 신앙에 빠지는 것이다. 진실한 감정을 숨긴 채로는 주님과 가까워질 수 없다. 주님은 우리의 깊은 상처 입은 감정을 이미 다 아시고 용납하시며 "백성아 시시로 그를 의지하고 그의 앞에 마음을 토하라"(시 62:8)라고 말씀하신다. 우리의 좋은 감정은 물론 나쁜 감정마저 모두 주님께 고백하라는 뜻이다.

나쁜 감정을 우리 내면에 담아두면 심령이 청결해질 수 없다. 시편에는 두려움, 소망, 의심, 분노, 기쁨 등 인간 영혼의 모든 부분을 해부하는 감정들이 표현되어 있다. 그리고 하나님께 자신의 감정을 솔직히 고백하며 기도하라고 권한다. "부르짖나이다"(84:2), "즐거운 소리를 낼지어다"(66:1), "감사하며 찬송하리이다"(18:49), "불안하여 근심하니 내 심령이 상하도다"(77:3), "내가 근심하는 소리를 들으시

제자도의 관점에서 본 영성 형성

고"(64:1).

우리의 모든 감정을 하나님 앞에 드러내야 감정의 치유가 시작되고 건강한 감정을 경험할 수 있다. 그런데 우리는 감정을 하나님께 내어놓지 않고 다른 이들에게 쏟아내 서로 상처를 주고받곤 한다.

신앙은 감정을 낳기에 감정 없는 신앙은 있을 수 없다. 성경에 나타난 감정적 기능으로는 기뻐함, 사랑함, 사모함, 담대함, 만족함, 불쌍히 여김, 안심함, 즐거워함, 감동, 실망, 교만함, 조급함, 근심, 두려움, 떨림, 번민, 괴로움, 싫어함, 아픔, 가책 느낌, 상함, 슬퍼함, 겁냄, 시기, 원망, 마음이 녹음, 미워함, 분노, 불안, 좋아하고 원함, 탐함, 원통함, 놀람 등이 있다. 성령님은 감정을 어루만지시고 좋은 감정을 불러일으켜 사람을 변화시키고 소생시켜 주신다. 감정은 하나님이 인격체에게 주신 선물이다.

하지만 이 선물이 죄로 인해 잘못 쓰이고 남용되었다. 사람은 사랑, 기쁨, 즐거움, 감사, 긍휼, 경외심 같은 긍정적 감정보다는 죄에서 비롯된 미움, 슬픔, 괴로움, 원망, 낙심, 우울, 질투, 수치 같은 부정적 감정에 더 휩싸이곤 한다. 그럼에도 감정 그 자체보다는 감정을 어떻게 다루느냐에 따라 거룩한 영성이 자랄 수도, 반대로 죄악에 빠질 수도 있다. 하나님을 향한 순수한 사랑이나 열망 같은 거룩한 감정은 받아들이되, 미움이나 원망처럼 죄에서 나온 부정적 감정은 거절해야 한다. 감정을 무조건 배격하는 반감정주의는 성령님의 능력을 받는 데 방해가 된다.

거짓된 감정과 참된 감정

그리스도인에게 가장 대표적인 영적 감정은 슬픔과 기쁨이다. 이 둘은 모순되는 듯하지만 예수 그리스도를 의지해 구원받은 이들 내면에 공존하는 감정이다. 죄를 애통하며 회개하고 용서받은 사람에게는 기쁨이라는 감정이 따른다. 우리는 연약한 본성과 죄성으로 인해 슬퍼하지만, 동시에 그리스도의 복음으로 기뻐하기도 한다.

"내가 지금 기뻐함은 너희로 근심하게 한 까닭이 아니요 도리어 너희가 근심함으로 회개함에 이른 까닭이라"(고후 7:9). 바울은 고린도 교인들의 죄로 인해 애통했지만 그들이 회개했을 때 크게 기뻐했다.

감성은 인간 영혼의 상태를 보여주는 창과 같다. 염려, 두려움, 불안, 낙심, 근심 등은 하나님께 대한 불신을 드러낸다. 미움, 질투, 시기, 탐욕 등은 우리의 타락한 본성을 보여준다. 반면 죄에 대한 슬픔, 긍휼, 거룩한 분노 등은 인간의 죄를 탄식하는 의로운 감정이다. 평안, 희락, 즐거움, 기쁨 등은 하나님을 신뢰하고 기뻐하며 찬양할 때 나타나는 긍정적 감정이다. 안정되고 긍정적인 감정은 정서적으로 건강한 상태를 말해준다. 그러므로 우리가 감성적으로 하나님께 정직할 때 감정적으로 건강하게 성장할 수 있다.

진정한 믿음은 거룩한 감정에 기초하므로 영적 감정을 올바로 분별해 사탄의 거짓된 감정적 체험을 밝혀내는 것이 매우 중요하다. 조나단 에드워드는 참된 신앙 감정과 거짓된 감정을 12가지 증거로 구별할 수 있다고 했다. 즉, 성령의 내주, 하나님의 하나님 되심에 대한 인식, 하나님의 아름다우심에 대한 인식, 하나님을 아는 지식, 진리에 대한 깊은 확신, 참된 겸손, 성품 변화, 그리스도의 성품을 닮아감, 하나님을 두려워함, 신앙의 균형, 하나님을 향한 갈망, 행위로 나타나는 신앙 등이 그것이다.

거짓된 감정	참된 감정
주위 환경과 다른 사람에 의해 감정이 휘둘려 감정 기복이 심하다.	환경에 좌우되지 않고 주님 안에서 항상 기뻐하며 범사에 감사한다.
자신이 얼마나 우매하며 기만적인지를 깨닫지 못한다. 따라서 자신을 더욱더 높게 평가하도록 지나친 자신감(교만)을 불어넣는다.	자신의 연약함을 깨닫고 겸비함으로 주님께 전적으로 의지하여 살아간다.
사탄의 속임수에 속아 죄책감이나 정죄감에 낙담하며 종노릇한다.	용서의 복음으로 하나님의 자녀 된 자유함을 누린다.
하나님의 은혜를 알지 못하고 불만과 원망으로 가득하다.	자기 자신이 하나님 앞에서 큰 은혜를 받은 자라는 사실에 빚진 자로서 감격이 있다.
영적으로 어두움과 죽음에 있으므로 두려움과 염려가 많다.	진리를 믿음으로 살아가므로 견고하며 거룩하신 하나님의 임재 안에서 평안하다.

에드워드는 성경이 감정의 근간이 되어야 한다고 확신하면서도, 마음속에 갑작스레 떠오르는 생각을 곧장 하나님의 약속으로 받아들이는 것은 위험하다고 경고한다.[25] 하나님과 그의 말씀에 대한 지식과 이해 없이 무지에서 일어나는 즉흥적 생각은 거짓된 감정 체험이기 때문이다.

진실하고 은혜로운 감정은 성령님의 특별한 감화로 성도들의 영혼 속에 하나님과 그리스도에 대한 은혜롭고 거룩한 감정을 불러일으킨다. 이는 직접적인 음성이나 떠오르는 현상이 아니라 성령의 어떤 사역이나 감화를 뜻한다. 인간의 자기중심적 감정이 아닌 하나님의 거룩한 일에 대한 지식을 바탕으로 진실하고 은혜로운 감정에 따른 영성 형성이 시작되어야 한다. 인간의 모든 거짓된 감정적 체험은 자기애에서 비롯된다. 그러므로 참된 감성과 거짓된 감정을 구별하는 가장 중요한 지표는 감정의 중심에 자아가 아닌 하나님과 예수 그리스도가 있느냐의 여부다.

상처 입은 감정의 회복과 하나님의 임재

포스트모던 시대의 사람들은 하나님을 느끼고 체험하는 일에 목말라하며 감성의 체험을 갈구한다. 그래서 현대를 감성의 시대라고 부른다. 대인관계의 갈등 대부분은 감정의 문제에서 비롯되는 경우가 많다. 사소한 일로 감정이 쌓이다 보면 돌이킬 수 없을 만큼 깊은 상처를 입게 된다.

감성의 영성 형성이 제대로 이뤄지지 않으면 환경에 따라 감정이 쉽게 변하고 감정을 통제하지 못해 남에게 상처를 주게 된다. 감정은 우리가 즐기는 것이 되어야지 거기에 지배당해서는 안 된다.

나쁜 감정은 속히 털어버려야 한다. 하나님은 용서하시는 사랑으로 우리의 부정적 감정을 녹여주신다(시 32:5). 물론, 감정이 강렬하다고 해서 나쁜 감정이 되는 것은 아니다. 감정이 하나님의 뜻에 어긋나고 우리를 조종하도록 방치할 때 파괴적으로 왜곡되는 것이다. 감정 변화와 치유는 용서에서 시작된다. 인간관계에서 용서하지 않는 것은 상대방에 대한 적개심을 품는 것이나 다름없다. 그러므로 주님은 우리의 나쁜 감정을 없애기 위해 용서하라고 명하신 것이다. 우리가 용서를 통해 감정에 지배받기를 거부할 때 나쁜 감정에 대한 저항력이 높아지며 자유롭고 건강한 감성으로 영성을 형성할 수 있다.

정서적 건강이야말로 성경적 제자훈련과 영성 형성의 중요한 요소라 할 수 있다. 맹목적인 감정 분출을 참된 예배와 동일시할 순 없지만, 감정이 동반되지 않으면 영과 진리로 살아있는 예배를 드릴 수 없다. 특히 찬양은 하나님을 높이고 기뻐하는 사랑의 표현이다. 하나님께 영광 돌리는 찬양에는 영적 능력이 있다. 하나님을 기뻐하며 전심으로 찬양드릴 때 상처 입은 감정이 치유되고 회복된다. 찬양은 곡조 있는 기도이므로 하나님은 찬양 가운데 임재하시며 역사하신다.

시편은 "여호와를 즐거워하라. 찬송은 정직한 자들이 마땅히 할 바로다"(시 33:1)라고 말씀한다. 하나님은 우리의 찬양을 기뻐 받으시며 영광받으신다. 하나님을 기뻐하는 것이 우리의 힘이다. 우리의 구원자이신 예수 그리스도가 우리의 찬송이며 노래이시다. 찬양은 하나님의 위대하심을 드러내며, 우리에게 그리스도의 거룩한 복음을 전파하고 따를 힘을 공급해준다.

♦ 하나님께 복종하는 의지: 자존심에서 자존감으로의 여정 ♦

인격의 세 번째 요소는 자유의지, 즉 어떤 것을 자발적으로 선택하고 결정할 수 있는 능력이다. 인격체의 의지는 강제적인 것이 아니라 자유롭다. 창조주 하나님께서 자신의 형상대로 지음받은 사람에게 자유의지라는 특권을 부여하신 것은 엄청난 일이다. 이는 인간이 하나님을 거역하고 불순종하며 죄를 짓는 선택을 하는 것까지 허용하셨다는 의미다. 속는 것조차 자유의지로 내리는 선택인 셈이다. 하나님은 인격적인 분이시기에 피조물인 인간의 의지를 존중하신 것이다. 의지는 인간의 특권이지만 동시에 책임과 결과가 뒤따른다. 사람이 하나님을 배반한 마귀에게 속아 죄의 종노릇을 하면서 죽음과 재앙 등 인류의 모든 비극이 시작되었다. 하나님은 우리가 자유의지로 그분을 믿고 의지하기를 원하시며 오래 참으신다. 하나님이 우리를 인격체로 대하시기 때문이다.

의지의 영성: 하나님을 신뢰하고 순종하는 선택

성경적 신앙은 하나님을 신뢰하고 순종하기로 선택하는 의지적 영역을 포함한다. 성경에 나타난 의지의 긍정적 기능으로는 마음을 다해 행함, 순종함, 뜻을 정함, 확고함, 의지함, 겸비함, 인내함, 믿음, 자제함, 마음을 돌이킴과 같은 것이 있다. 반면 강퍅함, 완고함, 배반함, 마음대로 함, 마음이 변함, 미혹됨, 마음이 끌림, 격동됨 같은 부정적 기능도 있다.

의지의 영성 형성은 긍정적 의지 기능을 키우고, 부정적 의지 기능은 부인하고 버리는 것을 목표로 한다. 부정적 의지의 중심인 자아가 깨어져 그리스도께 의지를 온전히 복종할 때 의지 영성이 형성된다. 즉, 자기를 부인하고 그리스도를 전적으로 신뢰하고 절대 순종하는 것이 의지 영성의 핵심이다.

영적으로 의지가 성장한다는 것은 자신에 대한 권리를 그리스도께 양도한다는 뜻이다. 조나단 에드워드는 이에 대해 복음적 복종과 율법적 복종을 구분해 정의한다. 복음적 복종은 그리스도인이 자신의 무능력과 무가치함을 느끼는 데서 나오는 겸손으로, 은혜의 열매다. 반면 율법적 복종은 종교적 경외감 및 일반적 감정과 자만심에서 비롯된 것으로 영적 가치가 없다.[26]

복음적 복종은 성령님의 역사에 따라 내면에서 자발적으로 순응하는 것이지만, 율법적 복종은 자아에 따라 의무적으로 행하는 것이다. 자아의 본질은 자신만 사랑하고 자신만 존중하는 것이다. 자기가 모든 것의 중심이 되고, 타인을 자신에게 예속시키려는 마음이다. 자아는 하나님을 거역하고 불순종한다. 그러므로 자아 중심적이고 율법적인 복종으로는 하나님께 온전히 순종할 수 없다.

우리는 권위에 대해 불순종하거나 도전하는 시대를 살아가고 있다. 그러다 보니 그리스도인조차 성경 말씀에 순종하기보다 자기가 좋아하는 구절들만 주장하며 자신의 편의에 따라 해석하곤 한다. 그러나 그런 사람은 하나님께로 돌이키는 진정한 회개에 이르기 어려울 뿐만 아니라, 예수 그리스도를 통한 구원의 진리를 깨닫지도 못한다. 하나님 말씀에 대한 순종은 그 사람의 믿음의 크기를 보여준다. 행함, 즉 순종이 없는 믿음은 죽은 것이다(약 2:17).

자아를 부인하지 않고 자아를 실현하려는 율법주의적 종교인이라면 "나더러 주여 주여 하는 자마다 다 천국에 들어갈 것이 아니요 다만 하늘에 계신 내 아버지의 뜻대로 행하는 자라야 들어가리라"(마 7:21)라는 예수님의 경고를 귀담아들어야 할 것이다.

자존심이냐 자존감이냐?

"나한테도 자존심이 있어, 먼저 잘못했다고 말하지 않을 거야!" 가정은 개인의 의지가 서로 부딪히는 인격 훈련의 장이다. 부부싸움이 오래 지속되는 이유는 대개 자존심 때문이다. 부부 사이의 갈등은 시간이 흐를수록 시비를 가리기보다 자존심과 감정 대결로 번지곤 한다.

우리가 흔히 말하는 자존심은 자존감과는 다르다. 자존심은 자기중심적이고 이기적인 마음가짐으로, 죄의 본성에서 비롯된 것이다. 반면에 자존감은 인간이 하나님의 형상대로 창조된 소중한 존재라는 건강한 인식이다. 자존심은 타락으로 인한 부패한 의지이고, 자존감은 온전한 사람의 건강한 의지이다. 예수님께서 "아무든지 나를 따라오려거든 자기를 부인하고 날마다 제 십자가를 지고 나를 따를 것이니라"(눅 9:23)라고 하신 뜻은 자존감을 버리라는 의미가 아니라 교만한 자존심 혹은 자만심을 버리라는 의미다.

고집 센 자아는 하나님께 순종하지 않고 반항하는 교만을 부린다. 자기를 부인하라는 말은 자기 정체성을 부정하라는 것이 아니라 자기주장을 포기하고 하나님께 순종하라는 것이다. 자존감은 우리가 하나님의 형상으로 지음받은 사람으로서 가치 있는 존재이며 하나님의 사랑을 받는 존재임을 인정하는 믿음의 행위다. 그러므로 엄밀히 말해 자기를 부정하고 거부하는 사람은 자기를 부인할 수 없다. 자기를 존중하고 받아들이는 사람만이 자기 권리를 부인할 수 있다. 모범생들은 자기가 옳다는 자존심이 강해서 자아를 깨뜨리기가 더 힘들다. 그러나 하나님께서 보실 때, '자기 의' 뒤에 숨어 있는 죄인이 겉으로 드러난 죄인보다 더 큰 죄인일 수 있다.

나의 영적 성장 과정에서 가장 힘들었던 일은 자아가 깨어져 하나님의 주권에 항복하는 연단의 과정이었다. 내 판단이 옳다고 여기며 고수하던 자아를 부인하는 것은 죽음보다 더한 고통이었다.

하지만 이제는 하나님의 선하고 온전하신 뜻에 나를 맡기는 것이 부담이 아닌 영광이자 기쁨이 되었다. 자기 의를 주장하던 자아가 깨지면서 참된 자아를 발견하게 된 것이다. 하나님 앞에서 나의 한계와 연약함을 절감한 후, 내 뜻을 내려놓고 주님의 뜻에 순복할 수 있게 되었다. 내 의지로 살려 할 때는 좌절과 실망뿐이었으나, 전적으로 주님께 순종하니 참된 평안이 찾아왔다. 이 평안이 내 영혼을 지배할 때 진리 안에서 진정한 자유를 얻을 수 있었다.

자기 부인: 성령의 인도하심을 따르는 길

I 부부는 한 교회에서 열심히 제자훈련 목회를 하고 있다. 섬기는 교회의 장로 장립과 권사 취임 임직예배를 위해 관례대로 그 지역 노회 목사님들을 모셨다. 그런데 노회 목사님들은 교회에서 늘 예배 때 부르던 영광송을 찬송가에 없다는 이유로 부르지 말 것을 요구했다. 하나님께 온전히 영광 돌리는 찬양인데도 찬송가에 없다고 부르지 말라니, 황당한 요구에 I 부부는 어찌할 바를 몰랐다.

하지만 이들은 노회에 맞대응하지 않았다. 무리하고 황당한 요구에 대해 주위 사람들에게 억울함을 호소하지도 않았다. 오직 침묵하며 하나님께 기도하고 금식했다. 마침내 교인들과 당회가 그 사실을 알게 되었고, 온 교회는 노회 탈퇴를 각오하고 한마음으로 I 부부를 지지하기로 했다. 결국 임직예배는 은혜 가운데 마쳤고 교회는 믿음으로 더욱 견고해졌다.

보통 이런 일을 당하면 언성 높여 시비를 가리고 싶은 것이 인지상정이다. 그러나 I 부부는 자신을 부인하고 판단을 하나님께 맡겼다. 이는 하나님의 공의와 은혜를 믿고 의지하는 성숙한 그리스도인만이 보일 수 있는 믿음의 행동이다. 자신의 힘과 다른 사람의 손을 빌려 문제를 해결하려고 했다면 문제는 커지고 다툼만 일어났을 것이다. 그러나 말없이 금식하며 기도하자 평소보다 은혜가 넘쳤다고 한다. I 부부가 섬기는 교회는 이 시험을 통해 자기를 부인하고 믿음의 선한 싸움을 싸우는 영적 전투에서 승리하는 기쁨을 알게 되었다.

달라스 윌라드는 이렇게 말한다. "그리스도 안에서의 영성 형성은 자아 숭배에서 자아 부인으로 나아가는 과정이다. 하나님의 현재적이고 영원한 나라 안에서 자아 부인이 삶의 전반적 조건이 되어야 한다."[27] 영성 형성의 주체는 성령이시므로 죄의 본성 가운데 살던 자아가 깨어져 자신을 부인해야만 성령이 인도하시는 대로 살 수 있다.

모든 그리스도인의 마음속에는 십자가와 자신의 왕좌가 놓여 있다. 그리스도인이 십자가에 자신을 내려놓기까지는 자신이 왕좌에 앉아 있는 것이다. 따라서 십자가에 못 박히지 않은 자아는 마음의 순결과 인격, 영적 통찰력과 열매 맺는 일에 방해가 된다. 그러므로 자기를 부인할 때 성령과 육체의 소욕 간의 싸움에서 성령이 승리하게 되며, 의지의 영성을 형성하게 된다.

자기 부인, 영성 성장의 필수 도구

유진 피터슨은 영성이라는 단어의 오용을 경계하며 "영성은 신비주의적 판타지가 아니라 평범한 일상에서 자아를 죽이는 법을 배우는 것"
이라 말한다.[28] 고난과 고통은 자기 죽음을 통과하는 영성 형성의 필
수 도구다. 뜻대로 되지 않는 좌절을 겪으며 자신을 부인하고 주님의
뜻에 순종하는 법을 터득하게 된다. 고통 속에서 자아가 깨질 때 질그
릇 안의 보배이신 예수 그리스도의 향기가 밖으로 드러나게 되는 것
이다(고후 4:7).

하나님께서 보배를 값진 금이나 은 그릇이 아닌 질그릇에 담으신
것은 신비로운 일이다. 자아가 부서지며 "심히 큰 능력은 하나님께 있
음"(고후 4:7)을 깨달은 사람은 자신을 자랑하지 않고 보배이신 예수
그리스도를 높이고 자랑하게 된다. 연약함이 드러날수록 하나님의 사
랑과 은혜를 더 깊이 느끼기 때문이다. 인간은 자신의 절대적 연약함
을 밑바닥까지 맛볼 때 비로소 겸손해져 자아를 하나님께 바치고 그
분의 능력을 의지하게 된다.

자아 중심으로 살며 자기 유익을 추구하는 것은 타락한 인간의 의
지적 본성이다. 자아는 하나님께 순종하고 신뢰하는 데 가장 큰 걸림
돌이 된다. 자신의 의와 뜻을 하나님의 그것보다 내세우려는 게 자아
의 속성이기 때문이다. 자아를 부인하기 어려운 이유는 믿음 없는 두
려움과 자기 뜻대로 삶을 통제하려는 마음 때문이다. 예수님을 높이
는 사역을 위해 부름받은 제자에게 자아가 깨어지는 연단은 의지의
영성이 형성되는 과정이기도 하다. 따라서 고통과 고난이 가득한 이
세상은 순종과 겸손을 배우는 의지의 훈련장이라고 할 수 있다.

그리스도인의 자기 부인에는 세속적 성향을 즐기려는 마음을 거
부하는 것과 소중한 것을 포기하는 겸손이 포함된다. 겸손은 그리스

도인의 기본적 삶의 태도이며 의지의 영성 형성을 보여주는 가장 확실한 열매다. 버나드는 "그리스도인이 튼튼히 서려면 교만한 한 발이 아니라 겸손한 두 발로 서야 한다. 하나는 하나님의 능력을 인정하는 것이요, 다른 하나는 자신의 연약함을 자각하는 겸손함이다"라고 했다. 이것이 바로 하나님께서 사람을 연단하시고 깨어짐을 경험하게 하시는 이유다.

하나님은 이스라엘 백성을 하나님의 백성 삼기 위해 40년간 광야에서 연단하셨다. 광야 생활로 그들을 낮추시고 시험하시며 오직 하나님만 의지하고 순종하는 훈련을 시키신 것이다(신 8:2-3). 깨어진 자아를 통해 겸손해져서 하나님과의 관계가 회복되고 예수 그리스도의 형상을 닮은 온전한 인격으로 세워지는 것, 이것이 의지의 영성 형성의 목적이다. 이는 불순종으로 깨진 하나님과의 관계를 순종으로 회복시킨다. 구원자에게서 멀어진 인간 영혼의 근본적 병을 치유하고 거룩함과 온전함을 이루게 해주는 것이다.

◆ 나의 영성 형성 과정 ◆

나는 대학교 1학년 때, 하나님의 자녀로 거듭나고 영적인 눈을 뜨게 됐다. 좋은 대학에 들어가면 모든 게 해결될 것 같아 앞만 보고 달려왔지만, 정작 목표를 이룬 후엔 마음이 허무하고 갈급해졌다. 비록 고생을 모르고 곱게 자라 세상 물정을 모르는 어린 나이였지만 나는 인생의 근본적인 질문을 던지기 시작했다. 진리는 무엇일까? 인생은 무엇을 위해 살아야 하나? 인생에서 가장 가치 있는 것은 무엇인가? 내 인생의 목표는 무엇인가? 어떤 삶이 정말 성공한 인생일까? 그때 주님께서 내 삶에 찾아오셔서 만나주시고 구원의 손길을 내밀어주셨다.

"하나님 아버지, 저를 가장 잘 아시고 선한 길로 인도하시는 주님께 제 인생을 드립니다. 주님의 부르심에 기꺼이 따르겠습니다. 목회자의 아내든지, 선교사든지, 평신도든지…." 대학 1학년 때, 예수 그리스도를 내 구원자로 영접하고, 이렇게 눈물로 헌신했다. 당시 나는 《카타콤의 순교자》라는 소책자를 읽고 큰 은혜를 받았다. 순교자들과 순전한 소녀들이 끔찍한 죽음 앞에서도 두려워하지 않고 해와 같이 빛나는 얼굴로 평안하게 주님의 품에 안기는 대목이 인상적이었다. 그 비밀은 바로 천국의 영광을 미리 보았기 때문이었다. 현실의 고통보다 영원한 영광을 더 실제적으로 실감한 것이다. 그 순교자들의 모습을 보며 믿음으로 세상을 이기는 것이 무엇인지 새롭게 다가왔다. 인생의 참된 성공은 소유나 환경에 있지 않고 내면의 영혼이 잘되는 것이라는 사실을 깨닫게 되었다. 그리하여 한 번밖에 없는 인생을 가장 가치 있는 것과 영원한 것을 위해 살고 싶다는 강렬한 소원이 생겼다. 그때부터 내 인생의 목적은 하나님의 부르심에 합당하게 살고, 하나님께 쓰임받는 것이 되었다. 그 무엇보다도 하나님께 칭찬받고 상을 받고 싶은 열망으로 간절해졌다.

그 후 주님은 나를 목회자의 아내로 부르셨다. 남편은 내가 신앙의 첫발을 디딘 내수동교회의 대학부 엘더였다. 남편은 오래지 않아 자신의 비전에 대해 나누면서 교제해보지 않겠느냐고 요청했다. 이것이 내 기도에 대한 주님의 응답이었다. 결혼한 지 42년이 지난 지금,

남편은 내 신앙에 가장 큰 영향을 준 동반자가 되었다. 과거에는 영적 멘토로, 현재는 사역의 짐을 나누어지는 동역자로, 미래에는 생명의 은혜를 함께 이어받을 자로….

복음의 은혜를 처음 깨달았을 때, 나는 눈물을 흘리며 주님을 위해 어떤 길이든 십자가를 지고 가겠다고 고백했다. 그러나 사역자의 아내로서 시작한 결혼생활은 생각지 못한 연단의 연속이었다. 짧은 신혼여행을 끝내고, 태풍을 만나 배를 타고 도착한 시댁에서 남편 없이 2개월을 보냈다. 남편은 서울에 있는 총신대학원에 다니느라 주말에 1~2주에 한 번씩 다녀갔다. 남편이 기차를 타고 오갔기에 기차 소리만 들어도 눈물이 날 정도였다.

신혼부터 보통 사람들이 꿈꾸는 모습과는 다르게 시작된 결혼생활은 험난한 광야훈련 초입에 지나지 않았다. 남편은 신학 공부와 대학 청년부 사역을 병행하며, 다른 이들을 먼저 돌보는 일에 바빴다. 그 속에서 나의 존재감은 점점 사라져만 갔다. 남편의 사랑과 관심을 바라는 나에게 남편은 "당신은 나와 같다고 믿으니까 내 마음을 이해해주시오"라고 타이르곤 했다. 그러나 가족을 먼저 돌보는 가정에서 자란 여자가 그 마음을 헤아릴 수는 없었다. 아마도 주님은 내가 보이는 남편보다 보이지 않는 주님을 더 사랑하게 하시려고 남편에 대한 집착을 내려놓게 하신 것 같다. "인생에서의 좌절은 변장된 축복이다"라는 말에 위로를 받았다. 평범한 삶을 꿈꾸던 나의 소망이 좌절될 때마다 이 세상이 천국이 아니라는 것을 절감했다. 남편이나 세상 누구도 채워줄 수 없는 내 마음의 빈자리를 주님께서 가득 채워주셨다. 이러한 훈련을 통해 남편을 주님께 온전히 내어드릴 수 있었고, 그 과정에

제자도의 관점에서 본 영성 형성

서 주님께 더 가까워지고 인격적으로 더 깊이 알아가는 큰 은혜를 경험했다.

연년생 두 아들을 키우면서는 아이들을 과잉보호하려는 엄마의 본성에 대한 훈련이 시작되었다. 남편을 돕는 사역에 밀려서, 집을 방문하거나 체류하는 손님들에 밀려서, 집의 여러 가지 잡다한 일들에 밀려서 아이들을 돌보는 일에 집중할 수가 없었다. 이렇게 시간에 쫓기며 사느라 아이들의 필요를 제대로 채워주지 못한 것을 생각하면 지금도 가슴 한켠이 시리다.

두 아이가 유치원과 초등학교에 다니던 시절, 3개월 동안 멀리 떨어져 있어야 하는 아픔을 겪으면서 아이들을 하나님께 온전히 맡길 수밖에 없었다. 일반적으로 자녀들을 결혼시킬 때 마음으로 떠나보내는 고통을 나는 일찍 경험하게 된 것이다. 이를 통해 하나님 아버지의 사랑과 돌봄이 얼마나 큰지 깨닫고, 자녀들을 더욱 믿음으로 맡기게 되었다. 그로 인해 자녀들에 대한 집착을 내려놓을 수 있었고, 육신의 부모보다 하나님 아버지께서 훨씬 더 잘 돌보아주시고 지켜주심을 믿었다. 하나님의 보살핌 아래 아이들은 부모의 기대 이상으로 잘 성장했다. 첫째 아들을 임신했을 때 세례 요한이 예수님의 초림을 준비한 것처럼 이 아이가 예수님의 다시 오시는 길을 평탄케 하고 그 길을 준비하는 일꾼이 되게 해달라고 기도했다. 기도의 열매인지, 첫째는 목회자의 소명을 받아 개척교회 사역을 하고 있고, 둘째는 의료 선교의 사명을 가지고 의사가 되었다.

남편과 자녀를 주님의 주권 앞에 내려놓는 훈련을 마치기도 전에 내 자아를 부인하고 내려놓는 훈련이 시작되었다. 나는 성실한 부모의 울타리 안에서 자라면서 남에게 폐를 끼치지 않고 책임을 다하도록 엄격한 교육을 받았지만 환경적 어려움이나 인간관계의 고통을 경험한 적이 없었다. 그런데 환경이나 문화, 성격, 가치관이 전혀 다른 사람들과의 관계 속에서 얽히고설키면서 내 나름대로 옳다고 생각하고 중요하게 여겨온 표준, 자기 의로움, 자존심인 자아가 여지없이 깨어지고 죽는 자기 부인의 길을 가야 했다. 그 과정에서 깨닫고 배운 가장 큰 교훈은 하나님께서 자격 없는 사람들만이 아니라 악하게 보이는 사람들에게도 오래 참으시고 여전히 은혜를 베푸신다는 사실이었다. "하나님이 그 해를 악인과 선인에게 비추시며 비를 의로운 자와 불의한 자에게 내려주심이라"(마 5:45). 이는 내가 세상의 인과응보적 가치관에서 벗어나 "은혜"라는 하나님 중심의 시각으로 전환하는 훈련이었다. 다른 사람들을 내 중심으로 판단하려는 자기 의를 버리고 하나님께 공의로운 판단을 맡기는 과정이었다.

하나님께서는 내가 감당할 수 없고 피하고 싶은 사람들을 더 붙여 주셨다. 고통스러운 만남을 피해 보려고 몸부림칠수록 내 마음의 추한 교만이 드러나고 "사망의 음침한 길"로 더 깊이 빠져들게 되었다. 이해할 수 없고 견디기 어려운 상황 속에서도, 하나님께 절대적인 신뢰와 순종을 바치며 믿음을 연단하는 시간이었다. 나의 기질이 정면으로 대면하기보다는 회피하고, 겉으로 표현하기보다는 속으로 삭이는 내성적 성향이었기 때문에 마음의 고통이 더 컸던 것 같다. 그런 나에게 책은 마음의 피난처가 되었다. 목회자의 아내로서 다른 이에게 마음을 털어놓기 어려웠기에, 책을 통해 고통의 해답을 찾았다. 신앙의 고전들이나 깊이 묵상할 수 있는 책들은 내 친구이자 상담가이자

제자도의 관점에서 본 영성 형성

멘토가 되어주었다. 이때 읽은 수많은 책이 성경을 더 깊이 이해하고 적용할 수 있는 안목을 키워주었기에 무엇보다 감사하다.

자아를 부인하는 훈련은 때로 주님께 죽기를 청할 만큼 힘들었다. 끝이 없는 터널을 지나가는 듯 오랜 세월 계속되었다. 아마도 내 자아가 그만큼 끈질기게 저항했기 때문일 것이다. 자아가 강할수록 연단의 강도 또한 높아질 수밖에 없었다. 성령님께서는 주로 마음의 훈련을 통해서 나를 연단하셨다.

그러나 결국 주님께 완전히 백기를 들게 되었고 자아를 부인하면서 성령님께서 선한 열매를 맺기 시작하셨다. 스스로 옳고 그름을 판단하는 재판장이 되려고 했던 교만이 깨어지고, 공의로우신 하나님만이 최종 심판자이심을 인정하며 고백하게 되었다. 인간이 만든 "모든 무거운 것과 얽매이기 쉬운 죄"(히 12:1)를 벗어버리고 주님이 맡겨주신 사명이 가장 "쉽고 가벼운"(마 11:30) 것이라는 진리를 깨달았다. 큰 쇳덩이와 같이 무거운 인간의 굴레인 자아를 벗어버리고 나니 마치 날아오를 수 있을 것 같은 가벼움을 느꼈다. 죄의 본성인 육신의 자아에 종노릇하다가 올무에서 벗어난 새와 같이 자유로워진 기쁨을 누리게 되었다. "무릇 징계가 당시에는 즐거워 보이지 않고 슬퍼 보이나 후에 그로 말미암아 연단 받은 자들은 의와 평강의 열매를 맺느니라"(히 12:10).

대학 1학년 때 예수 그리스도를 만나 온 마음과 인생을 내어드렸지만, 지금 60대 중반에 이르러서도 앞으로 달려가야 할 푯대가 까마득히 멀다는 것을 느낀다. 그 길은 단순한 인생 연수가 아니라 영적 성장의 길이기 때문이다. 자아를 부인하는 과정은 참으로 고통스러웠다. 가장 힘들었던 것은 이해할 수 없는 상황에서도 주님을 신뢰해야 했던 과정이었다. 내가 옳다고 여겼던 지배적인 관념을 내려놓는 일은 너무나 어려웠다. 그 결과 교만한 '자기 의'로 단단히 싸여 있던 자아가 깨어져, 오직 주님만을 공의로운 심판자로 인정하고 전적으로 신뢰하며 순종하게 되었다. 오직 성령님의 도우심으로 가능했던 일이다. 죽음과도 같이 고통스러웠던 자아의 깨어짐을 통해 얻은 결과는 진리 안에서의 자유와 참된 기쁨이었다. 영혼의 기쁨은 세상이 빼앗을 수 없다.

제자도의 관점에서 본 영성 형성

8장

외적 영성

하나님 나라를 세우는
2가지 실천하는 삶

"여호와께서 보시기에 정직하고 선량한 일을 행하라"_신 6:18-19.

사회적 영성과 행함의 영성은 외적으로 드러나는 영성이다. 이런 외적 영성은 "네 이웃을 네 자신과 같이 사랑하라"(마 19:19)라는 두 번째 대 계명을 실천하는 영성이다. "그의 안에 산다고 하는 자는 그가 행하시는 대로 자기도 행할지니라"(요일 2:6). "자녀들아 우리가 말과 혀로만 사랑하지 말고 행함과 진실함으로 하자"(요일 3:18). 이런 말씀들은 외적 영성의 가치를 잘 보여준다.

외적 영성은 내적 영성이 성장한 결과라고 할 수 있다. 내적 영성이 깊어질수록 외적인 열매로 나타나게 된다. 내적 영성이 나무의 뿌리와 기둥이라면, 외적 영성은 가지와 열매인 셈이다. 그래서 내적 영성이 은혜와 진리 안에서 성령의 사역으로 변화되지 않으면, 외적 영성도 온전하게 형성될 수 없다. 또한 지성과 감성, 의지에 형성되는 내적 영성이 사회성과 행함의 외적 영성으로 표현되지 않는다면, 이 역시 완전한 영성이라고 보기 힘들다. "이러므로 그들의 열매로 그들을 알리라"(마 7:20). 다시 말해, 내적 영성이 제대로 형성되었는지는 외적 영성을 통해 확인할 수 있다.

◆ 세상 속에서 그리스도의 모습으로 살아가는 사회적 영성 ◆

인격의 네 번째 요소는 사회성, 즉 관계성이다. 삼위 하나님의 완전한 사랑의 관계와 하나 되심이 하나님의 형상대로 지음받은 인간 인격의 한 부분을 이룬다. 성부, 성자, 성령, 삼위 하나님은 하나이시며 서로 무한한 사랑을 나누신다. 이런 무한한 사랑으로 "여호와 하나님이 이르시되 사람이 혼자 사는 것이 좋지 아니하니 내가 그를 위하여 돕는 배필을 지으리라 하시니라"(창 2:18)라고 하시며 가정을 세우셨다. 그리고 예수 그리스도의 구원 사역을 통해 영적 가족이자 공동체인 교회를 세우셨다. 그러니 가정과 교회는 서로 사랑하고 이웃을 사랑하도록 세워진 공동체이다.

　예수님이 가르쳐주신 영성은 하나님 사랑과 이웃 사랑이라는 두 가지 큰 계명이 균형을 이루는 영성이다. 하나님의 형상으로 지어진 사람들과의 관계를 통해서도 하나님을 사랑하는 영성이 자라나게 된다(요일 4:20). "곧 내가 그들 안에 있고 아버지께서 내 안에 계시어 그들로 온전함을 이루어 하나가 되게 하려 함은 아버지께서 나를 보내신 것과 또 나를 사랑하심같이 그들도 사랑하신 것을 세상으로 알게 하려 함이로소이다"(요 17:23)라는 예수님의 간절한 기도에서도, 제자들이 사랑으로 하나 되는 게 얼마나 중요한지 알 수 있다.

예수님의 제자훈련은 단순히 지식적인 교육이 아니라 삶의 훈련이었다. 예수님은 안식일에 병자들을 고치시는 기적을 행하시고, 성전에서 장사하는 자들의 상을 뒤엎으셨다. 귀신을 쫓아내시고, 사회적으로 죄인 취급받거나 소외된 이들과 함께 식사하셨다. 이런 예수님의 행동들은 당시 유대 종교와 로마 사회에 충격을 주는 도전적인 것이었다.

예수님의 가르침은 제자들의 삶에 도덕적 변혁을 일으켰다. 산상수훈을 비롯한 여러 가르침을 통해, 예수님은 제자들에게 가난하고 소외된 이들을 긍휼히 여기고 용서하는 자세를 일깨워주셨다. 예수님은 좁은 시야와 배타적인 종교, 사회의 그릇된 관습을 변혁하는 주체가 되셨고, 이웃 사랑을 몸소 실천하며 모범을 보이셨다.

기독교 영성학자인 라이스는 "오늘날 교회에 필요한 건 그리스도의 은혜를 체험해 새로워지고 깊어지는 개인적 경건과, 세상을 향한 열정적 관심이 조화를 이룬 영성"이라고 말한다.[29] 무엇보다 이 세상에서 우리의 믿음과 행동이 일치해야 한다. 그리스도와 함께 십자가에 못 박히고 그 안에서 사는 것은, 다른 이들의 아픔 속에서 그리스도를 발견하는 것을 의미한다(갈 2:20).

하지만 현실적으로 우리가 하나님의 사랑을 실천하려고 할 때, 사회의 크고 작은 문제들 때문에 압도되거나 낙담하는 경우가 많다. 또 사회 운동을 한다면서도, 많은 이들이 진정으로 남을 세워주기보다는 자기 이익만 앞세우곤 한다. 그러니 사회에 선한 영향력을 미치고 사회를 위해 일하려면, 먼저 하나님의 창조 세계를 섬기는 청지기로서의 사회적 영성이 갖춰져 있어야 한다.

일상에서 더 빛나는 섬김의 영성

"유월절 전에 예수께서 자기가 세상을 떠나 아버지께로 돌아가실 때가 이른 줄 아시고 세상에 있는 자기 사람들을 사랑하시되 끝까지 사랑하시며"(요 13:1). 예수님은 십자가에 달리시기 전날 밤, 제자들의 발을 씻어주셨다. 베드로가 사양하려 했지만, 예수님은 "내가 너를 씻어주지 아니하면 네가 나와 상관이 없느니라"(요 13:8)라고 하시며 발을 씻어주셨다. 그리고 "내가 주와 또는 선생이 되어 너희 발을 씻었으니 너희도 서로 발을 씻어주는 것이 옳으니라"(요 13:14)라고 말씀하셨다. 자발적으로 섬기는 겸손을 몸소 실천하신 것이다.

예수님은 제자들에게 다른 이들을 섬기고 돌보는 공동체와 사회적 영성을 가르쳐주시기 위해 직접 본을 보이셨다. 자신을 버리고 도망갈 제자들, 심지어 자기를 팔 원수 유다의 발까지도 씻어주며 섬기셨다. 그리고 제자들에게도 이렇게 하라고 권하셨다. 그러므로 하나님을 사랑하는 마음으로 이웃을 사랑하고 섬기는 행위야말로 그리스도의 제자임을 증명하는 확실한 열매다.

세상에서는 강자가 약자를 마음대로 지배하고 권세를 부리며 강요된 섬김을 요구한다. 하지만 예수님은 강자가 약자를 섬기는 자발적인 섬김을 가르치셨다. 자발적으로 남을 섬기는 것, 이것이 예수 그리스도께서 제자들에게 원하시는 공동체적 영성이다. 본회퍼는 "기독교 공동체는 오직 예수 그리스도만을 기초로 세워지기에 다른 인간적 공동체들과는 근본적으로 구별된다"라고 했다. 기독교 공동체에서는 예수님의 임재와 행동이 없는 관계란 존재할 수 없다. 그러므로 우리는 그리스도를 위해 다른 사람을 사랑하고 섬겨야 한다. 이런 의미에서 사회적 영성은 예수 그리스도를 향한 사랑이 토대가 되어야만 형성될 수 있다.

자발적인 섬김이 우리 삶의 자세라면, 섬길 때 가져야 할 중요한 정신은 종의 정신이다. "이와 같이 너희도 명령받은 것을 다 행한 후에 이르기를 우리는 무익한 종이라 우리가 하여야 할 일을 한 것뿐이라 할지니라"(눅 17:10). 이런 청지기적 종의 자세는 제자의 기본정신이며 사회적 영성의 기초다.

청지기의 자세는 내가 가진 모든 것이 내 것이 아니라 하나님의 것이라는 자각에서 비롯된다. 베드로는 이를 깨닫고 "각각 은사를 받은 대로 하나님의 여러 가지 은혜를 맡은 선한 청지기같이 서로 봉사하라"(벧전 4:10)라고 권면했다. 주님의 양 떼를 돌보고 있다는 청지기 의식이 없다면, 수고에 대한 대가를 바라는 잘못된 섬김이 될 수밖에 없다.

사람들은 보통 높아지길 바라며 큰일을 맡기를 원한다. 그러나 하나님은 높이시기 전에 먼저 낮추시며, 겸손히 섬기도록 훈련하신다. 낮아짐과 섬김의 훈련을 통해 영적인 용량을 키워야 큰 사역을 넉넉히 감당할 수 있기 때문이다. "지극히 작은 것에 충성된 자는 큰 것에도 충성되고 지극히 작은 것에 불의한 자는 큰 것에도 불의하니라"(눅 16:10).

낮아짐을 통해 작은 일에 충성하는 법을 배운 사람은 섬김이 몸에 배인 영성을 갖게 된다. 섬김이 일상이 되고 자연스러운 것이 된다. 단조로운 일상이야말로 성품을 가늠하는 시금석이다. 우리는 가끔 찾아오는 특별한 영감의 순간에 말하고 행동하길 좋아한다. 그러나 주님은 일상의 작은 일, 보이지 않는 일, 보상 없는 일 가운데 그분께 순종하기를 원하신다.

우리는 위기의 순간에는 놀랄 만큼 잘 대처한다. 하지만 매일 24시간 성도답게 살아가는 것, 제자로서 단조로운 일을 해내는 것, 예수님의 제자로 평범하고 눈에 띄지 않는 존재로 사는 것, 이를 위해서는 초자연적인 하나님의 은혜가 꼭 필요하다.[30]

그리스도인의 사회적 소명

예수 그리스도의 제자는 예수 그리스도를 따르도록 세상에서 부르심을 받은 자이면서 동시에 하나님이 주신 소명을 가지고 다시 세상으로 가는 사명을 받은 자이다. 온전한 그리스도인의 거룩함은 중세시대의 수도원 영성처럼 세상적인 것과 영적인 것을 철저히 구분하고 세상으로부터 단절되는 것이 아니다. 세상 속에 있지만 세상과는 구별된 거룩함이다.

세상이 그리스도를 얻기 위해 교회를 필요로 하는 것처럼, 교회역시 그리스도를 알기 위해 세상을 필요로 한다. 이런 관점에서 그리스도인은 세상 속에서 예수 그리스도의 모습으로 성육신하는 것이다. 그리스도인은 세상에서 하나님께서 원하시는 영적인 삶을 살아내야하는 사명을 받은 자이므로 세상에 있되 세상에 속하지 않은 자로서살아가야 한다.

제자도의 관점에서 본 영성 형성

칼 바르트는 교회가 세상으로부터 잠시 물러나야 할 때가 있지만 결코 완전히 물러나서는 안 된다고 강조한다. 예수님은 기도하거나 제자들과 함께하기 위해 일시적으로 물러나기는 하셨지만, 가르치고 치유하시는 사역에서 전략적으로 물러나신 적은 없었다.[31] 하나님과 세상의 화해를 위해 복음을 전하고 그리스도의 사랑을 실천하는 것이 교회의 전략이다. 영적인 사역뿐 아니라 세상에서 이루어지는 활동들, 예를 들어 학문, 정치 참여, 가사노동, 사업, 직장, 예술 등도 하나님의 영광과 진리에 부합하는 방식으로 적절히 참여한다면 영원한 가치를 지닌 거룩한 산 제물이 될 수 있다.

자유주의 신학자들은 입으로는 사회 운동을 외치지만, 실제로 사회에 공헌하고 봉사하며 영성과 사회 정의를 연결하는 일은 개혁주의와 복음주의 진영에서 훨씬 더 앞장서고 있다. 특히 20세기 초반에 아브라함 카이퍼는 일반 은총론(하나님의 은혜가 믿는 자들에게만 국한되는 게 아니라 세상 모든 영역에 미친다는 사상)과 예수 그리스도의 영역 주권론(예수 그리스도께서 정치, 교육, 경제, 과학, 종교, 문화 등 사회의 모든 영역을 다 스리신다는 사상)을 주장하며, 네덜란드 사회 전반을 하나님의 뜻과 창조 질서에 맞게 세우는 데 힘썼으며, 이런 노력으로 유럽과 미국뿐만 아니라 우리나라에까지 선한 영향력을 끼치고 있다.

개혁주의는 현세와 세속 역사, 문화가 하나님의 주권과 공의로운 심판 아래 있음을 인식하면서 영적인 삶과 함께 윤리적인 삶을 강조한다. 또 하나님 나라를 확장하기 위해 문화 변혁에 최선을 다하는 청지기적 세계관을 갖고 있다. 여기에는 하나님의 공의를 추구하기 위해 가난한 자들을 보호해야 하는 의무도 포함된다.

기독교는 개인의 신앙과 사회에 대한 책임을 구분하는 잘못된 이원론에서 벗어나야 한다. 개인적 구원과 더불어 이웃 사랑을 실천하여 사회적 책임을 다해야 한다. 마리아처럼 예수님의 말씀 듣기를 사모하며 비전과 영원을 바라보는 이상주의도 필요하지만, 마르다처럼 예수님을 섬기기 위해 실천하고 행동하는 현실주의도 필요하다. 균형 잡힌 영성이 요구되는 것이다.

그리스도의 형상을 닮은 성품과 그리스도인의 통합된 영성 및 인격을 개발하는 데 가장 큰 도움이 되는 것은 교회라는 믿음의 공동체에서 다른 이들과 관계 맺고, 사회에서 이웃 사랑을 실천하는 것이다. 교회는 다른 그리스도인과 바른 관계를 맺고 사랑하는 법을 배우며 서로의 부족함을 용납하는 법을 익히는 공동체다. 또한 사회는 이웃에게 선한 일을 통해 하나님 사랑을 나타내며 이웃 사랑을 실천할 수 있는 훈련장이다. 이를 통해 우리는 진정한 그리스도인으로 성장한다. 그러므로 '이웃을 사랑하라'라는 대 계명은 예수 그리스도의 사랑을 이웃에게 나누는 사회적 영성으로 실천되어야 한다.

하나님은 우리가 한 일의 크기나 양보다는 그 일을 행한 동기와 방법을 더 중요하게 여기신다. 우리가 추구하는 사회적 영성은 목적이 수단을 정당화하는 세상의 가치관과 구별되어야 한다. 우리가 행하는 일의 목적이 하나님 영광을 위한 것이라면 그 일을 이루는 방법 또한 선하고 아름다워야 한다. 우리가 교회 공동체와 사회를 섬길 때, 잃어버린 한 영혼을 천하보다 귀히 여기시는 하나님 아버지의 마음으로 주께 하듯 섬기면 그 섬김은 하나님께 드려지는 산 제사가 된다.

◆ 하나님께 거룩한 산 제사로 드려지는 행함의 영성 ◆

인격의 다섯 번째 요소는 행함이다. "행함이 없는 믿음은 그 자체가 죽은 것이라"(약 2:17)는 말씀대로 행함은 전인격적 영성의 일부를 이룬다.

몸의 훈련에서 핵심은 행실의 거룩함과 행동의 변화에 있다. 우리의 몸은 죄악 된 본성에 이끌려 잘못 사용되어 왔기에 훈련이 필요하다. 레위기는 특히 몸의 성결함을 가르친다. "몸을 구별하여 거룩하게"(레 11:44) 하는 것이 레위기 전체의 주제다. 레위기에서 '거룩하라'는 부르심은 '구별'의 개념과 깊이 연관되어 있다(레 19:2). 거룩함을 "하나님의 백성을 다른 민족과 구분하는 경계표"라고 주장하는 학자도 있지만, 이는 신체적 분리보다는 '다름'이나 '차별'과 같은 '구별'의 의미다.

이스라엘은 완전히 거룩하게 구별된 백성이었으므로, 제사 의식뿐 아니라 몸으로 행하는 모든 삶이 거룩해야 했다. 레위기는 제사와 의식들을 기술하며, 특히 몸의 성결이 영성과 직결됨을 잘 보여준다. 레위기 1장에서 짐승을 온전히 바치는 번제는 하나님께 드리는 완전한 헌신을 표현한다. 4장의 속죄제사는 죄 씻음과 용서를 통해 하나님처럼 거룩하게 행해야 함을 가르친다.

11-17장은 음식, 짐승과의 접촉, 출산, 피부병 등 정한 것과 부정한 것을 구체적으로 구분하며 제사장의 몸의 성결을 가르친다. 레위기 1-17장은 주로 제사장적인 책임을 다루고, 18-27장은 이스라엘이 삶의 모든 영역에서 거룩해야 한다는 성결 규례를 다룬다.

오늘날 그리스도인이 레위기 규례를 지켜야 한다는 뜻은 아니다. 예수 그리스도께서 율법을 이미 완성하셨으므로, 그리스도인은 성령을 따라 행하면 율법의 요구가 이루어진다는 약속을 받았기 때문이다(롬 8:4). 레위기는 몸의 행실을 성결하게 하는 것이 하나님께서 기뻐하시는 뜻임을 가르치고 있다.

레위기 전반부는 이스라엘과 하나님의 바른 관계 회복, 즉 하나님 사랑의 명령을 반영한다. 후반부는 사람들 간의 바른 관계 회복, 즉 이웃 사랑의 계명을 강조한다. 그러므로 영성 형성에서 몸의 변화는 하나님과 이웃을 사랑하는 마음을 몸으로 거룩하게 행하여, 몸을 하나님을 기쁘시게 하는 거룩한 산 제사로 드리는 것이다(롬 12:1).

그리스도를 닮기 위한 몸의 훈련

성경은 선한 행실의 중요성을 여러 차례 강조한다. "너희가 순종하는 자식처럼 전에 알지 못할 때에 따르던 너희 사욕을 본받지 말고 오직 너희를 부르신 거룩한 이처럼 너희도 모든 행실에 거룩한 자가 되라"(벧전 1:14-15)는 말씀은 몸의 거룩한 행실을 강조한다. 또한 "너희가 이방인 중에서 행실을 선하게 가져 너희를 악행한다고 비방하는 자들로 하여금 너희 선한 일을 보고 오시는 날에 하나님께 영광을 돌리게 하려 함이라"(벧전 2:12)라고 말씀하면서 몸이 악한 도구로 쓰일 수 있다는 경고도 하신다.

그리스도인은 선한 행실로 하나님께 영광 돌리도록 부르심받았다. 몸의 행실에 거룩함과 경건한 습관이 형성되는 것이다. 베드로는 이렇게 몸의 행실의 중요성을 가르쳤을 뿐 아니라, 하나님과 이웃 사랑의 계명을 직접 행함으로써 예수 그리스도의 복음을 전하는 경건한 도구가 되었다.

몸의 모든 행위가 육체의 소욕이 아닌 성령의 열매를 맺는 도구가 될 때, 몸은 하나님께 영광을 돌리는 '성령의 전'이 될 수 있다. "그러므로 너희는 죄가 너희 죽을 몸을 지배하지 못하게 하여 몸의 사욕에 순종하지 말고 또한 너희 지체를 불의의 무기로 죄에게 내주지 말고 오직 너희 자신을 죽은 자 가운데서 다시 살아난 자 같이 하나님께 드리며 너희 지체를 의의 무기로 하나님께 드리라"(롬 6:12-13). 그리스도를 닮기 위해서는 우리의 몸을 불의의 도구가 아닌 의의 도구로 사용하라는 말씀이다.

몸과 영성의 통합을 객관적으로 측정하는 것은 쉽지 않다. 그러나 기도, 금식, 찬양, 워십 댄스, 세족식, 거룩한 입맞춤과 포옹 등은 하나님을 사랑하며 그리스도인의 공동체를 세우기 위해 몸을 사용하여 섬길 수 있는 강력한 도구들이다. 이와 더불어 가난한 자를 구제하고, 병든 자를 돌보며, 연약한 자를 도와주고, 상한 마음을 위로해주는 등 이웃 사랑을 몸으로 실천하는 모든 행동은 몸의 영성 형성에 중요한 역할을 한다.

인간은 본질적으로 몸을 가진 존재이므로, 전인적 변화를 위해서는 몸의 변화도 필수적이다. 첫 사람 아담이 영혼뿐 아니라 몸으로도 죄를 범했기에, 영혼과 몸 모두에 온전한 영성 형성이 필요하다. 따라서 영성에 있어 몸은 하나님을 영화롭게 하는 행실로 성령님의 전이 되어, 선한 도구로 쓰임받아야 한다.

영혼과 몸의 건강

때로는 몸의 병이나 연약함이 신앙을 연단하고 훈련하는 도구로 사용되기도 한다. 또 그리스도를 따르는 길에서 특별한 사명을 위해 고난을 당하는 경우도 있다. 하지만 예수님은 병자들을 고치시며 건강하게 회복시켜주시길 기뻐하셨다. 예수님은 건강한 몸으로 하나님 나라를 전파하고 가르치셨다. 또 각종 병든 자들을 고치시며 많은 귀신을 쫓아내셨다(막 1:34). 사람은 영혼과 몸이 긴밀히 연결되어 있으므로 몸 상태는 영혼에 영향을 미친다. 예수님도 피곤하셔서 풍랑 이는 갈릴리 호수의 배에서 잠드시기도 했다. 예수님이 겟세마네 동산에서 땀이 핏방울처럼 되기까지 간절히 기도하실 때, 베드로와 제자들은 잠들어 깨어 있지 못했다. "시험에 들지 않게 깨어 기도하라 마음에는 원이로되 육신이 약하도다"(마 26:41).

은혜와 진리의 복음에는 영혼과 몸을 온전한 사람으로 세워줄 능력이 있다. 예수님은 중풍병자에게 "네 죄 사함을 받았느니라"(눅 5:20)라고 말씀하시면서 병을 고쳐주셨다. 이는 하나님과의 관계 회복을 의미하는 영혼의 건강과 몸의 건강이 서로 연관되어 있음을 보여준다.

요한복음 9장의 날 때부터 맹인이었던 사람처럼, 병이 "하나님이 하시는 일을 나타내고자 하심"(요 9:3)인 경우도 있다. 반면 "보라 네가 나았으니 더 심한 것이 생기지 않게 다시는 죄를 범하지 말라"(요 5:14)는 말씀처럼 죄로 인한 병도 있다. 병의 이유를 우리가 다 알 수는 없지만, 예수님의 공생애 사역과 가르침에서 보듯 예수님은 언제나 사람의 영혼과 몸이 건강하길 원하셨다.

제자도의 관점에서 본 영성 형성

쉬지 않고 과도하게 일하며 몸을 혹사하는 것은 하나님 뜻에 어긋나는 일이다. 안식은 하나님이 사람에게 주신 명령이자 창조 질서에 속한다. 하나님은 일주일의 하루를 안식일로 정해 쉼의 중요성을 가르쳐 주셨다. 안식일의 쉼은 단순히 육체적인 휴식만을 의미하는 것이 아니다. 그것은 하나님께서 창조 사역을 완성하시고 쉬셨던 것처럼, 하나님의 창조 말씀을 온전히 이루어가는 과정에 동참하는 것이라 할 수 있다.

안식일은 언약과 창조의 핵심에서 나오는 하나님의 명령이다. 즉, 안식은 몸과 영혼을 새롭게 하고 회복시키기 위한 것이다. 스트레스, 과도한 노동, 수면 부족 등으로 몸을 지나치게 혹사하면 병들거나 탈진되기 때문에 쉼을 통해 회복해야 한다.

쉰다는 것은 피조물인 몸의 한계를 겸허히 받아들이는 자세다. 쉼은 자신의 삶을 주관하려는 의식을 내려놓고 하나님께 맡기는 신뢰 표시다. 그래서 쉼은 지친 마음과 몸을 회복시키는 데 매우 중요하다. 몸의 건강을 위해서는 일과 안식의 균형을 잘 맞추어야 한다.

9장

온전한 성품으로 빚어지는
그리스도인

한 사람의 인격은 타고나는 것일까, 아니면 형성되는 것일까? 우리는 각자 다양한 기질과 성향을 가지고 태어난다. 하지만 인격적 성품은 교육과 환경의 영향을 받으며 자유의지에 따른 선택을 통해 형성된다. 거듭날 때 우리는 새로운 성향을 갖게 되는데, 이는 성령님께서 우리 안에 내주하시며 예수 그리스도의 성품을 닮아가려는 갈망을 주시기 때문이다. 예수님께서 우리에게 주신 이 새로운 성향이 우리 성품을 온전하게 형성시킨다.

성경 속 인물들뿐 아니라 우리 주변에서도 예수 그리스도를 믿고 새롭게 변화된 이들을 종종 볼 수 있다. 술 없이는 못 살던 사람이 술 냄새조차 싫어하게 되고, 유명 조직 폭력배 두목이 주차 봉사를 하며 다른 이들을 섬기는 등의 변화가 일어나기도 한다. 이처럼 극적으로 변화된 사람들도 있지만, 대개는 작은 것에서부터 믿음의 결단을 시작해야 한다.

"작은 일의 날이라고 멸시하는 자가 누구냐 사람들이 스룹바벨의 손에 다림줄이 있음을 보고 기뻐하리라 이 일곱은 온 세상에 두루 다니는 여호와의 눈이라 하니라"_슥 4:10.

우리는 흔히 작은 일은 소홀히 하고 큰 일만 잘하면 그만이라고 여긴다. 그러나 하나님은 공의의 잣대로 우리의 작은 날의 일들도 판단하시어 합당한 상급을 주실 것이다. 온전한 성품은 사소한 일상에서 하나님 말씀에 순종하기로 결단할 때 형성되어 간다.

♦ 선천적 기질을 하나님 말씀으로 다스리기 ♦

그렇다면 우리가 타고나는 기질과 성향이란 무엇일까? 패커는 《거룩의 재발견》에서 이를 잘 설명한다.[32] 기질이란 나의 행동 양식이며, 어떤 상황에 반응하는 특별한 방식을 형성하는 기본 요인이다. 심리학적으로는 "환경(상황, 사건, 사람)에 대체로 어떻게 반응하느냐"로 기질을 설명할 수 있다. 기질은 성격 형성의 토대가 되는 요소로, 성격은 이 기질을 어떻게 다스리느냐에 따라 형성된다. 그리고 인격은 성격에서 비롯되는 개인만의 독특한 성향이 최종적으로 구현된 결과물이라고 할 수 있다.

기질은 여러 방식으로 구분된다. 일반적으로 긍정적/부정적, 대하기 쉬운/어려운, 내향적/외향적, 사교적/내성적, 적극적/소극적, 주는/받는, 사회적/자기 몰입적, 감정기복이 심한/없는 성향 등을 기준

제자도의 관점에서 본 영성 형성

으로 사람의 기질을 네 가지로 구분한다.

다혈질(happy way)	담즙질(my way)
따뜻하고, 감정기복이 심하고, 외향적이며, 낙천적이고, 느슨하다.	성급하고, 적극적이고, 진취적이고, 조급하고, 화를 잘 낸다.
우울질(right way)	점액질(peace way)
조용하고, 비관적이고, 자기 성찰적이고, 우울하다.	냉정하고, 차분하고, 내향적이고, 무관심하고, 무감각적이다.

기질에는 점액질적 우울질이나 다혈질적 담즙질처럼 두 가지가 혼합된 경우도 있다. 또 각자에게는 독특한 기질이 있다. 과거에는 기질을 몸의 체액과 연관 지었지만 현재는 그런 학설이 폐기되었다. 하지만 기질 구분 자체는 목양에도 유용하다. 사람들을 관찰하며 네 가지 기질을 염두에 두면, 반응을 이해하고 대하는 데 도움이 된다.

우리는 자신의 기질적 성향을 알아야 한다. 모든 기질에는 장단점이 있기 때문이다. 하나님의 부르심대로 거룩해지길 원한다면, 먼저 자기 약점을 알아야 거룩한 습관을 형성해주시도록 주님께 구할 수 있다. 다혈질은 생각 없이 감정대로 살기 쉽다. 담즙질은 싸우고, 성질 나쁘고, 독불장군인 성향이 있다. 우울질은 모든 것에서 나쁘고 잘못된 점만 보고, 좋고 긍정적인 부분은 무시하는 경향이 있다. 점액질은 거리감을 두며 무감각하고 냉정한 경향이 있다.

우리의 기질과 성향은 하나님 말씀의 절대적 기준에 부합해야 한다. 내 성질대로 하지 말고, 나에게 독특한 기질을 주신 하나님의 뜻에 따라야 한다. 다혈질은 앞장서기 전에 먼저 책임감 있게 생각하고, 감정에 휩쓸리기보다 지혜롭게 말하는 법을 배워야 한다. 베드로가 오순절 후 성령의 도우심으로 배운 교훈이다. 점액질은 열린 마음으로 사람들과 공감하며, 상처받기를 감수하고 기꺼이 연약함을 드러내는 관계를 맺을 수 있어야 한다. 담즙질은 인내와 자제력을 훈련해야 한다. 그래서 일을 진행할 때 자신과 부딪히는 타인이 아니라, 사탄과 죄에 대해 분노와 적개심을 가져야 한다. 이는 바울이 회심 후 주님에게 배운 교훈이다. 우울질은 자기 연민과 비관적 시각을 버리고, 하나님 안에서 기뻐하며, 하나님의 주권적 은혜로 모든 것이 합력하여 선을 이루는 과정을 믿어야 한다.

◆ 그리스도인의 성품: 성령의 열매로 꾸며진 인격 ◆

많은 사람은 '거룩한 사람' 하면 근엄하고 까다롭고 날카로운 이미지를 떠올리곤 한다. 그러나 이는 예수님께서 책망하신 바리새인이나 서기관 같은 외식적 종교인의 모습에 더 가깝다. 성경이 말하는 그리스도인의 거룩한 성품은 하나님과 이웃을 전심으로 사랑하고, 주 안에서 즐거워하고 기뻐하는 것이기 때문이다. 다른 이들과 더불어 화평하고, 오래 참아주고, 자비롭게 용서하며, 선함을 추구하는 성품이 돋보인다. 또한 의에 충성하고, 남을 배려하는 온유함과 질서와 한계를 아는 절제의 모습을 지닌다(갈 5:22-23).

구원은 궁극적으로 인간다움의 회복이다. 그러므로 비인간적 성향은 성령의 사역과는 거리가 멀다. 하나님의 사람들은 접근할 수 없는 후광이 아니라 건강한 인간다움을 보여준다. 그들은 진정한 인간이며, 그들의 눈빛은 예수 그리스도의 사랑으로 반짝인다. 그들에게는 하나님과 사람을 섬기는 사랑, 겸손과 온유함, 신실한 지혜, 기도한 후의 담대함, 사람들의 죄를 슬퍼함, 하나님의 선하심을 기뻐함, 전심으로 하나님을 기쁘시게 하려는 마음이 확연히 나타난다.

우리는 성령의 도우심으로 이런 성품을 닮아가도록 부름받았다. 그래서 어린아이의 유치함과 변덕, 남을 배려하지 않는 이기심, 경건한 척하는 위선, 분별력 없는 고집처럼 그리스도인의 삶을 훼손하는 행동들을 버려야 한다. 예수님을 닮은 거룩한 성품은 진정 성숙한 인간에게서 품어나오는 아름다움이다.

성품은 환경과 교육의 영향도 받지만, 한 사람의 자유의지에 따라 주로 형성된다. 같은 환경에서도 자유의지로 어떤 결정과 선택을 하느냐에 따라 성품이 달라지는 것이다. F는 술에 취해 가족을 구타하는 아버지 밑에서 자랐다. 어릴 때 아버지를 원망하고 미워했지만, 신앙으로 극복해나갔다. 가난하고 열악한 환경에서도 하나님을 믿고 열심히 공부해 목회자가 되었다. 그는 아버지와 달리 가정과 사역에 충실한 가장이 되었다.

F처럼 어려운 환경에서도 하나님 은혜로 선한 길을 택할 수 있다. 반면 아버지에 대한 원망과 미움으로 자신의 인생을 망치는 길을 선택하는 경우도 어렵지 않게 본다. 우리에게 주어진 환경은 우리 의지와 무관하지만, 어떤 선택을 하느냐에 따른 결과는 우리의 책임이다.

우리는 때로 잘못된 선택을 해놓고 그 잘못을 환경 탓으로 돌린다. 하지만 좋은 환경에서 나쁜 길을 택해 비참한 결과를 맞을 수도 있고, 나쁜 환경에서도 옳은 길을 택해 선한 결과를 얻을 수도 있다. 인격은 자유의지를 가지고 있어 선택의 자유가 있으며, 그 선택의 결과 또한 자기 몫이다. 옳은 길을 가려는 생각과 의지에서 나오는 바른 선택이 만나 올바른 성품을 만들어낸다.

선함: 적극적으로 선을 행하는 삶

그리스도인에게는 기질과 무관하게 갖춰야 할 기본 성품이 있다. 바로 선함과 정직, 진실함과 정결함, 순수함, 질서와 절제, 청지기 정신과 책임감 등이다. 이 시대는 선함을 추구하지 않는 시대다. 오히려 욕심 많은 악동이 인기를 끈다. 사람들은 이런 시대에 착하기만 해서는 이용당하고 손해 본다고 생각한다. 하지만 이런 세상의 가치관은 하나님의 뜻과는 상반된다.

그리스도인은 어떤 상황에서도 선을 추구해야 한다. 하나님은 선하시기 때문이다. 그리고 선의 기준은 하나님께 있다. 하나님이 성경을 우리에게 주신 이유도 "하나님의 사람으로 온전하게 하며 모든 선한 일을 행할 능력을 갖추게 하려 함"(딤후 3:17)이다. 또한 하나님이 인간을 지으신 목적도 선한 일을 통해 하나님의 은혜의 영광을 찬송하도록 함이다(엡 1:6). "우리는 그가 만드신 바라 그리스도 예수 안에서 선한 일을 위하여 지으심을 받은 자니 이 일은 하나님이 전에 예비하사 우리로 그 가운데서 행하게 하려 하심이니라"(엡 2:10).

그리스도인의 기본적인 성품은 선해야 한다. 그러나 우리 사회에서 그리스도인의 이미지가 과연 그렇게 비춰지고 있는지 의문이 든다. 선한 사람이라기보다는 말만 앞서고 욕심이 가득한 사람처럼 보이지는 않는지 스스로 돌아볼 필요가 있다.

성경에는 "선을 행함"이라는 표현이 110번이나 등장한다. "참고 선을 행하여 영광과 존귀와 썩지 아니함을 구하는 자에게는 영생으로 하시고 … 선을 행하는 각 사람에게는 영광과 존귀와 평강이 있으리니"(롬 2:7, 10). 성경에서 말하는 '선함'은 세상에서 말하는 '착함'과는 다르다. 예수님께서 말씀하신 선한 사마리아인의 비유에서 '선함'은 적극적으로 선을 행한다는 의미다.

반면, 세상에서의 '착함'은 환경적 요인으로 주관 없이 무기력하거나 강한 사람에게 눌려 어려움을 참는 소극적인 개념으로 종종 사용된다. 그래서 세상에서 억압받던 소위 '착한 사람'이 힘을 얻으면 오히려 남을 억압하고 착취하는 사람으로 변하는 경우가 있다. 그러나 성경이 말하는 '선함'은 상황에 구애받지 않고 하나님의 선하심의 기준에 따라 분별하고 행동하는 능력을 뜻한다. 즉, '선함'은 하나님이 기뻐하시는 일을 행할 수 있는 능력인 것이다.

"그가 우리를 대신하여 자신을 주심은 모든 불법에서 우리를 속량하시고 우리를 깨끗하게 하사 선한 일을 열심히 하는 자기 백성이 되게 하려 하심이라"(딛 2:14). 예수 그리스도께서 우리를 위해 속죄하신 목적은 우리가 선한 일을 하는 백성이 되게 하려는 것이다. 우리는 선한 일을 통해 하나님을 영화롭게 하고 기쁘시게 할 수 있다.

"주께 합당하게 행하여 범사에 기쁘시게 하고 모든 선한 일에 열매를 맺게 하시며 하나님을 아는 것에 자라게 하시고"(골 1:10). 성경은 그리스도인의 삶에서 선한 일이 얼마나 중요한지를 거듭 강조한다. 우리는 선한 일을 통해 하나님과의 관계가 더욱 깊어지고, 그분을 아는 지식이 자라갈 수 있다.

우리 안에 거하시는 성령의 도우심으로 우리는 세상에서 빛과 소금의 역할을 감당할 수 있다. 어둠 속에서 방황하는 영혼들에게 복음의 빛을 비추고, 부패한 세상 속에서 선한 행실로 하나님 나라의 맛보기로 살아갈 수 있다. 이것이 바로 하나님께서 우리를 구원하신 목적이며, 우리가 이 땅에서 살아가는 진정한 이유이다. 그러므로 우리는 매 순간 하나님의 선하심을 깊이 맛보며, 그 선하심을 삶으로 실천하는 데 힘써야 한다. 이를 통해 인격이 그리스도를 닮아가고, 이 땅에 하나님 나라가 확장되는 놀라운 역사를 경험하게 될 것이다.

정직과 진실함: 여호와 보시기에 정직한 삶

"여호와의 말씀은 정직하며 그가 행하시는 일은 다 진실하시도다"_시 33:4.

성경은 의인을 정직한 사람이라고 말한다. "의인의 길은 정직함이여 정직하신 주께서 의인의 첩경을 평탄하게 하시도다"(사 26:7). 반면, "악인은 은총을 입을지라도 의를 배우지 아니하며 정직한 자의 땅에서 불의를 행하고 여호와의 위엄을 돌아보지 아니하는도다"(사 26:10). 의인은 불의가 만연한 세상에서도 정직과 진실로 살아가는 이들이다. "누가 지혜가 있어 이런 일을 깨달으며 누가 총명이 있어 이런 일을 알겠느냐 여호와의 도는 정직하니 의인은 그 길로 다니거니와 그러나 죄인은 그 길에 걸려 넘어지리라"(호 14:9). 의인은 세속의 기준이 아닌, 하나님 말씀의 기준대로 정직하게 살아간다.

삶에는 우리가 이해하기 힘든 고통이 있지만, 어떤 상황에서도 하나님의 선하심을 믿으며, 정직과 진실함을 우리의 성품으로 간직해야 한다. 그런데 이 정직과 진실함은 사람의 관점이 아니라 하나님이 보시는 관점에서 그러해야 한다. "어떤 길은 사람이 보기에 바르나 필경은 사망의 길이니라"(잠 14:12)는 말씀처럼, 사람이 보는 것과 하나님이 보시는 것은 다를 수 있기 때문이다.

구약의 유다와 이스라엘 왕들의 역사에 대해 성경은 "여호와 보시기에 정직히 행했다" 혹은 "여호와 보시기에 악을 행했다"라는 말로 그들의 통치를 평가하고 있다. 므낫세 왕은 "여호와 보시기에 악을 행하여 여호와께서 이스라엘 자손 앞에서 쫓아내신 이방 사람의 가증한 일을 따라서"(왕하 21:2) 살았다는 평가를 받았다. 반면 요시야 왕은 "여호와 보시기에 정직히 행하여 그의 조상 다윗의 모든 길로 행하고 좌우로 치우치지 아니하였더라"(왕하 22:2)라는 칭찬을 들었다. 우리의 인생 역시 하나님께서 보시기에 얼마나 정직하고 진실한지에 따라 평가받게 될 것이다.

하나님 앞에서뿐만 아니라 이웃과의 관계에서도 정직이 얼마나 중요한지를 뼈저리게 깨달은 경험이 있다. 남편과 함께 젊은 시절, 미국 남가주사랑의교회를 개척하고 40일 특별새벽부흥회를 진행하던 때의 일이다. 당시 둘째 아들은 유년기였는데, 자신도 특별새벽부흥회에 참석하겠다며 꼭두새벽부터 일어나 매일 예배를 드리고 학교에 갔다.

새벽부터 교회에 나갔다가 학교로 가니 둘째 아이는 피곤해 졸고 감기까지 걸렸다. 한창 잘 자야 할 때인데 잠 부족으로 너무 안쓰럽고 힘들어 보였다. 그래서 하루는 깨워주겠다고 약속하고도 곤히 잠든 아이들을 차마 깨우지 못하고 부부만 조용히 교회로 갔다. 그런데 그날 새벽부흥회가 끝나고 교회 사무실에 경찰이 전화를 했다는 것이다. 새벽부터 무슨 일일까 싶어 전화를 받았다.

"당신이 이 아이들 엄마입니까? 왜 아이들만 홀로 두었습니까? 12세 미만의 아이들을 홀로 방치하는 부모는 자녀 관리 소홀로 볼 수 있어서 문제가 될 수 있습니다. 심한 경우에는 부모에게서 아이들을 분리시킬 수도 있다는 법 조항이 있는데 알고 계시죠? 그래서 말인데, 이 아이들을 저희가 데리고 가는 게 어떨까요?"

경찰의 말에 아차 싶었다. 경찰에게 좀 기다려 달라 사정하고 급히 집으로 달려갔다. 집에는 경찰 두 사람이 기다리고 있었고, 두 아이는 놀라 벌벌 떨고 있었다. 경찰에게 사정을 설명하고 선처를 간곡히 부탁했다. 경찰들은 다음에 또 이런 일이 생기면 아이들을 데려가겠다고 경고하고, 부모의 각서에 서명을 받은 후에야 돌아갔다.

경찰이 떠난 뒤, 아이들을 안정시키고 어떻게 경찰이 오게 됐는지 물어보았다. 둘째 아들이 아침 일찍 일어나 보니 엄마 아빠가 새벽예배에 가버리고 없더란다. 엄마가 깨워 함께 교회에 가겠다던 약속을 지키지 않아 너무 속상해 밖에 나가 대성통곡하며 울었다는 것이다. 어린 마음에 크게 울면 엄마가 달려올 줄 알았던 것이다. 그런데 이웃이 그것을 보고 경찰에 신고했고, 경찰이 오니 깜짝 놀랐던 것이다.

부모로서 부끄러운 일이었지만, 이 사건으로 아이들과의 약속을 지키는 정직함이 얼마나 중요한지를 배웠다. 아이들에게 정직을 가르

제자도의 관점에서 본 영성 형성

치면서 정작 부모가 약속을 어기면 아이들에게 거짓말을 가르치는 꼴이 된다는 사실을 호된 경험으로 깨닫게 된 것이다.

순수함을 간직한 삶: 세상 속에서 지켜내는 마음의 정결함

"마음이 청결한 자는 복이 있나니 그들이 하나님을 볼 것임이요"(마 5:8). 이 말씀은 하나님의 뜻과 역사가 마음이 청결한 자에게 보인다는 뜻이다. 하나님의 뜻을 올바로 분별하는 길은 오직 주님과의 인격적 관계를 통해서만 가능하다는 것이다. 그러므로 하나님과 인격적 관계가 형성되지 않은 상태에서는 하나님의 뜻을 오해하고 착각할 수밖에 없다.

오래전 한 청년의 장례식에서 눈이 퉁퉁 붓도록 많이 울었던 기억이 아직도 선명하다. 당시 25세였던 그 청년은 수년간 교회 주일학교 초등부 교사로 섬겼고, 우리 아이들의 교사이기도 했다. 매년 여름 성경학교 때마다 벽에 붙이는 그림들을 혼자 다 그리면서도 불평 한마디 없이 항상 웃는 해맑고 아름다운 청년이었다. 그는 교회 장로님의 외아들이었고, 늘 겸손하게 섬기는 일에 앞장서며 예수님의 향기를 발했다. 그런 충성스러운 청년이 한창나이에 위암 말기 선고를 받은 것이다.

착하기만 했던 그는 남의 부탁을 거절하지 못하고 늘 묵묵히 최선을 다하다가 젊은 몸으로도 감당하기 어려울 정도의 짐을 졌는지도 모른다. 병원에서도 치료를 포기해 집에서 요양하던 그 청년을 심방했을 때 얼마나 마음이 아팠는지 모른다. 젊음의 건강과 활력으로 넘치던 청년이 뼈만 앙상하게 남아 담요에 싸인 모습은 오랫동안 뇌리에서 지워지지 않았다. 그의 마지막 시간도 짧았다. 수많은 사람의 사랑과 안타까움을 뒤로한 채 사랑하는 주님의 품에 안겼다. 아마도 세상은 그 순수한 청년이 감당하기에는 너무 험하고 벅찼나 보다.

왜 어떤 이는 꿈도 펴보지 못하고 젊은 나이에 세상을 떠나는 걸까? 더군다나 아름다운 인격을 갖추고 한창 일할 시기에 사랑하는 이들 곁을 홀연히 떠나는 걸까? 하나님이 그를 얼마나 사랑하고 기뻐하셨으면 그렇게 급히 데려가셨을까 하는 생각도 해본다. 세상의 더러운 때가 묻지 않은 순결한 자녀를 정결한 그리스도의 신부로 맞이하시는 경우가 있음을 알게 되었다. 그의 사명은 순수한 모습 그대로 우리 마음에 남아, 우리가 세상에 물들지 않고 순수함을 지켜가도록 도전하는 것이었나 보다.

요즘은 순수함이 점점 사라져가고 있다. 아니, 어쩌면 순수함을 그리 가치 있게 여기지 않는지도 모른다. 순진함과 순수함은 다르다. 세상 물정 모른 채 때 묻지 않은 사람은 그저 순진할 뿐이다. 하지만 거짓과 탐욕이 판치는 부패한 세상에서 그것들과 타협하지 않고 정직과 성실을 지키며 선을 추구하는 사람은 순수한 사람이다.

수줍고 순진했던 처녀가 세월이 흘러 억척스러운 아줌마가 되기도 한다. 열심히 살던 청년이 사회생활 하면서 뇌물과 관료주의에 무뎌진 아저씨가 되기도 한다. 왜 그럴까? 사람들은 세상살이가 팍팍해서 그렇다고 말한다. 치열한 경쟁사회에서 살아남으려면 억척스럽게 살 수밖에 없다는 것이다.

하지만 사실은 그렇지 않다. 남보다 더 많이 가지려는 욕심이 순수함을 앗아가는 것이다. 성경은 욕심이 많은 죄를 낳는다고 경고한다. 욕심만 없다면 혼탁한 세상에서도 순수함을 유지하며, 세상이 부패하는 걸 막아내며 살아갈 수 있다. 아무리 사회가 흐려진다 해도, 오염되지 않은 맑은 샘물처럼 심령이 순수한 이들은 주님을 닮은 청결함을 지켜낸다.

질서와 절제: 하나님이 정하신 안전한 경계

절대적인 가치 기준이 부재한 세상에서는 자연스레 혼돈과 무질서가 파생된다. 하지만 하나님의 말씀이 임하는 곳에는 안정과 질서가 자리 잡는다. 하나님은 말씀으로 천지를 질서 있게 창조하셨다. "혼돈하고 공허하며 흑암이 깊음 위에" 있던 태초에 "빛이 있으라" 하시며 질서 있는 창조 세계를 지으시고 기뻐하셨다(창 1:2-3).

자연의 이치와 법칙 역시 하나님의 창조 질서의 일부다. 하나님은 그의 백성이 빛 가운데 거하며 질서를 지키길 원하신다. "모든 것을 품위 있게 하고 질서 있게 하라"(고전 14:40). 온 우주 만물은 창조주의 주권과 말씀에 따라 지음받았기에 모든 피조물이 그 말씀에 순응하는 것이 마땅한 질서다. 질서를 잃으면 천지는 더는 존속할 수 없을 것이다. 질서는 속박이 아니라 만물을 지켜주는 안전망이다.

하나님은 무한하시지만 피조물은 한계를 지니고 있다. 그리고 이 한계는 피조물을 안전하게 보호하기 위한 하나님의 섭리다. 자연은 그 한계 안에서 자유롭다. "바다의 한계를 정하여 물이 명령을 거스르지 못하게 하시며 또 땅의 기초를 정하실 때에"(잠 8:29).

인간도 이와 다르지 않다. 인간은 지나친 욕심으로 자기의 한계, 즉 분수를 벗어나 죄와 갈등을 유발한다. "여호와 하나님이 그 사람에게 명하여 이르시되 동산 각종 나무의 열매는 네가 임의로 먹되 선악을 알게 하는 나무의 열매는 먹지 말라 네가 먹는 날에는 반드시 죽으리라 하시니라"(창 2:16-17). 아담과 하와는 그 한계를 벗어나면서 전 인류를 타락시키고 말았다.

요셉은 주인 보디발의 아내가 유혹할 때 "이 집에는 나보다 큰 이가 없으며 주인이 아무것도 내게 금하지 아니하였어도 금한 것은 당신뿐이니 당신은 그의 아내임이라 그런즉 내가 어찌 이 큰 악을 행하여 하나님께 죄를 지으리이까"(창 39:9)라고 말했다. 그는 자신의 한계를 정확히 인식했고, 그 기준에 따라 절제함으로써 구약시대 예수 그리스도의 모형이 될 수 있었다. "그러나 우리는 분수 이상의 자랑을 하지 않고 오직 하나님이 우리에게 나누어 주신 그 범위의 한계를 따라 하노니 곧 너희에게까지 이른 것이라"(고후 10:13). 하나님이 정해주신 범위의 한계를 따르는 것, 그것이 바로 절제다.

우리나라 사람들은 감성적이어서 타민족보다 더 극단으로 치우치는 경향이 있다. "끝장을 봐야 직성이 풀린다"라는 말도 심심치 않게 들린다. 그러나 성경은 우리에게 한쪽으로 치우치거나 "분수를 넘어서지 말라"(살전 4:6, 민 16:7)라고 경고한다.

그리스도인이 "여호와께서 명령하신 대로 삼가 행하여 좌로나 우로나 치우치지"(신 5:32, 17:11) 않기 위해서는 절제가 필요하다. 물론 인간의 한계를 뛰어넘도록 역사하시는 성령님의 능력을 제한해서는 안 된다. 절제는 우리가 인생의 주인이 아닌 청지기임을 알고 분수를 넘어가지 않는 것이며, 믿음을 제한하는 것은 아님을 명심해야 한다.

바울은 "어떻게 우리를 본받아야 할지를 너희가 스스로 아나니 우

제자도의 관점에서 본 영성 형성

리가 너희 가운데서 무질서하게 행하지 아니하며"(살후 3:7)라고 권면했다. 이처럼 그리스도인에게 질서와 절제는 매우 중요한 덕목이다. 성령의 아홉 가지 열매 중에도 절제가 포함되어 있다. "하나님은 무질서의 하나님이 아니시요 오직 화평의 하나님이시니라"(고전 14:33).

따라서 일부 은사집회에서 벌어지는 무질서하고 기괴한 현상들은 성령님의 역사라고 볼 수 없다. 성령님의 은사는 교회의 덕을 세우기 위해 주어진 것이므로 질서대로 해야 한다(고전 14:26-27). 혼란과 무질서가 만연한 세상에서 질서 있고 절제하는 성품을 갖춘다는 것이 쉬운 일은 아니다. 그러나 예수 그리스도의 형상을 본받아 성화의 길을 걷는 그리스도인에게는 반드시 필요한 덕목이다(롬 8:29).

청지기 정신, 책임감: 말과 행동이 일치하는 삶

나는 종종 대형교회 담임목사의 사모 같지 않다는 말을 듣는다. 아마 수수하고 평범한 옷차림 때문일 것이다. 한 교수는 "옷차림은 다른 사람들에게 주는 메시지이기에 중요하다. 사람들은 옷차림에 따라 그 사람의 성품을 읽는다"라고 했다. 이런 맥락에서 나는 그동안 나름대로 이런 메시지를 전하고 있었던 것이다. "사람에게 있어 옷차림은 중요하지 않다. 외모보다는 내면이 더 중요하다."

나에게는 타인의 시선을 부담스러워하고 수줍어하는 기질도 있지만, 젊은 시절 미국에서 이민 교회를 섬기다 보니 이민 생활로 고생하는 교인들에게 맞추는 게 몸에 밴 것이다. 덕을 세워야 할 자리라고 생각했기에 오히려 다른 이를 실족하게 해서는 안 된다고 생각했다. 그렇지만 때로 소박한 옷차림으로 사람들의 눈을 피곤하게 만든 적도 있었던 것 같다.

대형교회 사모답지 않다는 말에는 대형교회 사모는 특별해야 한다는 뜻이 담겨 있다. 하지만 나는 그 생각에 동의하지 않는다. 대형교회나 개척교회, 목회자나 평신도, 선교사 등 우리 모두는 하나님 앞에 각자의 사명을 받은 청지기다. 사역의 위치가 그 사람의 가치를 결정짓지 않는다. 사명은 다를지언정 청지기로서의 위치와 역할은 동일하다. 우리 모두에게는 언젠가 주님이 맡겨주신 사명을 결산할 때가 반드시 온다(마 25:14-30). "이는 우리가 다 반드시 그리스도의 심판대 앞에 나타나게 되어 각각 선악간에 그 몸으로 행한 것을 따라 받으려 함이라"(고후 5:10).

우리가 주님 앞에 설 그날까지 잊지 말아야 할 것은 바로 우리가 청지기라는 사실이다. 우리는 주인이 아니라 주인의 뜻에 따라 충성스럽게 관리하고 섬겨야 할 자들이다. 청지기는 아무리 큰일을 맡는다 해도 자랑하거나 교만해질 이유가 없다. 자신의 것이 아니라 주님의 것이기 때문이다. 우리를 부르신 하나님의 부르심에는 자녀로서의 특권뿐 아니라 청지기로서의 의무와 책임도 포함되어 있다. 그러므로 청지기 정신은 우리의 분명한 정체성이다.

청지기에게 꼭 필요하고 중요한 것은 책임감과 충성심이다. 책임감 없는 청지기라면 게으르고 악한 자라는 책망을 면치 못한다. 책임진다는 것은 타인에게 피해가 가지 않도록 자신의 의무를 다하는 태도를 말한다. 예컨대 돈을 빌려 사업을 하다 망했다고 하자. 보통은 파산 신청을 해 빚을 면제받고 자기 살길만 찾기 쉽다. 그러나 책임지는 사람은 바닥에서부터 충실히 재기해 조금씩이라도 남의 빚부터 갚아

나간다.

I는 결혼 후 자신의 전 재산을 투자하고 처가와 친척들에게도 돈을 빌려 사업을 시작했다가 30년 전 당시 2억 5천만 원이라는 거액의 빚을 지게 됐다. I의 아내는 빚 때문에 친정살이도 못 하고 시댁에 들어가 살았다. 엄격한 시아버지 밑에서 눈치 보며 두 아들을 키우는 동안, 매일 살얼음판을 걷는 듯 견디기 힘든 나날을 보냈다. 그러다 I 부부는 교회에 다니기 시작했고 융자를 받아 새로운 사업에 뛰어들었다.

1년 동안 소득이 전혀 없다가 처음으로 60만 원을 벌게 됐다. 그중 6만 원을 떼어 십일조로 드릴 때는 마음이 약간 흔들렸다. 그런데 그 주에 하나님께서 12만 원을 보내주셨다. 그 이후로 I는 수입이 생길 때마다 처가와 친척들에게 진 빚을 원금에 이자까지 더해 모두 갚았다. 빚은 한 푼도 남기지 말라고 하신 하나님 말씀에 순종한 것이다.

I 부부는 그 후 사업이 크게 번창하면서 10억 원을 교회 건축헌금으로 드렸다. 자신들의 이름을 밝히지 말아 달라 부탁하면서 교회 건축 마무리에 부족한 돈을 기꺼이 헌신했다. I를 통해 하나님은 책임지려는 사람을 반드시 책임져 주심을 볼 수 있었다.

책임진다는 것은 자신이 한 말에 책임을 진다는 뜻이기도 하다. 책임감 있는 사람은 상황에 따라 말을 바꾸지 않고 약속을 지킨다. 물론 약속을 지킬 수 없는 불가항력의 상황이 올 때도 있다. 그럴 때는 진심 어린 사과를 해야 한다. 그런데 우리 사회는 체면 때문에 약속을 해놓고 지키지 않는 것에 대해 관대하다.

가정에서조차 부모가 자녀와의 약속을 어기는 것을 대수롭지 않게 여긴다. 하지만 그로 인해 자녀가 부모에게 거짓말과 무책임을 배우고 있다면 심각한 문제다. 부모가 입으로는 정직과 책임을 가르치면서 삶으로 본보기가 되지 못하면 자녀에게 거짓과 이중성을 가르치는 꼴이 된다.

자신의 책임을 전가해 남에게 무거운 짐을 지우는 이들 때문에 우리 사회는 큰 고통을 겪는다. 부모가 부모 된 책임을 다하지 못하면 자녀들이 그 고통을 그대로 떠안게 된다. 이처럼 자신의 책임과 의무는 외면하면서 권리만 요구하는 사람들도 있다. 성경은 "누구든지 일하기 싫어하거든 먹지도 말게 하라"(살후 3:10)라고 말씀하신다. 또한 제 책임을 다하지 않는 사람에 대해 "게으르게 행하여 도무지 일하지 아니하고 일을 만들기만 하는 자"(살후 3:11)라고 일컫는다. 여기서 '게으름'은 무책임한 행동, 즉 자기가 마땅히 해야 할 일을 하지 않고 그 책임을 주변에 떠넘겨 타인에게 고통을 주는 것을 의미한다.

하나님이 맡기신 책임을 소홀히 하는 게으름은 죄악이며 가정과 사회를 해치는 악습이다. "각각 자기 일을 돌볼뿐더러 또한 각각 다른 사람들의 일을 돌보아 나의 기쁨을 충만하게 하라"(빌 2:4). 이 말씀에서 '돌봄'은 도움이 되는 책임 있는 행위를 뜻한다. 하나님의 새 언약 백성이 된 그리스도인이 서로 사랑하라는 권면이다.

성경적 사랑은 상호적이며, 일방적이지 않다. 그러므로 한쪽에서 일방적으로 강요하거나 끌려다니는 것은 진정한 사랑이 아니다. 하나님은 청지기 의식을 가지고 책임을 다할 줄 아는 성품을 지닌 그리스도인을 "착하고 충성된 종"이라 칭찬하신다(마 25:23).

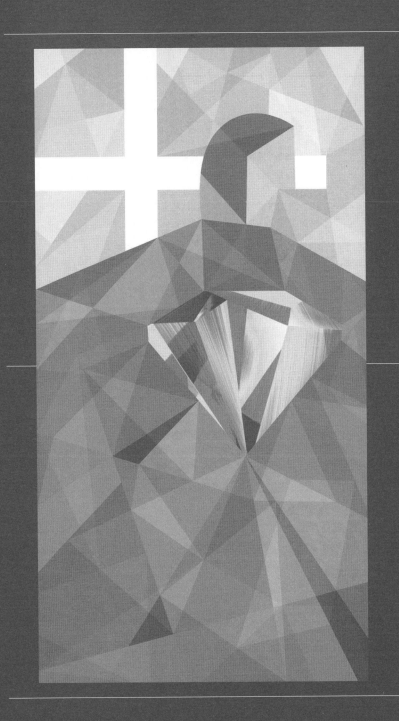

3부

온전한 제자도의 길

영성 형성의 완성

10장

영적 성장의 장애물

자기 점검과 극복의 길

J는 미모뿐만 아니라 다양한 은사와 재능을 겸비한 그리스도인이었다. 교회 사역에서 뛰어난 리더십을 발휘했고, 자녀를 양육하면서도 박사 학위를 받을 만큼 열정적이었다. 남편 또한 사회적으로 성공해 부족함이 없었다. 이처럼 J는 많은 이들의 부러움을 한 몸에 받았다. 하지만 세월이 흐르면서 그녀는 사람들에게 기피 대상이 되었다. 매사에 독단적인 이기심으로 자신의 권리만을 주장하는 사람으로 변해 갔기 때문이다. 자기 뜻대로 되지 않으면 사람들과 다투며 목소리를 높이고 분위기를 험악하게 만드는 일이 잦아졌다. 결국 그녀의 은사와 재능은 제대로 발휘되지 못했다.

K는 가정에서 아내 위에 군림하며 독재를 일삼는 가부장적인 인물이었다. 부모의 맹목적인 사랑을 받은 장남이라 자기중심적이고 이기적인 성향을 지녔다. 까다롭고 비판적인 성격 탓에 다른 사람들과의 관계도 원만치 않았다. 그러나 제자훈련을 통해 은혜를 경험한 후,

시간이 지나면서 아내를 대하는 태도가 부드러워지고 겸손해졌다. 부모에게서 받을 자기 몫의 유산마저 포기하며 형제들을 화평케 하고, 다른 이들에게 아낌없이 베푸는 그리스도인으로 변화되었다.

J와 K의 차이는 무엇일까? J는 영적 성장을 가로막는 장애물에 부딪혀 오히려 영적으로 퇴보하고 이전보다 더 나쁜 방향으로 변질되고 말았다. 반면 K는 장애물을 극복하고 영적으로 성장하여 그리스도의 향기를 발하는 인격으로 변화된 것이다. 10장에서는 영적 성장을 방해하는 장애물에는 어떤 것이 있는지 살펴보자.

♦ 교만: 영적 성장의 최대 장애물 ♦

인간의 모든 죄는 교만에서 비롯된다. 교만은 창조주이신 하나님께 대한 가장 큰 죄이다. 인간의 죄는 "하나님과 같이 되어 선악을 알고자"(창 3:5) 하는 교만에서 시작되었기 때문이다. 타락한 천사인 마귀는 스스로 높여서 지극히 높으신 하나님과 같아지려는 교만을 품고 결국에는 하나님을 대적하는 반역을 일으켜 유황불에 던져지게 되었다(사 14:13-15). "교만은 패망의 선봉이요 거만한 마음은 넘어짐의 앞잡이니라"(잠 16:18).

그리스도인의 영적 성장에 있어 가장 큰 장애물은 교만이다. 교만은 하나님을 대항하는 죄이므로 하나님과의 관계를 단절시킨다. "사람이 사람에게 범죄하면 하나님이 심판하시려니와 만일 사람이 여호와께 범죄하면 누가 그를 위하여 간구하겠느냐"(삼상 2:25). 그러므로

제자도의 관점에서 본 영성 형성

우리가 가장 경계해야 할 "얽매이기 쉬운 죄"가 바로 교만인 것이다. 사실 우리가 가진 모든 것은 하나님의 은혜로 받은 것이다. 자랑할 것이 없음에도 불구하고 큰일을 이루게 되면 교만해지는 것이 인간의 본성이다.

> "그때에 히스기야가 병들어 죽게 되었으므로 여호와께 기도하매 여호와께서 그에게 대답하시고 또 이적을 보이셨으나 히스기야가 마음이 교만하여 그 받은 은혜를 보답하지 아니하므로 진노가 그와 유다와 예루살렘에 내리게 되었더니 히스기야가 마음의 교만함을 뉘우치고 예루살렘 주민들도 그와 같이 하였으므로 여호와의 진노가 히스기야의 생전에는 그들에게 내리지 아니하니라"_대하 32:24-26.

성경에는 하나님의 은혜로 택함받아 높아졌으나 교만에 빠져 수치스럽게 생을 마감한 인물들이 등장한다. 롯, 삼손, 사울, 솔로몬, 아사, 요아스, 웃시아, 히스기아, 가룟 유다, 데마 등이 그들이다. 역사 속에서도 교만함으로 인해 하나님의 은혜를 저버리고 비극적 최후를 맞은 이들이 많았다. 하나님 앞에서 가장 큰 죄는 교만이며, 가장 큰 덕목은 겸손이다(약 4:6). 하나님께 결코 용서받지 못할 죄는 성령님을 거스르는 교만이다. 하나님께서는 그의 백성에게 이같이 경고하신다.

> "주 만군의 여호와의 말씀이니라 교만한 자여 보라 내가 너를 대적하나니 너의 날 곧 내가 너를 벌할 때가 이르렀음이라 교만한 자가 걸려 넘어지겠고 그를 일으킬 자가 없을 것이며"_렘 50:31-32.

교만은 하나님께서 특히 미워하시는 죄다. 교만은 인간의 마음을 완악하게 만들어 하나님의 말씀 듣기를 거절하고 불순종하게 만들기 때문이다(렘 13:9-10).

성경에는 "여호와께서 바로의 마음을 완악하게 하셨으므로"(출 11:10)라는 표현이 나온다. 이는 바로의 마음이 완악한 것을 하나님께서 인간의 자유의지대로 허용하셨다는 뜻이다. 즉, 바로의 마음이 완악하게 된 것은 바로 자신의 의지적 선택이었다. 하나님은 인간에게 자유의지를 주셨지만, 그 선택에 따른 결과에 대해서는 각자가 책임을 져야 한다.

사람의 마음은 정체되어 있지 않고 성장하거나 퇴보한다. "모든 지킬 만한 것 중에 더욱 네 마음을 지키라"(잠 4:23)라는 말씀도 이런 맥락에서 주신 교훈이다. 진리의 말씀을 들을 때 받아들이고 적용하기를 거부하면 마음은 완악해진다. 진리를 듣고 무시하는 일이 반복되면 마음은 점점 더 강퍅해진다. 강퍅해진 마음은 영적 민감함을 잃고 무뎌진다.

강퍅한 마음이 반드시 의식적으로 하나님께 반역하는 마음은 아니다. 그것은 하나님의 책망을 더는 느끼지 못하는 마음이다. 완악한 마음은 교만에서 비롯되는데, 불순종은 완악한 마음을 낳고, 완악한 마음은 불순종을 낳는 악순환이 반복된다. 교만과 불순종의 악순환에서 벗어나지 못하면, 점점 더 하나님과 멀어지게 되고, 결국에는 하나님께 버림받아 비참한 종말을 맞게 된다.

반대로, 하나님 앞에서 겸비하여 마음이 부드러워지면 용서받는다. "내가 이곳과 그 주민에게 대하여 빈터가 되고 저주가 되리라 한

말을 네가 듣고 마음이 부드러워져서 여호와 앞 곧 내 앞에서 겸비하여 옷을 찢고 통곡하였으므로 나도 네 말을 들었노라 여호와가 말하였느니라"(왕하 22:19).

구약에서 하나님의 백성 이스라엘은 여호와 하나님을 의지하면 강성해지고 형통과 평안을 누렸지만, 교만해져서 하나님을 버리고 다른 것에 의지하면 멸망하는 과정이 반복되는 역사였다(대하 14:7, 28:19). "너희가 여호와와 함께하면 여호와께서 너희와 함께하실지라 너희가 만일 그를 찾으면 그가 너희와 만나게 되시려니와 너희가 만일 그를 버리면 그도 너희를 버리시리라"(대하 15:2).

"그날에 네가 내게 범죄한 모든 행위로 말미암아 수치를 당하지 아니할 것은 그때에 내가 네 가운데서 교만하여 자랑하는 자들을 제거하여 네가 나의 성산에서 다시는 교만하지 않게 할 것임이라"_습 3:11.

하나님은 "교만한 자를 대적하시되 겸손한 자들에게는 은혜를"(벧전 5:5) 베푸신다. 그리스도인에게 겸손은 필수적인 열매이므로, 교만으로 인해 징계받기 전에 스스로 겸손해지려 노력하는 것이 진정한 지혜이다. 하나님은 사랑하는 자녀의 교만을 막기 위해 고난을 통해 연단하신다. "무릇 징계가 당시에는 즐거워 보이지 않고 슬퍼 보이나 후에 그로 말미암아 연단 받은 자들은 의와 평강의 열매를 맺느니라"(히 12:11). 겸손을 배우는 첫걸음은 연단을 통해 자신의 약함과 부족함을 인식하고, 우리가 질그릇임을 깨닫는 것이다(고후 4:7). 이를 통해 우리는 하나님께 전적으로 의지하는 법을 배우게 되고, 겸손한 마음으로 주님을 섬기며 살아갈 수 있게 된다.

♦ 독단적 고집과 방종: 성경이 말하는 미련한 자 ♦

"다만 네 고집과 회개하지 아니한 마음을 따라 진노의 날 곧 하나님의 의
로우신 심판이 나타나는 그 날에 임할 진노를 네게 쌓는도다"_롬 2:5.

영적 성장을 가로막는 두 번째 장애물은 독단적 고집과 방종이다.
교만은 인간의 죄악 된 본성에서 비롯되지만, 독단적 고집과 방종은
잘못된 가치관과 문화에서 비롯된다. 유교의 영향을 받은 우리나라
문화에는 전통적 가부장제 의식이 뿌리 깊게 자리 잡고 있다. 유교 사
상은 우리 민족에 수직적 인간관계를 중시하는 가치관을 심어주었다.
이런 문화에서는 일방적인 명령과 통보만 있을 뿐, 서로 소통하는 인
격적 관계를 맺기 어렵다. 인격적 관계는 상호 존중에서 비롯되기 때
문이다.

전통적 가부장 문화는 성경적 가치관이나 세계관과 상충되는 면
이 있다. 하나님이 창조하신 세계와 인격적 관계에는 상호 존중에 기
반한 질서가 존재한다. 반면 전통적 한국 가부장 문화의 질서는 상하
차별적이고 일방적이며 강압적이다. 예컨대 유교 문화의 효도와 성경
에서 가르치는 부모 공경에는 차이가 있다. 유교 문화의 효도는 맹목
적이고 일방적이다. 부모는 명령하고 무한한 권리를 주장하며, 자식
은 부모에게 무조건적인 채무 의식을 갖고 맹종한다. 특히 조상에 대

제자도의 관점에서 본 영성 형성

한 제사 의식은 종교화와 우상숭배 사상을 부추긴다.

반면 하나님께서 명령하신 부모 공경은 상호 존중이라는 인격적 관계에 기초한다. 자녀에게는 "주 안에서 너희 부모에게 순종하라"(엡 6:1)라고 가르치고, 부모에게는 "너희 자녀를 노엽게 하지 말고 오직 주의 교훈과 훈계로 양육하라"(엡 6:4)라고 일러준다. 자녀는 부모를 주 안에서 순종하고 공양할 책임이 있다. 그러나 부모에게도 권리뿐 아니라 자녀를 올바른 인격체로 양육해야 할 책임이 있다. 이에 반해 유교 문화에서는 부모의 권리를 남용해 자녀를 노엽게 하기 쉽다. 책임은 지지 않고 권리만 주장하는 관계는 건강하지 못하며 피해자를 만들게 된다.

그런데 이런 전통적 가부장 문화에 맞서다 보면 또 다른 극단으로 치우쳐 심각한 문제가 발생하기도 한다. 부모가 자녀를 교훈과 훈계로 양육하지 못하고 떠받들어 버릇없게 키우는 것이다. 그 결과 또 다른 방식의 독단적이고 자기중심적인 사람이 자란다. 이것이 바로 방종이다.

우리 사회는 가부장 문화의 영향으로 편협한 사고방식을 지닌 독단적 사람들과, 훈육 없이 자란 제멋대로인 이들이 섞여 복잡한 피해의식을 안고 있다. 연장자들은 고집과 독단적 기질이 강하고, 젊은이들은 방종의 기질이 강하다. 이 두 부류는 정반대 가치관에서 비롯되었으나 공통점이 있다. 다른 이들에 대한 존중이나 배려 없이 자기 뜻만 내세우고 관철하려 든다는 점이다. 일방적이고 자기중심적이며 이기적인 성향이 짙다. 타인에 대한 사랑이 없기 때문이다. 그들은 주변 사람들을 힘들게 하고 지치게 만든다.

성경에서는 자기 뜻만 주장하는 자들을 미련한 자라고 말씀한다. "미련한 자는 명철을 기뻐하지 아니하고 자기의 의사를 드러내기만 기뻐하느니라"(잠 18:2). 문제는 그들이 자신의 어리석음을 모른다는 것이다. 자기중심적이라 남의 입장에서 바라보는 눈이 없다. 그들은 자신과 비슷한 성향의 사람들과 부딪혀야만 비로소 제 모습을 깨닫기 시작한다.

독단적이고 고집 센 사람들은 교회 안에서 많은 문제와 갈등을 야기한다. 그들은 자신만 옳다는 편협한 아집과 독단으로 남을 단죄한다. 그들은 자신의 기준에 따라 판단하므로 객관성이 없고, 편협한 시각으로 보기 때문에 진리에 눈뜨지 못한다. 그들은 복음을 율법 준수라는 종교적 형식 준수의 수준으로 전락시킨다. 율법은 하나님의 공의를 실현하는 도구인데, 이들은 율법을 자신에게 편리하게 이용할 뿐이다.

기성세대는 독단적 태도를 벗어던지고 열린 마음으로 타인을 인격적으로 대해야 한다. 아울러 젊은 세대는 방종이 아닌 책임감과 진실함으로 타인을 존중해야 할 것이다.

◆ 세속주의와 인본주의: 물질과 인간 중심 사고의 영적 함정 ◆

그리스도인의 영적 성장에 있어 세 번째 장애물은 세속주의와 인본주의다. 이 두 가지는 교회 깊숙이 스며들어 그리스도인을 영적으로 무기력하게 만들었다. 세속주의는 물질만능주의, 인본주의는 인간 중심 사고방식이라고 할 수 있다. 서로 다른 듯하지만 세상을 사랑하고 세속적 가치관을 따른다는 공통점이 있다. 예수님은 씨 뿌리는 비유에서 "가시떨기에 뿌려졌다는 것은 말씀을 들으나 세상의 염려와 재물의 유혹에 말씀이 막혀 결실하지 못하는 자요"(마 13:22)라고 말씀하셨다.

오늘날 그리스도인들도 세상의 가치관에 물들어 있다. 세속주의와 인본주의는 미디어, 언론, 출판, 예술, 교육은 물론 교회에까지 영향을 끼쳤다. 그 결과 종교다원주의가 자유주의 신학을 앞세워 사람들의 가치관을 상대주의 사상으로 물들게 했다. '세속적 인본주의'는 개인의 가치관이 모두 나름의 의미가 있으므로 어떤 선택도 옳다고 주장한다. 이는 창조주 하나님을 밀어내고 인간이나 이념을 우상화하여 또 하나의 종교가 되었다.

세속주의는 "위의 것을 생각하고 땅의 것을 생각하지 말라"(골 3:2)라는 하나님의 뜻에 역행한다. 땅의 것을 사랑하고 물질적 가치를 추구하며, 세상사에만 관심을 쏟는 태도다. 성경은 이런 세속주의를 영적 간음으로 보고 악한 죄로 간주한다(약 4:4). 사도 요한은 이렇게 경고했다. "이 세상이나 세상에 있는 것을 사랑하지 말라 누구든지 세상을 사랑하면 아버지의 사랑이 그 안에 있지 아니하니 이는 세상에 있는 모든 것이 육신의 정욕과 안목의 정욕과 이생의 자랑이니 다 아버지께로부터 온 것이 아니요 세상으로부터 온 것이라"(요일 2:15-16).

세속주의는 기독교 진리가 본래의 정신을 잃을 때 등장한다. 자기만족과 물질주의를 부추기며 영적인 삶을 파괴한다. 또한 그리스도인의 영성을 약화시키고 혼란과 분열을 초래한다. 세속주의에 물든 그리스도인은 세상에 영향력을 발휘하지 못하고 오히려 끌려다니는 무기력한 존재가 된다.

L은 하나님이 주신 의술의 은사로 수많은 영혼을 주님께로 인도하는 유능한 의사다. 최근 그는 충격적인 사건을 겪었다. 90세가 넘은 할아버지 환자를 자녀들이 데려와 "아버지를 꼭 살려주세요. 아직 구원받지 못해 전도해야 하거든요"라며 간절히 부탁한 것이다. L은 특별 병실을 마련하고 정성껏 치료해 환자 상태가 크게 호전되었다.

자녀들은 생업을 제쳐두고 아버지 병실을 지키며 기도하고 찬양했다. L 의사도 그들의 전도 열정에 도전받고 있었다. 그런데 환자 상태가 점점 좋아지자 자녀들이 충격적인 말을 했다. "이제 아버지 호흡기를 떼어도 됩니다." 알고 보니 그동안 유산 상속 분배 문제로 다툼이 있었는데 이제 해결됐다는 것이었다.

이는 인간 내면 깊이 뿌리박힌 물질에 대한 탐욕을 보여주는 세속주의의 단면이다. "돈을 사랑함이 일만 악의 뿌리가 되나니 이것을 탐내는 자들은 미혹을 받아 믿음에서 떠나 많은 근심으로써 자기를 찔렀도다"(딤전 6:10). 그리스도인이 세속주의 불신앙과 불순종으로 영적으로 약해지면 세상을 두려워하게 된다. 데마가 세상을 사랑하여 데살로니가로 간 것처럼 말이다. 많은 그리스도인이 주님보다 세상을 사랑하여 성도의 정체성을 잃어버렸다.

"때가 이르리니 사람이 바른 교훈을 받지 아니하며 귀가 가려워서 자기의 사욕을 따를 스승을 많이 두고 또 그 귀를 진리에서 돌이켜 허탄한 이야기를 따르리라"(딤후 4:3-4). 세속주의가 판치는 시대에는 그리스도인조차 영적인 것에 무관심해진다. 진리가 아닌 자신이 좋아하는 것을 따른다. 그러나 하나님을 경외하는 그리스도인은 믿음의 담

제자도의 관점에서 본 영성 형성

력을 얻어 강하고 담대해진다. 세상을 두려워하지 않고 오히려 세상을 이기는 힘을 얻게 된다(요 16:33).

◆ 심리적 상처: 쓴 뿌리를 뽑고 성장하기 ◆

"너희는 하나님의 은혜에 이르지 못하는 자가 없도록 하고 또 쓴 뿌리가 나서 괴롭게 하여 많은 사람이 이로 말미암아 더럽게 되지 않게 하며"(히 12:15). 쓴 뿌리는 영혼을 황폐하게 만들고 더럽힌다. 그것은 모든 악한 생각과 행동, 게으름, 교만, 다툼, 분노, 시기, 정욕, 탐욕 등을 포함한다. 그리고 이런 쓴 뿌리와 마음의 상처는 영적 성장을 방해한다. 몸에 병이 있으면 제대로 자랄 수 없듯이, 심령에 병이 있으면 신앙적으로 성장할 수 없다.

우리는 모두 상처받기 쉬운 연약한 존재들이다. 마음의 상처는 힘든 환경이나 인간관계 등에서 비롯된다. 사실 하나님의 형상대로 지음 받은 인간이 하나님과 멀어진 것 자체가 가장 큰 상처다. 그러므로 원죄를 지닌 채 태어난 모든 사람은 깊은 상처를 안고 살아갈 수밖에 없다.

따라서 영적 성장에서 중요한 것은 상처의 유무가 아니라, 그 상처를 어떻게 다루느냐이다. 상처를 어떻게 대하느냐에 따라 인격적 성숙을 이룰 수도, 쓴 뿌리가 되어 다른 이에게 상처를 주는 사람이 될 수도 있다.

마음에 상처가 있을 때 사람들은 환경이나 타인을 원망하곤 한다. 하지만 그럴수록 풀리지 않는 응어리가 마음에 남아 독이 되고, 결국 다른 사람에게 상처를 준다. 해결되지 않은 상처는 파괴적인 원한, 분노, 적개심을 품게 한다. 그리고 이는 영적 성장을 가로막는다. 상처로 인한 부정적 감정에 사로잡혀 있으면, 하나님과의 관계에 집중하기 어렵고, 사람들과의 관계에서도 건강한 모습을 보일 수 없다.

그러나 상처를 주님께 내어드리고 상대방을 용서하면, 성령께서 그 상처를 치유하신다. 나아가 상처 입은 이들을 돕는 사역을 감당할 수 있도록 건강한 인격으로 성장시켜 주신다. 이처럼 같은 상황에서도 우리의 선택에 따라 전혀 다른 결과를 맞이할 수 있다. 상처를 주님께 내어드리는 것은 쉽지 않은 선택이지만, 그 선택을 통해 우리는 더 큰 치유와 성장을 경험할 수 있다.

미국의 모 신학교 교수는 선교사로 사역하던 중 남자아이를 입양했다. 그런데 그 아이는 문제아였고, 심지어 교수의 어린 친딸마저 성추행했다. 결국 그 딸은 레즈비언이 되는 상처를 입었다. 그는 그리스도의 사랑을 실천하고자 아이를 입양했지만, 키워준 은혜를 크게 배신당한 것이다. 그는 이 일로 말로 다 할 수 없는 상처를 입었다. 그러나 성령님은 그 충격적이고 고통스러운 상처를 치유해주셨다. 이후 그는 "나는 이 모든 상황 속에서도 하나님의 신실하심을 믿는다"라고 고백했다.

이것은 세상이 감당하기 힘든 믿음이며, 주님을 전적으로 신뢰하는 사람의 모습이다. 좋을 때 주님을 의지하기는 쉽지만, 최악의 상황에서 그분의 선하심을 믿는 것은 결코 쉽지 않다. 전인적인 믿음이 요구된다. 주님은 "이 세대에서 믿음을 보겠느냐?"라고 물으신다. 악이 승리하는 듯한 상황 속에서도, 주님은 모든 것을 합력하여 선을 이루

제자도의 관점에서 본 영성 형성

신다. 우리가 마음의 상처를 하나님의 은혜에 맡긴다면, 다니엘의 세 친구가 "그리 아니하실지라도"라고 고백하며 주님만 신뢰했듯, 온전한 믿음의 사람으로 성장할 수 있을 것이다.

♦ 분주함과 문화적 차이: 단순함과 이해의 자세로 ♦

영적 성장은 하나님과 친밀한 인격적 관계로 성장하는 것을 의미한다. 따라서 홀로 있는 시간이 꼭 필요하다. 분주함이 죄는 아니지만 영적 성장을 방해하는 무거운 짐이 될 수 있다. 현대인들은 바쁘게 살아간다. 마치 분주함이 성공의 지름길인 양 정신없이 살아가고 있다. 특히 한국인들은 바쁜 것을 미덕으로 여기는 문화에 익숙해져 있다. 가만히 있으면 남들보다 뒤처지는 것 같은 불안감에 일부러 일을 만들기도 한다. 홀로 조용히 있는 시간을 즐기는 사람이 드물고, 오히려 그것을 이상하게 보는 분위기마저 있어 불필요한 분주함 속에 자신을 내맡긴다.

사람들이 늘 시간에 쫓기며 바쁘게 사는 이유는 대개 별로 중요하지 않은 일에 시간을 낭비하기 때문이다. 영적으로 성장하는 사람은 비본질적인 것에 시간을 허비하지 않고 본질에 충실하며 집중한다. 전심으로 하나님께 집중하여 삶의 모든 것을 예수 그리스도께 초점을 맞출 때 삶이 단순하고 순전해진다.

"주 여호와 이스라엘의 거룩하신 이가 이같이 말씀하시되 너희가 돌이켜 조용히 있어야 구원을 얻을 것이요 잠잠하고 신뢰하여야 힘을 얻을 것이거늘 너희가 원하지 아니하고"(사 30:15). 우리는 인생의 문제를 스스로 해결해보려고 애쓰다가 오히려 더 깊은 수렁에 빠지곤 한다. 인간적인 방법과 열정이 때로는 하나님의 뜻을 방해하기도 한다.

마르다는 예수님을 맞이하고 준비하는 일이 많아 마음이 분주했다. 그래서 동생 마리아가 돕지 않는다고 예수님께 불평했다. 이에 예수님은 말씀하셨다. "마르다야 네가 많은 일로 염려하고 근심하나 몇 가지만 하든지 혹은 한 가지만이라도 족하니라 마리아는 이 좋은 편을 택하였으니 빼앗기지 아니하리라"(눅 10:41-42).

세상적인 삶은 많은 일로 복잡하고 분주하지만, 영적인 삶은 단순하고 평안하다. 세상적인 삶은 아무리 가져도 허전하고 가만히 있으면 불안하다. 그러나 하나님 말씀을 듣고 순종하는 단순한 삶은 우리 심령을 "젖 뗀 아이가 그 어미 품에 있음 같게"(시 131:2) 만족하고 평온하게 한다.

분주함과 함께 문화적 차이는 우리가 교회나 사회라는 공동체 안에서 이웃 사랑을 실천하기 위해 반드시 이해하고 받아들여야 할 과제다. 인간관계에서 갈등하는 이유는 문화적 차이 때문인 경우가 많기 때문이다. 서로 다른 문화에서 자란 사람들이 결혼하거나 교회나 이웃에서 함께 살 때 갈등이 생기는 건 당연하다. 다른 문화에서 비롯된 가치관이나 생활방식 차이로 오해가 생기기 때문이다.

일반적으로 서울이나 중부지방의 문화는 합리적이고 개인 중심인 반면, 남부지방의 문화는 관계 중심이며 의리나 정이 앞서고 끈끈하다. 물론 같은 지역이라도 부모의 성격에 따라 가정마다 문화가 다를 수 있다. 합리적이고 개인적인 문화에서 자란 사람은 가까운 대인관계에서도 서로 존중하며 예의를 중시한다. 반면 정이 앞서는 관계 중심 문화에서 자란 사람은 대인관계에서 필요할 때는 언제든 "우리가 남이가?" 하며 찾아가 도움을 청한다.

이처럼 서로 다른 문화에서 자란 사람들이 함께 생활하며 기대와 반응이 다를 때, 그리스도인은 어떻게 해야 할까? 대인관계에서 다투는 이유는 흔히 자신은 옳고 상대방은 틀렸다고 생각하기 때문이다. 그러나 사실 생각이나 생활 습관이 다를 뿐, 옳고 그름의 문제가 아닌 경우가 많다. 진리의 문제는 절대적이고 객관적이라 옳고 그른 것이 분명하지만, 문화나 생각의 차이는 상대적이고 주관적이어서 쉽게 옳고 그르다고 단정 짓기 어렵다. 각자가 더 좋아하거나 싫어하는 생활 방식이 있을 뿐이다.

진리의 문제가 아닌 문화적 차이나 생각 차이로 소모전을 벌이다 보면 영적 성장을 방해받기 쉽다. 복음은 문화와 인종과 지역을 뛰어넘어 모든 믿는 자에게 구원을 주시는 하나님의 능력이다(롬 1:16). 그러므로 문화 차이를 초월하여 예수 그리스도의 마음을 품을 때 영적으로 자라갈 수 있다(빌 2:5).

◆ 거짓 자아: 벗어버려야 할 가짜 정체성 ◆

"감추인 것이 드러나지 않을 것이 없고 숨긴 것이 알려지지 않을 것이 없나니"(눅 12:2). 이 말씀은 우리가 거짓 자아로 하나님을 속이거나 그분 앞에 무엇인가를 숨길 수 없음을 의미한다.

우리가 타인을 대하는 태도에는 크게 네 가지 유형이 있다.

첫째는 자신과 남에게 솔직히 드러내는 사람이다. 참 자아를 지닌 이들은 정직하고 투명하며, 있는 그대로의 모습을 수용하고 진솔하게 대한다.

둘째는 자신의 모습을 알지만 남에게는 감추는 사람이다. 이들은 위선적이고 외식적으로 교묘히 자신을 포장한다.

셋째는 남에게는 잘 드러나 있으나 정작 자기 자신은 알지 못하고 스스로 속이는 사람이다. 자신을 제대로 알지 못한 채 착각에 빠져, 다른 이의 눈살을 찌푸리게 하고 모순에 빠지기 쉽다.

넷째는 자신도 모르고, 타인도 알 수 없는 불투명한 사람이다. 그는 주위를 혼란스럽게 만든다. 무의식의 영향을 많이 받는 이들은 정신적으로 불안정한 상태라고 할 수 있다.

		다른 사람에게	
		알려진	감추인
자신에게	알려진	노출된 부분(open): 투명, 정직	감추인 부분(hidden): 위선, 외식
	감추인	가려진 부분(blind): 자기기만, 왜곡	무의식(unconscious): 정신적 불안

오늘날 우리 사회의 문제는 정직하고 투명한 이들보다 위선적이거나 자기기만에 빠지거나 혼란스러운 사람들이 더 많다는 것이다.

제자도의 관점에서 본 영성 형성

겉치레는 놀라울 만큼 쉽다. 우리 시선이 그리스도에게서 벗어나기만 하면, 경건의 겉치레가 금세 따라온다. 요한일서 1장 7절은 성도의 삶에 반드시 필요한 조건을 제시한다. "저가 빛 가운데 계신 것같이 우리도 빛 가운데 행하면"이라는 말씀은 우리 삶에 가려지거나 숨겨진 부분이 있어서는 안 된다는 뜻이다. 우리가 하나님과의 바른 관계 외에 다른 것에 의지하는 한, 경건의 겉치레에 치우칠 가능성은 언제나 있다.[33]

우리 사회는 체면을 위해 겉과 속이 다른 것을 자연스럽게 여기는 풍조가 팽배하다. 이는 자기기만에 빠지게 해서 실제 모습을 직시하지 못하게 만든다. 객관적 안목을 상실하게 되는 것이다. 인간은 위대해지기를 갈망하지만, 현실은 비참할 때가 많다. 이를 감추고 은폐하려고 기만의 술수를 쓰게 된다. 남을 속이면서 자신도 속아 넘어가는 것이다.

그래서 실제 '있는 대로'가 아니라 '보이는 대로', 즉 파스칼이 일컫는 '상상적 존재'를 자신이라 착각하며 타인에게 보이려고 한다. 그러나 인간을 창조하신 하나님은 진리의 영이시라 결코 속임을 당하지 않으신다. 그분은 우리가 보지 못하는 내면 깊은 곳까지 꿰뚫어 보신다.

예수님은 죄인들과 배신한 제자들까지도 끝까지 사랑하셨다. 하지만 외식하는 서기관들과 바리새인들에게는 분노하시고 엄하게 책망하셨다. "겉으로는 사람에게 옳게 보이되 안으로는 외식과 불법이 가득"(마 23:28)한 자들을 용납하지 않으신다. "화 있을진저 외식하는 서기관들과 바리새인들이여 잔과 대접의 겉은 깨끗이 하되 그 안에는 탐욕과 방탕으로 가득하게 하는도다 눈먼 바리새인이여 너는 먼저 안을 깨끗이 하라 그리하면 겉도 깨끗하리라"(마 23:25-26).

하나님은 인생의 어두움, 즉 인간의 연약함과 결점을 밝히 드러내셔서 사람들이 자신의 약한 본성을 깨닫기를 원하신다. 자신의 부족함을 인정하는 사람은 하나님을 더욱 의지하고 신뢰할 수 있기 때문이다. 그러므로 우리는 하나님 앞에서 자신의 참모습을 직시해야 한다. '하나님이 보시는 나'와 '내가 보는 나' 그리고 '다른 사람이 보는 나'가 일치하고 진실할 때 진정한 영적 성장이 일어날 수 있다.

우리는 하나님 앞에서 정직한 참 자아가 아닌 역기능적이고 거짓된 자아를 가지고 살아왔고, 지금도 많은 부분에서 그렇게 살아가고 있다. 진정한 자아를 직면하는 것이 두려워 회피하고, 남에게 좋게 보이려고 화려하게 포장하여 가짜 자아로 살아간다. 자연스럽고 진실된 자아로 살아간다는 것은 참으로 어렵고, 때로는 위험해 보이기까지 한다.

자신을 의지하고 자기중심적으로 사는 자아는 '거짓 자아'이며, 하나님을 의지하고 사는 자아는 '참 자아'라고 할 수 있다. 하나님이 창조하신 인간의 자아는 본래 하나님 중심으로 살도록 지음받았다. 그런데 죄로 인해 자아가 타락하여 거짓 자아가 생겨난 것이다. 가짜에는 생명이 없으므로 성장할 수 없다. 참 자아를 회복할 때라야 비로소 영적인 성장이 시작된다.

그러나 진정한 자아를 발견하지 못하면 하나님과 인격적으로 만나는 경험을 할 수 없고, 친밀한 관계로 성장하지도 못한다. 하나님은 속임수에 넘어가지 않으실 뿐만 아니라, 거짓 자아를 인정하지 않으시기 때문이다. 거짓 자아로는 겉으로만 종교 생활을 할 뿐이다. 설령 사역을 한다 해도, 생명의 샘에서 흘러나오는 생화처럼 싱싱한 열매가 아닌, 핏기 없는 조화의 열매만 맺게 될 뿐이다.

탕자의 비유에서 맏아들은 동생에 비해 인간적으로 성실하게 자기 의무를 다한 모범생이었다. 그러나 동생이 집을 떠나 아버지 재산을 허랑방탕하게 써버리고 돌아왔을 때, 그의 또 다른 모습이 드러난다. 아버지가 동생을 사랑으로 용서하고 받아들일 뿐 아니라 큰 잔치까지 베풀자 분노한 것이다. 이 맏아들은 의로움에 사로잡혀 교만이라는 자기 죄는 보지 못했다. 그러나 다른 죄인에 대해서는 사랑이나 용서 없이 냉혹하게 정죄하는 바리새인과 같은 태도를 보였다.

거짓 자아(종교)	참 자아(신앙)
형식과 습관에 매여 남에게 보이기 위한 외적인 행위만을 중시한다.	예수님을 자신의 구세주로 영접함으로써 인격적으로 친밀한 관계를 키워나가고 사랑의 마음에서 우러나오는 삶을 살아간다.
정죄를 통한 율법적인 관계	용서를 통한 생명의 관계
선악과를 선택하여 죽음의 결과를 가져온다.	생명나무를 선택하여 생명이신 예수님 안에 거함으로써 은혜와 진리 가운데 영원한 생명을 누리게 한다.
다른 사람에게 보이려고 외식으로 자기의 의를 행한다(자기의 의를 나타낸다).	하나님을 사랑하여 하나님 앞에서 의롭게 살려고 한다(하나님의 의를 나타낸다).
자기중심	하나님 중심

영적 자아의 관점에서 이 비유를 보면, 맏아들은 거짓 자아를 가진 사람이다. 반면 동생은 타락한 죄의 본성을 지닌 자아의 실상을 발견하고 수치심으로 무너진 연약한 사람이다. 맏아들은 자기 죄를 감추고 인간적 의로 포장한 죄인이고, 탕자는 죄가 들통 난 죄인인 것이다. 결국 '감추어진 죄인'과 '드러난 죄인'의 차이일 뿐, 거룩하신 하나님 앞에서는 모두가 죄인이다. 하나님은 우리 영혼의 깊은 곳을 살피시는 분이시다. 그러므로 '드러난 죄인'보다 '감추어진 죄인'을 더 큰 문제로 보신다.

죄란 하나님을 영화롭게 해야 할 피조물이 하나님을 떠나 자기 영광을 추구하는 것이다. 모든 죄는 자신의 영광을 추구함으로써 파생되는 결과다. 성경은 하나님 중심이 아닌 나 중심으로 사는 것이 죄라고 정의한다. 자아란 '나 중심'의 핵심 실체다. 구원받았다는 것은 나 중심의 삶에서 하나님 중심의 삶으로 옮겨졌다는 의미다. 그래서 바울은 "나는 날마다 죽노라"라고 자아 부인을 선언했던 것이다.

이 과정은 결코 쉽지 않다. 우리는 매일 우리 안에 있는 옛 사람을 벗어버리고 새 사람을 입어야 한다. 이는 마치 낡은 옷을 벗어버리고 새 옷으로 갈아입는 것과 같다. 그러나 이 과정을 통해 우리는 점점 더 그리스도를 닮아가게 될 것이다.

11장

고통의 신비

영혼의 치유와 성장의 필수 과정

독일 나치시대, 한 젊은 장교가 유대인 학살 수용소의 총책임자로 있었다. 아내와 딸, 부르노라는 어린 아들이 있었지만, 아내는 남편의 직무를 힘들어했고 그곳을 빨리 떠나고 싶어 했다.

부르노에게는 놀 친구가 없었다. 유일한 친구는 줄무늬 파자마를 입은 수용소 안의 유대 아이였다. 그 아이는 머리카락이 없는 민머리에 비쩍 말랐고, 잘 웃지도 않았다. 처음에는 말없이 앉아 부르노를 쳐다보는 것이 전부였다.

부르노는 그 아이에게 점점 호기심을 느꼈다. 엄마가 수용소 근처에 가지 말라고 했지만, 엄마가 외출할 때마다 몰래 가서 놀았다. 결국 친구가 되었고, 유대 아이도 차츰 마음을 열었다. 그들이 할 수 있는 유일한 놀이는 철조망을 사이에 두고 대화를 나누며 체스를 두는 것뿐이었다.

독일 장교 부인은 아이들 교육을 위해 더는 그곳에 머물 수 없다

결심하고, 다음 날 아이들을 데리고 떠나기로 했다. 부르노는 친구에게 이별을 고했고, 친구는 자기 아버지가 보이지 않는다고 걱정하고 있었다. 부르노는 아버지를 찾는 걸 도와주겠다고 약속했다. 떠나는 날 아침, 엄마가 짐 싸느라 바쁜 틈을 타 철조망 근처로 가서 친구가 건네준 줄무늬 파자마로 갈아입고 수용소로 들어갔다.

부르노는 유대 아이와 함께 아버지를 찾으러 막사에 들어갔는데, 갑자기 막사에 있던 줄무늬 파자마 차림의 사람들이 밖으로 쏟아져 나왔다. 부르노는 무슨 영문인지도 모른 채 유대인들 사이에 휩쓸려 갔다. 사실 그들은 모두 가스실로 향하는 중이었다.

결국 장교 부부는 집에 아들이 없는 것을 알고 사방을 헤매다가 수용소 철장 밑의 흙이 파여 있는 것을 발견하게 되었다. 장교는 수용소 안에서 아들을 찾으려 했지만 아들은 이미 가스실로 들어간 뒤였다. 부르노의 엄마는 고통스럽게 절규했고, 그 소리가 수용소에 처절하게 울려 퍼졌다. 아빠는 충격에 휩싸여 멍하니 서 있을 뿐이었다.

이 이야기는 〈줄무늬 파자마를 입은 소년〉이라는 영화의 줄거리다. 이 영화를 보고 나서 큰 충격을 받았다. 다른 사람들에게 가한 고통이 결국에는 자기에게 부메랑이 되어 돌아오는 인생의 진실을 보았기 때문이다.

인생에는 도저히 설명하기 어려울 만큼 수많은 고통이 있다. 우리는 고통을 겪을 때마다 하나님께 "왜?"라고 묻는다. "왜 하나님께서 저희 부부에게 개척을 맡기시고는 수십 년간 열심히 사역해도 겨우 몇 명밖에 안 되는 교인들만 주시는지 알 수가 없어요." "지난 25년간 시집살이로 위염이 심해져 음식을 제대로 소화시킬 수가 없어요. 허리

통증으로 지금도 고통받고 있어요. 하나님께서 왜 나에게 이해할 수 없고 감당하기 힘든 시어머니를 모시게 하셨을까요?"

우리는 끊임없이 '왜 나에게 이런 일이?'라고 주님께 묻는다. 우리가 겪는 고통이 억울하고 부당하다며 하소연하는 것이다. 하나님께서 창조하실 때만 해도 만물이 심히 아름다웠다. "하나님이 지으신 그 모든 것을 보시니 보시기에 심히 좋았더라"(창 1:31). 그러나 인간에게 죄가 들어오면서 만물이 타락하여 하나님을 근심하게 했다. "여호와께서 사람의 죄악이 세상에 가득함과 그의 마음으로 생각하는 모든 계획이 항상 악할 뿐임을 보시고 땅 위에 사람 지으셨음을 한탄하사 마음에 근심하시고"(창 6:5-6). 인간의 죄로 인해 인생의 고통뿐만 아니라 하나님의 고통도 끊임없이 이어지고 있다.

♦ 고통, 피할 수 없는 인생의 일부 ♦

하나님의 사람 모세는 인생의 고통을 이렇게 고백했다. "우리의 연수가 칠십이요 강건하면 팔십이라도 그 연수의 자랑은 수고와 슬픔뿐이요 신속히 가니 우리가 날아가나이다"(시 90:10). 인생의 고통에는 영적, 정신적, 신체적 고통 등 여러 종류가 있다. 영적 고통은 하나님과의 분리에서 오는 아픔이고, 정신적 고통은 상처받은 감정에서 비롯된다. 신체적 고통은 질병이나 상해로 인한 통증이다.

예수님은 십자가에서 이 세 가지 고통을 극한의 상황 속에서 한꺼번에 겪으셨다. 그분은 인간이 느낄 수 있는 모든 고통을 감내하신 분이시다. "그가 시험을 받아 고난을 당하셨은즉 시험받는 자들을 능히 도우실 수 있느니라"(히 2:18). 무엇보다 예수님께 가장 힘드셨던 것은 우리 죄로 인해 하나님께 버림받고 하나님과 분리되었던 영적 고통이었을 것이다.

우리가 일상에서 가장 흔히 느끼는 것은 정신적 고통이다. 겉으로는 행복해 보여도 누구나 숨겨진 아픔을 지니고 있다. 기쁨의 순간에도 그 행복을 잃을까 봐 염려하는 그림자가 따라다닌다. 사랑하는 이를 잃을까 봐 늘 조마조마하다. 너무 큰 고통은 때로 감각마저 무디게 한다. 결국 우리는 감당하기 힘든 고통 속에서도 꾸역꾸역 살아가고 있는지도 모른다.

고통은 피할 수 없는 인생의 일부다. 그 원인에 인간의 타락이 있기 때문이다. 그럼에도 사람들은 고통의 근원을 찾아 없애려 애쓴다. 최근 각광받는 의학 분야는 고통을 제거해주는 무고통 치료법이다. 그만큼 모두가 고통을 피하고 싶어 한다.

하지만 고통은 문제가 있음을 알려주는 신호이기도 하다. 고통을 느끼지 못하는 나병환자는 고통을 느끼지 못하기 때문에 신체가 훼손되어도 모른다. 고통이라는 존재는 우리가 살아있고 또 무엇인가가 잘못되어 있음을 말해준다. 더 큰 위험을 예방하게 해주는 유익한 점이 있음에도 우리는 본능적으로 고통을 싫어한다.

그리스도인에게 고통은 이 땅이 잠시 머무는 곳임을 일깨워준다. 세상에 안주하지 않게 해주는 것이다. 그러므로 인생의 고통을 피할 수 없다면 그것을 제거하는 게 능사가 아니다. 오히려 고통을 어떻게 받아들이고 대처하느냐가 더 중요하다. 고통을 대하는 자세에 따라 인생이 달라질 수 있기 때문이다. 고통을 파괴적으로 여길 수도, 영적 성장의 밑거름으로 승화시켜 성화를 이룰 수도 있다. 고통의 문제는 유사 이래 모든 인생이 안고 있는 공통적인 문제이면서도 쉽게 해답을 찾기 힘든 난제다.

◆ 예상치 못한 고통, 그리스도인의 성장 기회 ◆

인생에는 때로 예기치 않은 고통이 갑작스럽게 닥치기도 한다. 우리가 자초한 고통도 있지만, 인간의 지혜로는 이해할 수 없는 고통이 더 많다.

주님을 헌신적으로 섬기는 M 부부는 늦은 나이에 둘째 아들을 하나님의 특별한 선물로 받았다. 그 아들이 유치부 시절에 차에 부딪치는 사고를 당했지만, 교회와 많은 사람의 기도 가운데 별 탈 없이 잘 자라주었다. 둘째 아들은 고등학생 시절에 하나님을 인격적으로 만나고 은혜를 체험한 후, 주의 종으로 섬기고 싶다는 고백도 했다.

그러나 그 아이가 고등학교 졸업을 앞둔 어느 날, 자동차 사고로 주님 품으로 떠나고 말았다. 갑작스럽게 둘째 아들을 잃은 M 부부는 오직 신앙으로 그 슬픔을 견뎌낼 수 있었다. 그 후 M은 감동적인 고백을 했다.

"둘째 아이는 하나님의 선물이었다는 확신이 있었기 때문에 하나님께서 먼저 데려가셨던 것에 대해 충격이 적었어요. 그동안 그 선물을 마음껏 누렸기 때문이지요. 우리는 아들을 여한 없이 사랑했어요. 아이는 청소년 시절까지 다른 사람들이 한평생 받을 사랑을 이미 다 받아 마음껏 누렸지요. 더구나 사고 바로 전에는 친구에게 '모든 일에는 반드시 하나님의 선하신 뜻이 있다'라는 고백을 했다네요. 하나님께서는 저에게 특별한 위로를 주셔서 그 아이를 보내놓고도 외롭지 않은 평안을 주셨습니다. 하지만 만일 큰아들을 잃었다면 정말 견딜 수 없었을 거예요. 주님을 잘 몰랐던 시절에 낳았던 큰아이에게는 둘째 아이만큼 사랑을 마음껏 주지 못하고 엄하게만 키웠거든요. 그래서 아마 큰아이에게 무슨 일이 생겼더라면 죄책감에 시달렸을 겁니다. 이제는 큰아이에게 그동안 못 다한 사랑과 관심을 아쉬움 없이 쏟아주고 싶습니다."

예상치 못한 고통을 당할 때, 우리의 믿음은 시험대에 오른다. 믿음의 깊이에 따라 고통에 대처하는 방식이 달라질 것이기 때문이다. 예수님께서는 비유로 이렇게 말씀하셨다. "돌밭에 뿌려졌다는 것은 말씀을 듣고 즉시 기쁨으로 받되 그 속에 뿌리가 없어 잠시 견디다가 말씀으로 말미암아 환난이나 박해가 일어날 때에는 곧 넘어지는 자요"(마 13:20-21). 어려움이 닥칠 때, 믿음이 진짜인지 가짜인지 드러나기도 하고, 연약한 믿음이 견고한 믿음으로 성장하기도 한다. 우리도 고통의 순간마다 예수님을 바라보아야 한다. 그럴 때 고통을 통해 더욱 성숙해지고, 고통당하는 이웃에게도 위로를 전할 수 있다.

"세상에서는 너희가 환란을 당하나"

그리스도인이 이 세상을 살아가며 영적으로 성장하는 과정에서 고통을 경험하는 것은 지극히 자연스러운 일이다. 세상 사람들은 거짓의

제자도의 관점에서 본 영성 형성

아비인 마귀에게 속아 창조주 하나님을 부인하고 예수 그리스도의 구원을 거부한다. 그래서 믿음으로 의롭게 살고자 할수록, 주변에서 벌어지는 부도덕하고 사악한 일들로 인해 더욱 큰 마음의 고통을 겪을 수밖에 없다. 뿐만 아니라, 사람들을 미혹하고 하나님을 대적하게 하며 서로 미워하게 만드는 사탄의 전략을 예리하게 간파하기에, 속아 넘어가는 사람들에 대한 고통도 더 크게 느끼게 된다.

특히 현대인들은 자기중심적 사고와 자기도취, 자기연민이라는 수렁에 빠져, 하나님의 위대함이나 거룩함에 대한 관심이나 개념조차 없는 반기독교 시대를 살아가고 있다. 타인에 대한 사랑과 배려는 등한시한 채, 오직 자신의 이익과 쾌락, 권력을 좇아 남을 짓밟고서라도 올라서려는 이들이 점점 늘어나는 추세다. 이런 현실 속에서 거룩하고 경건한 삶을 추구하다 보면, 고통은 필연적으로 따르게 마련이다. 이런 맥락에서 이 세상을 살아가는 그리스도인이 겪는 고통은, 영적으로 건강하고 지속적으로 성장하고 있음을 보여주는 지표이기도 하다. 고통을 느낀다는 것 자체가, 우리의 양심이 살아 숨 쉬고 있다는 증거라 할 수 있다.

하지만 그리스도인은 고통과 환난 가운데서도 평안과 기쁨을 누릴 수 있다. "이것을 너희에게 이르는 것은 너희로 내 안에서 평안을 누리게 하려 함이라 세상에서는 너희가 환난을 당하나 담대하라 내가 세상을 이기었노라"(요 16:33). 예수 그리스도께서 이미 세상을 이기셨기 때문이다. 그러므로 우리가 고통을 극복할 수 있는 유일한 길은, 오직 예수 그리스도를 신뢰하는 것뿐이다.

◆ 고통의 네 가지 원인 ◆

고통의 원인은 무엇일까? 첫째, 고통은 인간의 타락과 죄로 인한 결과다. 아담과 하와가 죄를 범하고 에덴동산에서 쫓겨난 순간부터 고통이 인류의 역사에 들어왔다. 하와에게는 "또 여자에게 이르시되 내가 네게 임신하는 고통을 크게 더하리니 네가 수고하고 자식을 낳을 것이며 너는 남편을 원하고 남편은 너를 다스릴 것이니라"(창 3:16)는 고통이, 아담에게는 "땅은 너로 말미암아 저주를 받고 너는 네 평생에 수고하여야 그 소산을 먹으리라"(창 3:17)는 고통이 시작되었다. 가인은 질투와 분노로 동생 아벨을 죽이고 "내 죄벌이 지기가 너무 무거우니이다"(창 4:13)라고 고통을 토로했다. 고통은 인간의 타락과 죄의 결과이므로 고통을 피할 수 있는 인생은 없다.

"여호와의 손이 짧아 구원하지 못하심도 아니요 귀가 둔하여 듣지 못하심도 아니라 오직 너희 죄악이 너희와 너희 하나님 사이를 갈라놓았고 너희 죄가 그의 얼굴을 가리어서 너희에게서 듣지 않으시게 함이니라"(사 59:1-2). 사탄의 악한 꾀에 넘어간 인간의 죄악이 모든 고통의 원인이 되었다.

한때는 좋은 명분을 가지고 어떤 일을 시작하지만, 시간이 흐를수록 부패하여 초심이 왜곡되고 무너지는 경우를 흔히 볼 수 있다. 사람의 본성에는 완전한 선이 없기 때문이다. 우리는 선함을 바라지만 완전한 선을 행할 수 있는 능력을 가진 사람은 아무도 없다(롬 3:12). 더구나 현대에는 사람들이 선을 추구하지도 않을 만큼 부패가 심화되고 있다. 그러므로 어그러진 세상을 살면서 고통이 따르는 것은 당연한 일이 되었다.

둘째, 고통의 근본적인 원인은 악의 근원인 사탄, 마귀에게 있다. 하나님께서 창조하신 천사들 중 교만으로 반역하고 타락한 사탄은 악한 무리와 함께 천상에서 쫓겨나 이 땅에 와서, 하나님께서 지으시고 사랑하시는 인간을 볼모로 잡고 유혹하여 멸망시키려 한다. "그러나 땅과 바다는 화 있을진저 이는 마귀가 자기의 때가 얼마 남지 않은 줄을 알므로 크게 분내어 너희에게 내려갔음이라"(계 12:12).

모든 악한 일은 사탄 마귀로 말미암아 일어나지만, 궁극적으로는 하나님의 주권 아래에 있다. 그러나 하나님의 말씀을 떠나 사탄의 유혹에 넘어간 것은 인간의 선택이었다. 모든 고통은 인간이 하나님을 떠났기 때문에 생기며, 하나님의 형상으로 지음받은 인간이 하나님을 떠나 사는 것 자체가 고통일 수밖에 없다.

이환은 "인간의 본성에는 이중의 상태, 즉 창조되었을 때의 존엄과 타락 후의 비참함이 겹쳐져 있다"라고 말한다.[34] 인간 본성에 존엄성과 비참함이 공존하는 이중성으로 인해 고통이 따라온다. 죄로 인해 비참한 상태에 빠진 인간에게는 상실한 천국에 대한 뜨거운 갈망과 애타는 그리움이 있다.

셋째, 고통은 자신이나 타인의 잘못된 행동이나 삐뚤어진 성품 때문일 수 있다. 우리는 가까운 인간관계에서 더 깊은 고통을 받는다. 그만큼 믿고 의지했기에 배신감이나 실망이 더 큰 것이다. 그러나 사람을 의지하고 그에게 기대를 걸면 언젠가는 실망할 수밖에 없다. 사람은 환경에 따라 쉽게 변하는 연약한 존재이기 때문이다. 잘못된 믿음의 대상은 결국 고통을 안겨주기 마련이다.

예수님은 제자들을 끝까지 사랑하셨지만, 인간의 연약함을 아셨기에 제자들에게 자신을 의탁하지 않으셨다(요 2:24). 사람은 "넘어지는 담과 흔들리는 울타리"(시 62:3)와 같은 존재다. 그러므로 쉽게 변개하고 상황에 따라 말이 바뀔 수 있는 연약한 인간을 의뢰하면 직접적인 고통의 원인이 된다. "사람을 두려워하면 올무에 걸리게 되거니와 여호와를 의지하는 자는 안전하리라"(잠 29:25).

넷째, 인간의 욕심으로 인해 고통을 겪는 경우도 있다. "오직 각 사람이 시험을 받는 것은 자기 욕심에 끌려 미혹됨이니"(약 1:14). 지나친 욕심은 불만족과 불평을 낳고, 인간관계에서 갈등을 유발한다. 우리 사회는 지금 욕심에서 비롯된 불만족으로 신음하고 있다. 현실에 만족하지 못하는 불만이 나보다 더 잘나가는 사람이나 더 많이 가진 자에 대한 분노나 공격으로 표출되는 것이다.

마귀는 소유에 대한 인간의 끝없는 욕심을 이용해 지속적인 고통을 야기한다. "이는 그들이 가장 작은 자로부터 큰 자까지 다 탐욕을 부리며 선지자로부터 제사장까지 다 거짓을 행함이라"(렘 6:13). 세계는 인간의 무한한 탐욕으로 고통받고 있다. 돈이나 성공을 위해서라면 양심마저 저버리는 사람들로 인해, 바르게 사는 것이 더욱 힘들어진 세상이 되었다.

현재 상태에서 자족함과 감사를 배우지 못한 사람은 형통한 상황 속에 있더라도 더 가지지 못한 것에 불만을 품는다. 그러므로 바울과 같이 모든 일에 자족하기를 배우면 불필요한 고통을 겪지 않을 수 있다(빌 4:11).

◆ 고난의 유익 ◆

하나님께로 돌아오게 한다

그렇다면 고난은 과연 어떤 면에서 유익할까?

첫째, 고난과 고통은 우리가 죄의 길을 떠나 회개하고 주님께 돌아오도록 이끄는 필수 도구다. 환난을 통해 자기 악행을 회개하고 하나님을 만나게 되는 사람들이 종종 있다. 유다 왕 므낫세는 하나님이 보시기에 악을 행하여 하나님을 진노케 했다. 그는 앗수르 왕의 공격으로 쇠사슬에 결박되어 바벨론으로 끌려갔다(대하 33:6, 11). 므낫세는 자신의 죄로 말미암아 환란을 자초한 경우다. 그러나 그가 환란 가운데 겸손하게 기도했을 때 하나님은 자격이 없는 자에게 큰 은혜를 베풀어주신다.

> "그가 환란을 당하여 그의 하나님 여호와께 간구하고 그의 조상들의 하나님 앞에 크게 겸손하여 기도하였으므로 하나님이 그의 기도를 받으시며 그의 간구를 들으시사 그가 예루살렘에 돌아와서 다시 왕위에 앉게 하시매 므낫세가 그제서야 여호와께서 하나님이신 줄을 알았더라"
>
> _대하 33:12-13.

누가복음 15장의 탕자 비유에서 둘째 아들이 아버지의 유산을 탕진하여 먹을 것조차 없는 신세로 전락해 고통받지 않았다면 아버지의 집으로 돌아오려 하지 않았을 것이다. 우리가 인생에서 겪는 고통은 이 세상이 본향이 아님을 일깨워주고 하나님 아버지께로 돌아오라 부르시는 경적이다.

우리가 겪는 고통과 고난은 발에 큰 돌이나 쇳덩이를 묶고 다니는 것처럼 무겁고 불편함을 준다. 삶의 문제만 없다면 하늘을 훨훨 날아다닐 것 같지만, 하나님께서 허락하신 그 고통이 우리가 높이 비행할 때 추락하지 않도록 지탱해주는 균형추 역할을 한다는 것을 잊어선 안 된다. 우리가 아무리 창공을 날고 싶어도 균형을 잃으면 곧 추락한다. 때로는 감당하기 힘들고 떼어내고 싶은 고통과 문제가 교만과 자만으로 균형을 잃고 추락하지 않도록 안전하게 지켜준다.

인생은 끝이 보이지 않는 크고 넓은 바다를 헤엄치는 것과 같다. 수영을 잘해도 언젠가는 힘이 빠지고 지쳐 물에 빠지게 마련이다. 그럴 때 구명조끼가 절실히 필요하다. 고난과 고통은 인생이 완전히 난파되지 않도록 영적 생명을 지탱하게 해주는 구명조끼와 같다.

온전하게 한다

둘째, 하나님은 고통을 통해 우리를 정결케 하시고 온전하게 하셔서 그리스도의 성품을 형성하신다. "그가 은을 연단하여 깨끗하게 하는 자같이 앉아서 레위 자손을 깨끗하게 하되 금, 은같이 그들을 연단하리니 그들이 공의로운 제물을 나 여호와께 바칠 것이라"(말 3:3).

하나님께서는 사랑하는 자녀들을 다듬으실 때 고난과 고통이라는 도구를 사용하신다. 풀무불로 은의 불순물을 제거하듯 연단으로 우리 영혼의 더러운 부분을 제거하신다. "많은 사람이 연단을 받아 스스로 정결하게 하며 희게 할 것이나 악한 사람은 악을 행하리니 악한 자는 아무것도 깨닫지 못하되 오직 지혜 있는 자는 깨달으리라"(단

12:10). 하나님의 사람은 연단을 통해 더 정결해지고 겸손해진다.

> "그리스도께서 이미 육체의 고난을 받으셨으니 너희도 같은 마음으로 갑
> 옷을 삼으라 이는 육체의 고난을 받은 자는 죄를 그쳤음이니 그 후로는 다
> 시 사람의 정욕을 따르지 않고 하나님의 뜻을 따라 육체의 남은 때를 살게
> 하려 함이라"_벧전 4:1-2.

성경은 그리스도 안에서 고난받는 자는 '죄를 그친다'고 말씀한
다. 고난은 그리스도인이 정욕을 따르지 않고 하나님의 뜻을 따라 살
도록 정화시키고 정결케 한다. 고난은 헛된 세상에 소망 두지 않게 한
다. "우리를 거듭나게 하사 산 소망이 있게 하시며 썩지 않고 더럽지
않고 쇠하지 아니하는 유업을 잇게"(벧전 1:3-4) 하시는 예수 그리스도
께 소망을 두게 한다.

고난을 통해 하나님의 마음에 합한 사람이 되었던 믿음의 조상은
다윗이다. 하나님께서는 다윗의 믿음을 키우시기 위해 질투심에 다윗
을 죽이려 했던 사울왕을 사용하셨다. 사울은 자신의 명예와 재물에
대한 욕심으로 하나님 말씀에 불순종했다. 블레셋과의 전쟁에서 사무
엘을 기다리지 못하고 번제를 드렸고, 아말렉 전투에서 승리 후 하나
님 말씀을 어기고 재물을 탈취했다(삼상 15:1-9).

> "사무엘이 사울에게 이르되 왕이 망령되이 행하였도다 왕이 왕의 하나님
> 여호와께서 왕에게 내리신 명령을 지키지 아니하였도다 그리하였더라면
> 여호와께서 이스라엘 위에 왕의 나라를 영원히 세우셨을 것이거늘 지금

은 왕의 나라가 길지 못할 것이라 여호와께서 왕에게 명령하신 바를 왕이 지키지 아니하였으므로 여호와께서 그의 마음에 맞는 사람을 구하여 여호와께서 그를 그의 백성의 지도자로 삼으셨느니라 하고"_삼상 13:13-14.

하나님께서는 사울왕을 버리시고 다윗을 택하셨다. 그러나 다윗을 바로 왕으로 세우지 않으시고 사울을 통해 수없는 죽음의 위기를 겪게 하시며 연단하셨기에 다윗은 하나님의 마음에 합한 사람으로 준비될 수 있었다. 하나님께서는 고난을 허용하셔서 종들의 믿음과 인격을 시험하시고 단련하신다.

다윗은 오랜 기간 숱한 고난과 고통을 통해 하나님의 마음에 합한 사람으로 성장했다. 만일 사울왕을 통한 연단이 없었다면 왕이 되어 편안할 때 다윗 역시 하나님 말씀에 불순종하다가 중도하차 당했을 것이다. 비록 다윗이 밧세바와의 간음죄와 인구조사라는 교만 죄를 지었음에도 버림받지 않고 회개하고 회복될 수 있었던 것은 그가 겪은 고난이 도움이 되었음이 분명하다.

사역의 용량을 키워준다

셋째, 고난과 고통은 하나님께서 주시는 사명을 감당할 수 있는 그릇으로 우리를 준비시켜 준다. 어떤 이는 나에게 복이 많다고 말한다. 실제로 주께서 크고 놀라운 은혜를 베풀어주셔서 감사할 뿐이다. 그럼에도 내게는 끊이지 않는 고통들이 있었다. 특히 마음의 고통과 영적인 고통이 가장 어려웠다. 몸을 혹사하여 중병으로 인한 고통도 겪었지만 말이다.

제자도의 관점에서 본 영성 형성

나는 젊은 시절을 미국에서 보내고 중년이 되어 한국으로 돌아왔다. 젊은 시절, 남편과 함께 캘리포니아 오렌지카운티에서 이민 교회를 개척하고 섬기며 교회를 사랑하는 마음이 점점 커졌다. 성도들은 함께 기뻐하고 슬퍼하는 사랑의 공동체가 되었다. 우리가 그 교회를 너무 사랑해서인지 한국으로 떠날 때 마치 자녀를 잃어버리는 것 같은 마음의 고통과 영적인 아픔이 있었다. 마치 여호와의 궤를 실은 수레를 끄는 암소가 송아지들을 떼어놓고 갈 때와 같은 심정이었다. "암소가 벳세메스 길로 바로 행하여 대로로 가며 갈 때에 울고 좌우로 치우치지 아니하였고"(삼상 6:12).

이런 마음의 고통을 겪으며 양들을 구원하시기 위해 목숨을 버리신 선한 목자 예수 그리스도의 심정을 조금이나마 체험할 수 있었다. 지금 돌이켜보면 이와 같은 마음의 고통이 다른 이들의 마음을 이해하고 돌볼 수 있게 하는 사역의 용량을 키워주셨나 보다.

고난을 통한 훈련으로 영적인 용량이나 인격의 용량이 준비되지 못하면 최고 정점이나 높은 위치에 있을 때 거만하거나 자고해진다. 그러면 하나님께서 쓰시기에 합당치 못한 사람이 된다. "선 줄로 생각하는 자는 넘어질까 조심하라"(고전 10:12)라고 성경은 말씀하신다. 성경 인물 중에는 사울왕처럼 한때는 하나님께 선택받고 쓰임받다가 교만해져서 버림받게 된 경우가 종종 있다.

영적으로는 실패할 때보다 성공할 때가 더 위험하다. 실패할 때는 하나님을 더 의지하고 매달리지만, 성공할 때는 하나님 외에 다른 것에 마음을 빼앗기기 쉽기 때문이다. 그러므로 고난을 통해 하나님을 의지하는 훈련을 시켜주시는 것은 우리를 교만에서 지켜주시는 하나님의 은혜다. 우리가 마음의 고통을 겪을 때는 세상 소리에 귀를 닫고 하나님 음성에 더 귀를 기울이게 되어, 인격적으로 주님께 더 가까이 나아갈 수 있기 때문이다.

N은 시어머니의 아들에 대한 집착으로 오랫동안 시달려왔다. 시어머니는 젊은 시절 남편을 잃고 외아들을 홀로 키웠기에 아들에 대한 집착이 유별났다. N은 시어머니와의 어려운 관계로 인해 몸에 여러 병을 얻었고, 심한 우울증까지 생겼다. 그러나 그 고통과 어려움을 주님 앞에 가지고 나아가 내려놓음으로써 영적으로 성장하게 되었다. 그러던 중 시어머니와의 관계에서 놀라운 변화가 일어났다.

하루는 N이 시어머니의 고된 삶에 측은한 마음이 들어 "어머니, 외아들 때문에 참 고생 많으셨어요"라고 진심을 담아 말씀드렸다. 그러자 늘 며느리의 흠만 찾던 시어머니가 "애야, 나 같은 시어머니 때문에 네가 정말 고생했구나. 내가 미안하다!" 하고 말씀하셨다. N은 자신의 귀를 의심했다. 늘 상처를 주던 말투에서 순한 양처럼 변화된 시어머니의 모습이 믿기지 않았다. 성령님께서 며느리뿐 아니라 딱딱하게 굳어 있던 시어머니의 마음도 움직이셔서, 서로 용서하며 화목을 이루게 해주신 것이다. 이처럼 불 연단 같은 고통을 통해 타인을 이해하게 되고, 섬길 수 있는 사람으로 성장해 간다.

하나님의 뜻이 이루어진다

넷째, 하나님은 그의 선하신 뜻을 이루시기 위해 고통을 사용하신다. 사탄은 인간에게 고통을 주지만, 하나님은 악을 선으로 바꾸심으로써 고통을 통해 선하신 뜻을 이루신다. 고통과 고난 자체는 선하지 않다. 그러나 하나님께는 악을 선으로 변화시키는 능력이 있다. 하나님은 선하시기에 그의 손안에서는 모든 것이 선이 된다. 이것이 바로 하나님을 사랑하는 자에게는 모든 것이 합력하여 선을 이룬다는 약속의 말씀이다(롬 8:28). 그래서 고통은 때로 하나님의 뜻을 이루는 신비로운 방법이 되기도 한다.

그 대표적인 예는 예수님께서 고통의 십자가를 통해 인간에게 구원의 길을 열어주신 사건이다. 예수님은 육체적 고통, 정신적 고뇌, 친구의 배반, 인간관계의 갈등과 불신, 우리가 인생에서 겪는 수많은 실망과 좌절 등 인간의 모든 고통을 지고 십자가에 달리셨다. 우리는 이 예수 그리스도를 닮아가며 하나님께 대한 믿음, 소망, 사랑을 배운다. 또한 순교자들의 피와 고통을 통해서도 복음이 널리 전파되고 하나님 나라가 확장되고 있다.

"모든 은혜의 하나님 곧 그리스도 안에서 너희를 부르사 자기의 영원한 영광에 들어가게 하신 이가 잠깐 고난을 당한 너희를 친히 온전하게 하시며 굳건하게 하시며 강하게 하시며 터를 견고하게 하시리라"(벧전 5:10). 고난을 통해 하나님의 은혜를 깊이 체험한 사람은 자신의 뜻이 아닌 하나님의 뜻이 이루어지기를 간절히 원하는 온전한 사람으로 성장한다.

이러한 측면에서 볼 때 우리의 영적 성장이 제대로 이루어지지 못하는 이유 중 하나는 하나님과의 친밀한 동행을 가능케 하는 고통을 회피했기 때문일 것이다. 게리 토마스는 "하나님은 우리 일상생활 속에 여러 가지 사건과 태도와 관계와 고통을 짜 넣으신다. 그것이 한 올 한 올 얽혀 그리스도를 닮은 융단이 나오는 것이다. 우리가 사랑으로 반응하면 하나님은 자신의 확고하고 은혜로운 뜻에 따라 우리를 빚으신다. 이 놀랍고 값비싼 과정은 기적처럼 신기한 결과를 낳는다. 연약한 내 모습으로 하나님의 도구가 되는 것보다 더 귀하고 풍요롭고 극히 만족스러운 일은 다시 없다"라고 말한다.[35] 그러므로 고통을 통해 자아에 대해 죽고 그리스도께 순종할 때 하나님의 선하신 뜻이 이루어진다.

◆ 고통을 어떻게 다루어야 하나? ◆

인간은 고통을 당하면 자기 보호 본능으로 자기중심적이 되기 쉽다. 냉소, 조소, 비방, 원망, 보복심 등의 반응을 보이곤 한다. 그러나 고통이 주는 유익을 얻으려면 고통을 다른 이에게 풀지 말고 하나님께 가지고 나아가야 한다. 그리고 고통 중에는 그 어느 때보다 주님께 대한 전적 신뢰와 절대 순종이 요구된다. 하나님의 주권에 고통을 맡기고 주님의 선하신 뜻에 순종하는 자세가 필요하다. "그러므로 하나님의 뜻대로 고난을 받는 자들은 또한 선을 행하는 가운데에 그 영혼을 미쁘신 창조주께 의탁할지어다"(벧전 4:19). 고통을 통해 열매 맺지 않는 가지를 제거하고 깨끗하게 해주시는 주님을 신뢰하는 것이 고통을 대하는 바른 자세다(요 15:1-2).

O는 직장인이자 다섯 살 아들과 두 살 딸을 키우는 엄마다. 아이들은 엄마가 직장에 있는 동안 믿음의 할머니가 기도와 사랑으로 돌봐주어 밝게 자랐다. 그런데 활동적인 아들이 유치원에서 다른 아이

와 경미한 마찰을 일으켰다. 어린아이들에겐 흔한 일이었다.

그런데 상대편 아이 엄마가 O에게 전화를 걸어 심한 말을 쏟아냈다. "엄마가 직장 다니느라 바빠 아들을 잘 돌보지 못해 다른 아이에게 피해를 준 것 아니냐? 다른 아이들과 엄마들이 당신 아들과 유치원 다니기 싫어한다. 도대체 아이가 왜 그 모양이냐?" O는 진심으로 사과했지만, 그 엄마는 사과도 받지 않고 다른 학부모를 선동해 O의 아들을 왕따시키고 문제아 취급했다.

O는 직장에서도 자신의 일을 통해 하나님의 영광을 나타내고자 애쓰는 성실하고 곧은 성품의 사람이었다. 그래서 아들 문제가 더욱 고통스러웠다. 억울하고 마음이 상했지만 40일간 작정하여 아들과 유치원 아이들, 학부모들을 위해 눈물로 기도했다.

얼마 후 학부모 모임이 있어 유치원에 갔는데 상황이 완전히 달라졌다. 신앙 없는 다른 학부모들이 O의 직업에 관심을 보이고, O의 아들이 실제로는 엄마 말을 잘 따르며 밝은 아이라는 사실을 알게 되어 호감을 보였다. O에게 심한 말을 하고 괴롭혔던 엄마와 딸이 오히려 다른 아이들과 잘 어울리지 못하는 상황이 되었다.

O는 하나님께서 어려움을 통해 더욱 간절히 기도하게 하시고, 그 결과 학부모들을 신앙으로 인도할 기회를 주신 것이라는 확신이 들었다. 그녀는 이렇게 고백했다. "사실 처음엔 너무 속상해 아들을 왕따시킨 아이에게 똑같이 갚아주고 싶었어요. 하지만 제 잘못을 회개하고 이제는 그 아이와 엄마와도 잘 지내게 해달라고 기도합니다. 그 엄마에게 식사 대접하고 싶다고 전화해보려고요."

O는 억울한 고통을 당했을 때 자기연민에 빠지지 않고 하나님께

그 아픔을 가지고 나아가 올곧은 믿음으로 승리했다. 그 결과 기쁨으로 주님께 영광과 감사를 돌려드릴 수 있었을 뿐 아니라 다른 영혼들을 주님께로 인도하는 기회가 되었다.

◆ 상처 입은 치유자 ◆

세상에서 가장 심한 상처를 입은 분은 예수님이시다. 그는 이 세상에서 죄 없는 유일한 분이셨지만, 인간의 죄악으로 인한 모든 수치와 감당할 수 없는 고통을 겪으셨다. 그러므로 우리의 모든 고통과 상처를 능히 치유하시고 회복시키실 수 있다.

> "그러므로 우리에게 큰 대제사장이 계시니 승천하신 이 곧 하나님의 아들 예수시라 우리가 믿는 도리를 굳게 잡을지어다 우리에게 있는 대제사장은 우리의 연약함을 동정하지 못하실 이가 아니요 모든 일에 우리와 똑같이 시험을 받으신 이로되 죄는 없으시니라"_히 4:14-15.

수십 년 전, 일본의 유끼고 사모님의 간증을 듣고 느꼈던 감동이 아직도 생생하다. 그 사모님은 하반신 마비인 목사님과 결혼해 30년 넘게 불구의 남편을 업고 다녔다. 그러나 그녀는 자신의 고생을 하소연하지 않고, 오히려 그 힘든 삶 가운데 함께하신 하나님의 선하심과 인자하심의 은혜를 잔잔히 나누었다. 그 사모님은 임신한 몸으로도 목사님을 업고 계단을 오르다가 때로는 균형을 잃고 넘어지기도 했다. 그래서 아기를 낳았을 때 탯줄이 아기를 감고 있었다고 한다.

또 너무 가난해 겨울에도 난방을 하지 못했다. 그래서 열이 펄펄 나는 어린 아기를 차가운 방에 홀로 두고 울면서 사역을 위해 남편을 업고 가야 했던 일도 있었다. 눈물로 간절히 기도하며 돌아와 보니 아기의 열이 내려 평안히 잠들어 있었고, 그 모습을 보며 한없이 하나님께 감사하기도 했다.

보통 사람이라면 이런 상황에서 원망하고 시험에 빠지기 쉬웠을 텐데, 묵묵히 목사님을 업고 내조한 그 사모님의 모습이 참으로 아름다워 보였다. 말로 다 표현할 수 없는 수많은 어려움을 견뎠을 텐데, 60세의 나이에도 그 얼굴에선 빛이 나며 맑고 아름다운 모습을 간직하고 있었다. 과장이나 거짓이 아니라, 어린아이 같은 평온함과 자연스러움이 묻어나왔다. 인생의 수많은 풍파를 헤쳐 나왔음에도 고생한 흔적은 전혀 보이지 않고, 오히려 은혜와 사랑이 가득한 모습을 보며 나도 저렇게 나이 들고 싶다는 생각이 들었다. 그 승리의 모습이야 말로 가장 깊은 상처를 입은 위대한 치유자이신 예수님의 치유하시는 은혜의 열매였을 것이다.

독수리는 날개를 다치면 바위 밑에서 치유될 때까지 잠잠히 기다리다가, 날개가 나으면 다시 창공을 향해 힘차게 날아오른다고 한다. 우리의 상처 입은 영혼도 반석이신 하나님의 날개 아래 안겨 은혜로 치유받을 때 새롭게 비상할 수 있다.

"너는 알지 못하였느냐 듣지 못하였느냐 영원하신 하나님 여호와, 땅끝까지 창조하신 이는 피곤하지 않으시며 곤비하지 않으시며 명철이 한이 없으시며 피곤한 자에게는 능력을 주시며 무능한 자에게는 힘을 더하시나니 소년이라도 피곤하며 곤비하며 장정이라도 넘어지며 쓰러지되 오직 여호와를 앙망하는 자는 새 힘을 얻으리니 독수리가 날개 치며 올라감 같을 것이요 달음박질하여도 곤비하지 아니하겠고 걸어가도 피곤하지 아니하리로다"_사 40:28-31.

우리의 상한 심령이 주님의 품 안에서 치유된다면 우리 영혼은 새롭게 되고, 받았던 고통과 상처가 오히려 남을 이해하고 섬기는 능력이 될 것이다. 마치 수십 년, 수백 년 동안 수없이 많은 바람과 폭풍을 맞고도 우람한 거목으로 자라 많은 이에게 그늘과 쉼을 주는 나무처럼 말이다.

《아낌없이 주는 나무》라는 책이 있다. 그 책에서 나무는 소년이 어릴 때는 올라타거나 그네를 타게 해주며 함께 놀아주었다. 청년이 되어 결혼한 후에는 나뭇가지를 잘라 집을 짓도록 해주고, 노인이 되어 돌아왔을 때는 잘린 나무둥치 위에서 쉬게 해주며, 아낌없이 자신의 모든 것을 다 주었다.

나무가 이처럼 아낌없이 모든 것을 주듯, 주님께서도 우리에게 모든 좋은 것을 다 주고 싶어 하신다. 다만 우리가 그 은혜받기를 거절하기에 누리지 못할 뿐이다. 아낌없이 모든 좋은 것을 주시는 주님의 은혜를 받은 우리도 예수님처럼 이웃의 고통을 함께 나누고, 잃어버린 영혼들을 하나님께로 인도할 수 있다. 이 얼마나 놀라운 특권이며 영광스러운 사역인가?

제자도의 관점에서 본 영성 형성

12장

제자훈련을 통한
전인격적 영성 형성

실제적인 영적 성장을 위한 구체적인 방법은 무엇일까? 제자훈련은 그리스도인의 대 사명이므로 사역의 본질이다. 우리는 제자훈련의 참된 의미와 목적 그리고 나아갈 방향을 종종 잊고 살아간다. 성경에서 말씀하는 제자도의 올바른 정신과 제자훈련을 통한 영적 성장 방안은 진지하게 고민해야 할 중요한 문제이다.

빌 헐은 제자도가 그리스도인에게 주어진 가장 본질적인 사명이므로 제자도를 사역의 핵심으로 두어야 하며, 교회의 부수적인 프로그램 정도로 취급해서는 안 된다고 강조했다.[36] 그럼에도 불구하고 '제자도'라는 단어가 잘못 사용되면서 그 본질적인 의미를 상당 부분 상실했다. 영혼 구원을 위해 사람들을 교육시키는 것으로 이해되거나, 사회봉사를 통한 사회 복음화 운동 정도로 한정되기도 했던 것이다. 그렇다면 진정한 제자도의 성경적 개념은 무엇이며, 오늘날의 제자훈련의 개념은 무엇인가? 또한 제자훈련이 성경적으로 회복되기 위해

보완해야 할 것은 무엇이며, 나아가야 할 바람직한 방향은 어떠한가?

◆ 성경적 제자도의 개념 ◆

신약에는 '제자'(mathetes)라는 단어가 260번 이상 등장한다. 또한 복음서에서는 '제자'가 '따르다'라는 단어와 70번 정도 연결되어 사용된다. 즉, 성경적인 제자도란 그리스도의 부르심에 반응하여 그리스도를 따르는 것이다.

제임스 휴스턴은 복음서에 나타난 그리스도의 제자도에 대한 다양한 특성을 잘 설명하고 있다. 마가복음에서는 그리스도의 수난이 제자도의 특성으로 강조되었다. 마태복음에서는 제자를 삼으라고 명령하며 그리스도와 인격적인 관계를 맺는 것이 가르침을 받는 것 이상의 일임을 증언했다. 누가복음에서는 가난한 자, 병든 자, 고통당하는 자들을 돌보며 살아가는 제자도의 일상성이 드러나 있다. 또한 요한복음에서는 친밀함을 진정한 제자도의 특성으로 묘사했다. 사도행전에서는 '예수를 좇는 것'이 복음을 전파하면서 세상 끝까지 그리스도와 동행하는 것을 포함한다고 보았다.[37]

위르겐 몰트만은 제자도의 프락시스(praxis)는 예수의 제자가 참여하는 공동체의 삶으로 이해해야 한다고 보았다. 따라서 예수를 아는 것은 단순히 교리를 배우는 것이 아니라 제자도의 프락시스 안에서 부활하신 그리스도의 임재를 경험하는 것이라고 주장했다.[38] 즉, 진정한 제자도란 예수 그리스도께서 아들로서 하나님 아버지와 맺으신 사랑의 관계를 체험하고, 성령의 권능으로 행하신 그분의 삶과 사역을 본받는 것이다.

성경적인 제자도는 예수 그리스도께서 보여주신 진정한 삶의 본을 따라 우리의 옛사람을 벗어버리고, 삶의 태도와 행동 면에서 예수님의 모범을 그대로 따라가는 것이다.

사도행전 6장에 나오는 "제자가 더 많아졌는데"(1, 7절)라는 표현에서는 '제자'를 '믿는 자들'(행 4:32, 5:14)과 같은 의미로 사용했다. "제자들이 안디옥에서 비로소 그리스도인이라 일컬음을 받게 되었더라"(행 11:26)는 말씀에서도 '제자들'과 '그리스도인'이 동의어로 쓰이고 있다. 그러므로 사도행전에 기록된 초대교회의 '제자'는 특별히 헌신된 어떤 부류의 신자들이 아니라 예수 그리스도를 믿고 따르는 모든 그리스도인이었다. 모든 그리스도인은 예수 그리스도의 제자로서 부르심을 받고 제자도의 삶을 살아야 하는 사람들인 것이다. 제자도는 그리스도인에게 선택이 아닌 필수이다.

마이클 윌킨스는 "제자란 예수 그리스도를 구세주와 하나님으로 고백하고 그를 따르며 살아가는 사람"이라고 정의했다. 그는 "제자도는 예수 그리스도를 닮아가는 과정을 함축하고 있으므로 이 세상에서 예수 그리스도와 연합하여 지적, 감성적, 심리적, 신체적, 영적인 면에서 총체적으로 그를 닮아가는 것"이라고 보았다.[39] 그러므로 성경적인 제자도는 영성 형성과 따로 분리할 수 없다. 성경적인 제자도는 영적인 삶뿐만 아니라 윤리적인 삶과 사회적인 삶까지 포괄하는 그리스도인의 삶 전반을 포함하기에 넓은 의미에서 '점진적 성화'를 함축하고 있다.

마태복음 28장 19-20절에 따르면, 예수 그리스도께서 "내가 너희에게 분부한 모든 것을 가르쳐 지키게 하라"라고 명령하신 것에 순종하는 것이 바로 제자훈련이다. 제자훈련은 예수 그리스도와 항상 함께 거하며 모든 일을 '주 예수의 이름으로' 하는 법을 배우는 것이다(골 3:17). 즉, 예수 그리스도와 함께하며 그분의 마음에 따라 생각하고 행동하는 법을 배우는 삶이다. 하나님 나라의 사명을 위해 "하나님 아버지께서 나를 보내신 것같이 나도 너희를 보내노라"라는 지상명령을 주신 것이다.

예수 그리스도의 제자훈련 중심 주제는 '하나님 나라 복음을 선포하는 것'이다. 여기서 '나라'는 마음, 가정, 직장, 사회 등 삶의 모든 영역을 아우른다. 이는 모든 삶의 영역이 예수님의 권위 아래 있음을 뜻한다. 일상의 삶 전체가 제자도 현장이 되는 셈이다. 그리고 제자도는 무엇을 하느냐가 아니라 어떻게 하느냐의 문제다. 따라서 제자훈련이란 제자에게 주어진 시간, 장소, 가족, 이웃, 재능, 기회 속에서 예수 그리스도의 뜻에 합당하게 사는 법을 훈련을 통해 가르치는 것이다.

바울은 에베소서에서 제자도란 하나님 나라 선포를 위해 사람들을 제자 삼아 "성도를 온전하게 하여 봉사의 일을 하게 하며 그리스도의 몸을 세우려"(엡 4:12) 하는 것이라고 말씀한다. 또한 제자훈련은 "우리가 다 하나님의 아들을 믿는 것과 아는 일에 하나가 되어 온전한 사람을 이루어 그리스도의 장성한 분량이 충만한 데까지"(엡 4:13) 이르도록 훈련하는 것이라고 가르친다. 성도를 온전하게 한다는 것은 믿음과 인격이 성장해 영적으로 건강해지도록 세워준다는 뜻이다. 성도들이 제자훈련으로 온전히 성숙해지면 봉사의 일을 하며 교회와 사회를 섬기게 되어 결국 하나님 나라를 확장할 수 있게 된다.

◆ 제자훈련을 통한 영성 형성 ◆

제자훈련의 목적은 성도가 주의 형상으로 변화되게 하는 것이다. 그리스도를 따르고 순종하여 하나님의 사람으로 온전해져서 그리스도를 닮은 성품으로 선한 일을 행하는 것이다. 이는 영성 형성의 목적과 같다.

빌 헐은 영성 형성 개념이 갈라디아서 4장 19절, "나의 자녀들아 너희 속에 그리스도의 형상을 이루기까지 다시 너희를 위하여 해산하는 수고를 하노니"에서 유래했다고 보았다. 그는 "영성 형성은 제자들의 성화나 변화를 의미한다"라고 정의하면서 "복음서에서는 '제자도'라는 주제가 두드러지게 나타나는 반면, 서신서에서는 '영성 형성'이라는 주제가 더 강조되고 있다"라고 설명했다. 그는 제자도와 영성 형성이 성경과 신학에 뿌리를 두어야 한다고 강조한다.[40]

제자훈련이 제자를 삼으라는 대 사명에 기초한다면, 영성 형성은 하나님과 이웃을 사랑하라는 대 계명을 지키는 것에 근거한다. 제자훈련은 일정 기간 이루어지는 반면, 영성 형성은 그리스도인의 전 생애에 걸쳐 이루어진다. 일생 전인격적으로 예수 그리스도의 형상을 닮아가며 온전히 변화되는 과정이기 때문이다. 따라서 영성 형성이 제자훈련보다 좀 더 포괄적이고 광범위하다고 할 수 있으며, 제자훈련은 이러한 영성 형성의 핵심적인 과정이라고 볼 수 있다.

제자도와 영성 형성은 각각 독특한 영역이 있지만, 둘 다 예수 그리스도를 그리스도인의 삶의 목표로 삼는다는 점에서 공통점을 지닌다. 제자훈련과 영성 형성의 궁극적인 목표는 예수 그리스도를 닮아가는 성품의 변화에 있다.

제자도는 성숙한 제자가 또 다른 제자를 양육하고 훈련하여 전인격적 영성 형성을 이루도록 하는 재생산을 목적으로 한다. 비신자에게 복음을 전하고 그를 양육하여 예수를 닮은 온전한 사람으로 변화시켜 온전한 인간성을 회복시킬 뿐만 아니라, 그를 다시 제자 삼는 지도자로 세워 신앙을 계승해가는 것이다(골 1:28, 딤후 2:2). 그리스도의 제자는 가정, 직장, 사회에서 복음을 전하고 예수 그리스도를 믿고 따르는 삶의 본을 보여준다. 또한 다른 영혼들을 영적으로 돌보고 이끌어줌으로써 영적으로 양육한다.

양육은 다른 영혼이 영적으로 성장할 수 있도록 사랑, 관심, 인내, 격려 등으로 돌보는 것이다. 다른 사람을 영적으로 돌보려면 자신이 먼저 그리스도를 더욱 사랑하며 깊이 알아가야 한다. 각자가 그리스도를 알고 사랑하는 만큼 다른 영혼을 돌볼 수 있기 때문이다. 그러므로 다른 사람을 영적으로 양육하고 재생산하려면 자신이 성령님의 임재와 능력에 의지하는 그리스도의 제자가 되어 지속적인 영성 형성을 이루어 나가야 한다.

복음주의적 지성인이자 영성 형성의 선두주자인 달라스 윌라드는 제자가 아닌 사람들이 외치는 영성은 공허하다고 말한다. 이 시대 그리스도인의 최대 과제는 제자도의 회복이다. 윌라드는 영성 형성을 "제자도라는 쉬운 멍에를 메고 우리의 스승 예수와 동행하는 가운데

예수의 성품이 점차 우리를 지배하고 우리 안에 스며드는 과정"이라고 정의했다.[41]

이처럼 영성 형성은 성령의 도우심으로 우리 내면에서 예수 그리스도의 인격이 자연스럽게 흘러나오게 하는 것이다. 한 사람을 예수님을 닮은 제자로 세우고 훈련하는 과정이 바로 영성 형성이다. 영성 형성은 제자의 삶에 예수 그리스도의 온전한 형상이 나타나도록 성령의 능력을 덧입는 과정인 것이다.

영성 형성은 영적 성장의 과정이기에 단계를 거쳐 성장한다. 해그버그(Hagberg)와 불리치(Buelich)는 기독교 영성을 그리스도인의 삶 자체로 보면서 믿음의 여정, 즉 영성이 형성되는 과정을 6단계로 구분했다. 전반부 세 단계는 외적 기준으로 표현되는 외면 단계이며, 후반부 세 단계는 또 다른 차원에서의 재발견을 필요로 하는 영적이고 심리적인 내적 치유의 단계이다.

영성 1단계에서는 하나님에 대한 인식을 통해 하나님을 발견하고 경외감을 가지며 겸손해진다. 영성 2단계는 제자의 삶이다. 배움과 소속감을 갖게 되며 기초를 세우게 된다. 3단계는 생산적인 삶이다. 보상을 추구하고, 영적 목표를 달성하려는 행위의 단계라고 할 수 있다.

4단계는 내면의 여정으로 접어드는 단계다. 이 단계에서는 삶과 신앙의 위기를 경험하며 통제력을 잃고 혼란과 고통을 겪게 된다. 이러한 동요를 통해 가면이 벗겨지고 그 결과 하나님과의 신실한 관계를 추구하게 된다. 또한 믿음의 여정에서 부딪히는 한계와 씨름하면서 자아가 깨어지고 하나님의 뜻에 복종하는 법을 배우게 된다.

5단계는 한계를 통과하면서 진정으로 변화되는 단계다. 자아 중심적인 성향을 벗어나 성령에 굴복하고 사로잡혀 외적으로 성령의 열매를 풍성하게 맺는 여정을 걷게 된다. 6단계는 자신을 초월한 사랑의 삶으로, 하나님께 절대 순종하는 예수 그리스도를 닮은 삶이다.[42]

이러한 믿음의 여섯 단계와 한계는 우리가 어떻게 영성을 형성해 나아가는지를 잘 보여주는 모델이다.

그리스도께서 제자를 부르신 목적은 "거룩하고 흠 없고 책망할 것이 없는 자로 그 앞에 세워"(골 1:22) "선한 일을 열심히 하는 자기 백성이 되게 하려 하심"(딛 2:14)이다. 이것은 하나님께서 창세 전에 그리스도 안에서 그의 자녀를 택하신 이유와 같다(엡 1:4-6). 윌라드는 "제자 훈련의 목표는 첫째, 예수를 통해 하나님 아버지를 깊이 사랑하고 기뻐하며 그의 선하신 뜻을 이루는 것이다. 둘째, 옛사람을 벗고 새사람을 입는 것, 즉 죄에 종노릇하던 구습을 벗어버리고 거룩한 습관으로 새롭게 변화되는 데 있다"라고 했다.

거룩하고 흠 없는 영성 형성을 위해서는 옛사람을 부분적으로 고치는 것으로는 충분하지 않다. 성령으로 말미암아 온전한 새사람으로 완전히 갱신되어야 한다. "혈과 육은 하나님의 나라를 유업으로 받을 수 없기"(고전 15:50) 때문이다. 예수 그리스도를 알아감으로 성숙해지고 거룩해져서 하나님을 기뻐하며 그분께 영광 돌리는 것이 제자로서의 존재 이유이자 삶의 최고 목표이다. 이러한 목적을 추구하는 제자는 하나님을 갈망하며 성령님의 인도하심에 따라 하나님의 임재 앞으로 나아간다. 그분을 나타내고 그분과 같이 되고자 하는 간절한 열망을 품고 살아간다.

♦ 오늘날 제자훈련 개념의 재정립: ♦
성경적 제자도의 회복을 위하여

제자도의 핵심은 그리스도와 하나 되는 것, 즉 그리스도의 십자가에 동참하여 자아가 죽는 경험에 있다. 제자도는 자신을 부인하고, 사회 속에서 이웃 사랑을 실천하는 삶을 포함한다. 성경이 말하는 제자도는 단순히 입술로 신앙을 고백하는 차원에 머물지 않는다. 오히려 구체적인 삶과 행동을 통해 자기를 부인하고 십자가를 지는 것이다. 여기서 자신의 십자가를 진다는 의미는 단순히 고통을 인내하는 것 이상이다. 그것은 예수님의 제자로서 기꺼이 받아들이고 자발적으로 감수하는 고난을 뜻한다.

그러나 오늘날의 제자훈련은 자기 죽음의 내적 측면과 이웃 사랑을 실천하는 외적 측면이 모두 상실되어 있다. 제자훈련 과정을 이수하고 성경 암송이나 책 읽기 과제를 완수하는 것으로 제자훈련을 다 받았다고 여기는 경향이 있다. 오늘날 제자훈련은 성경에서 말씀하는 제자도의 수준과는 비교할 수 없을 정도로 수준이 낮아졌고 지나치게 세속화되어 버렸다.

왜 이런 상황이 벌어졌을까? 무엇보다 오늘날의 교회가 초대교회의 핍박이나 순교적인 영성을 지니지 못한 채 전반적으로 영적 수준이 매우 낮아졌기 때문이다. 물론 이런 형태의 제자훈련으로도 이전과는 큰 차이가 날 만큼 변화의 열매를 거두기도 한다. 그러나 자기를 부인하고 자기 십자가를 지는 사람들의 숫자는 여전히 소수에 불과하다. 세상 가치관이 시대에 따라 변하더라도 제자훈련은 변함없는 은혜와 진리에 근거하여 믿음과 순종의 삶을 일관되게 강조하고 체질을 개선해 나가야 한다.

그레그 옥던은 오늘날 제자훈련이 성경적 제자도의 정신을 잃어 버린 원인을 인간의 필요에 초점을 맞춘 프로그램을 통해 제자를 양성하려는 데서 찾았다.[43] 교회는 많은 사람을 동시에 훈련시키려다 보니 그룹을 짜고 시스템을 활용하여 제자훈련 프로그램을 만든다. 사람은 저마다 성장 속도가 다른데 여러 사람을 획일적인 틀 안에서 훈련시키다 보면 각 사람을 온전한 자로 세우는 제자도의 핵심을 놓치기 쉬운 것이다.

그러나 성경적 제자도의 핵심만 지킬 수 있다면 그룹 훈련이 오히려 강점을 발휘할 수 있다. 제자훈련은 일정 기간, 신앙 공동체에서 개인의 영성 형성을 위해 소그룹으로 이루어진다. 그래서 하나님과의 일대일 관계뿐만 아니라 형제들과의 관계에서도 서로 돌아보고 세워주는 친밀한 유대 속에서 헌신하는 것을 익힐 수 있다.

소그룹은 개개인의 영성 형성을 고무할 뿐만 아니라 공동체의 지체로서 서로 사랑하는 관계를 맺도록 한다. 제자훈련을 개인별로 진행한다면, 훈련생들이 하나의 공동체로 연합되어 서로를 위해 기도하고 섬기는 기회를 놓치게 된다. 그러나 소그룹에서는 서로 돌아보며 합심으로 기도하고, 다른 훈련생의 간증이나 삶을 통해 배우고 도전받는 유익을 얻을 수 있다.

제자도는 평신도를 사도들처럼 예수 그리스도의 제자로 세워 복음 전파를 위한 소명자로 무장시키겠다는 목회 전략이다. 또한 제자훈련은 평신도를 말씀으로 훈련해 다른 영혼들을 가르치고 돌보는 사역에 동참하게 해 성숙한 평신도 지도자로 세우는 목회 방식이기도 하다. 진리는 인격적이기에 그 진리에 붙들린 자들의 존재 전체를 변혁시킨다. 제자훈련 과정의 역동성은 그리스도께서 분부하신 이러한 진리를 가르쳐 지키게 하는 데 있다(마 28:20).

이를 위해서는 가르침과 훈련의 균형 있는 조화가 필요하다. 가르침은 제자에게 진리를 전수하고, 훈련은 거룩한 습관을 형성하여 영적인 삶에 숙련되게 해준다. 만약 훈련 없이 가르침으로만 그친다면 신앙이 이론에만 머물러 믿는 것과 행동하는 것 사이에 불균형을 초래할 수 있다.

오늘날은 이러한 신앙의 불균형으로 말만 앞세우고 덕을 세우지 못해 그리스도인이 사회에 물의를 일으키는 사례가 허다하다. 이런 점에서 제자훈련의 열쇠는 믿음과 순종, 즉 '순종하는 믿음'에 있다. 믿음 없는 순종은 율법주의를 낳고, 순종 없는 믿음은 방종을 양산한다. 그러므로 참된 믿음은 진리에 순종함으로써 증명될 수 있다.

제자훈련은 인격적 관계, 진리에 대한 깨달음, 헌신, 적용을 통한 행동 변화, 연합 등을 축으로 해서 이루어진다. 제자훈련의 내용은 개인적으로도 습득할 수 있지만, 제자훈련 과정에서 경험하는 관계와 연합의 요소가 중요하다. 따라서 교회라는 신앙 공동체 안에서 함께 훈련받는 것이 성경적인 가르침이다.

훈련은 진정한 영적인 복을 받아 누리기 위한 준비 과정이다. 훈련을 제대로 받지 못하면 성품이 온화해지기보다 오히려 강퍅해진다. 그러므로 성령이 주관하시는 제자훈련을 통해 잘못된 습관은 제거하고 마음을 단련하여 그리스도의 형상이 우리 안에 이루어지도록 해야 한다. 제자훈련 프로그램은 보통 1년 과정이며, 사역 훈련까지 포함하더라도 2년이면 끝난다. 이 기간에 자기를 부인하고 예수 그리스도께 전적으로 의존하고 순종하는 훈련을 받아야 한다.

그러나 만일 이런 의지적인 훈련 없이 지식 위주의 성경 공부식 제자훈련이 된다면 말씀과 영성 사이의 긴장을 잃어버리기 쉽다. 말씀을 합리적인 이성으로만 이해하고 받아들이면 성령님의 역사와 기적에 대해서는 마음이 닫히고 성령님의 능력을 거부하게 된다. 그러면 말씀과 성령의 인도하심으로 예수님을 닮아가는 성품의 변화에 초점을 맞춰야 하는 제자훈련의 목표가 상실된다. 또한 문자적이고 교리적인 훈련으로만 고착되는 위험에 빠지게 되어, 성경적 제자도의 개념과는 동떨어진 결과가 나타날 수 있다. 획일화되고 외식적인 바리새인을 양산하게 되는 것이다.

이렇게 잘못된 제자훈련을 받은 사람들은 하나님의 의가 아닌 자기 의를 주장하며, 자기 표준으로 타인을 판단하고 정죄하는 집단으로 전락한다. 실제로 제자훈련을 받은 후에 영적 특권층 의식을 가지고 군림하려는 사람들이 있다. 이것은 제자훈련을 맡은 목회자가 올바른 성경적 제자도의 개념을 망각하고 인간 중심의 훈련을 시켜서 생기는 문제일 수 있다. 혹은 교회가 너무 많은 훈련생을 한꺼번에 양산하기 때문에 발생하는 부작용일 수도 있다.

한편 어떤 제자훈련 인도자들은 훈련생들을 성경 암송, 경건의 시간, 생활 숙제 등의 외적 훈련을 통해서만 제자로 변화시키려고 한다. 그러나 이러한 제자훈련은 내면을 변화시키지 못하기 때문에 훈련을 마치고 난 후엔 다시 이전 상태로 돌아가기 쉽다. 사실 1년의 제자훈련 프로그램 기간에 사람이 온전히 변화된다는 것은 쉽지 않다. 그러나 성령님의 도우심으로 훈련생들을 녹이시고, 빚으시고, 채우시는 사역을 통해 자기를 부인하고 예수 그리스도와 연합하는 제자도와 영성 형성을 이룰 수 있다.

하나님은 "자기의 기쁘신 뜻을 위하여 너희에게 소원을 두고 행하게"(빌 2:13) 하신다. 또한 성령님의 역사와 훈련으로 계발된 습관들을 사용하셔서 우리 안에 그리스도의 성품과 인격을 이루신다. 그러므로 제자 훈련생들이 전인격적으로 예수 그리스도의 분량에까지 성장하려면 성령의 인도하심에 민감하게 따르며 늘 순종해야 한다.

◆ 새 언약에 기초한 제자훈련의 방향성 ◆

제자훈련이 나아가야 할 올바른 방향은 예수 그리스도의 구속 사역으로 이루어진 새 언약에 기초하여 대 계명을 지키는 제자를 양성하는 것이다. 다시 말해, 모든 민족을 제자 삼아 하나님 나라가 이 땅에 임하고 확장되도록 모든 삶의 영역에서 하나님과 이웃을 사랑하는 제자를 키워내는 것이다. 영적 성장은 인간 중심적이고 이기적인 영성에서 벗어나 예수 그리스도의 최대 관심사였던 하나님의 영광과 그의 나라에 초점을 맞추어야 한다.

하나님 나라가 구약과 신약을 관통하는 중심 주제임에도 불구하고 초대교회 이후 특히 현대에는 하나님 나라 사상이 희박하다.

영적 성장이 하나님 나라에 대한 초점을 잃지 말아야 하는 이유는 예수 그리스도께서 이 세상에 오신 목적이 구원의 복음을 전파하여 하나님 나라를 세우는 데 있기 때문이다(눅 4:43). 하나님 나라는 눈에 보이는 육신적인 것이 아니라 사람들의 마음속에 하나님의 주권과 통치가 실제로 이루어지는 영적인 것이다. 하나님 나라는 하나님의 주권에 복종하고 하나님의 뜻이 성취되는 곳이다.

하나님 나라와 그의 의가 이 땅에 임할 수 있는 근거는 새 언약에 있다. 언약 관계는 "생명을 주고 생명을 유지하는 관계"이다. 인간의 죄로 말미암아 옛 계명이 연약하고 무익해졌기 때문에 하나님께서는 그리스도의 피로 새 언약을 세우셨다. 또한 성령께서 이 새 언약에 인을 쳐주셨다. 예수 그리스도의 새 언약은 구원과 회복이 사람의 노력이나 공로가 아니라 성육신을 통한 하나님의 전적이며 초자연적인 역사로 이루어지는 것임을 확증한다. 예레미야 31장 31-34절에서 약속하신 새 언약은 세 가지 특징을 지닌다.

첫째, "내가 나의 법을 그들의 속에 두며 그들의 마음에 기록하여"(33절)라는 말씀처럼, 새 언약은 예수 그리스도의 희생으로 마음에 새겨진 사랑의 법에 기초한다. 이는 '해야 할 것'과 '하지 말아야 할 것'을 강조하는 외적 율법의 옛 계명과 구별된다.

둘째, 옛 언약은 이스라엘 민족에 국한되었으나, 하나님 나라의 새 언약은 모든 민족에게 차별 없이 전파되는 복음의 보편성에 근거한다(34절).

셋째, 율법은 어기면 즉시 정죄와 저주를 초래하지만, 새 언약은 죄사함을 통해 의로 인도하며 그리스도의 형상으로 온전함에 이르도록 한다(34절). 따라서 제자훈련의 기초가 새 언약 위에 세워질 때, 온전한 그리스도의 형상이 회복되어 하나님 나라와 그의 의가 이 땅에 실현될 수 있다.

이제 우리는 새 언약의 죄 사함에 기초하여 그리스도의 형상으로 회복되는 영성 형성을 이룰 수 있게 되었다. 그리스도로 말미암은 새 언약은 "율법 조문의 묵은 것"이 아니라 "영의 새로운 것으로 섬기는" 것으로 방향을 전환했다(롬 7:6). 이 세상에서 더 나은 삶을 추구하던 옛 방식을 버리고, 성령의 인도 아래 하나님과 깊은 교제를 누리는 영적 삶으로 변화되는 것이 영성 형성이다.

영성 형성이란 성령님께서 그리스도인의 내면에 역사하셔서 예수님의 인격과 천국의 실체를 형성해주시는 과정이다. 성령님은 우리의 내적 성품이 하나님을 기쁘시게 하는 성령의 열매를 맺도록 자라가게 하신다. 그러므로 제자훈련은 예수 그리스도께서 이루신 새 언약에 기초한 영성 형성으로 나아가야 한다. 이렇게 제자훈련이 영성 형성으로 발전되고 확장될 때, 하나님이 기뻐하시는 성령의 열매를 맺을 수 있다.

예수의 제자에게 영적 성장이란 하나님의 참된 형상에 위배되는 모든 것을 점진적으로 버리는 과정이다. 참되고 살아계신 하나님을 향해 자신을 점점 더 열어가는 과정인 것이다. 우리에게는 자신의 의지대로 하나님을 통제하려는 죄성이 있다.

우리 마음대로 하나님을 통제하려는 모든 헛된 상상과 기대를 버리고, 인간의 모든 생각과 사고와 기대를 훨씬 뛰어넘으시는 여호와 하나님을 알아가는 것이 진정한 영적 성장이다. 그러므로 먼저 성경에서 말씀하시는 하나님을 바로 알아가야 한다. 그럴 때 제자훈련이 추상적 개념이 아닌, 예수 그리스도와의 인격적 관계 속에서 주님을 사랑하고 그의 이름을 영화롭게 하는 것이 될 수 있다. 제자훈련은 이전에 우리 마음에 남아 있던 하나님에 대한 그릇된 인식을 떨쳐내는 과정이 되어야 한다.

예수님의 제자가 행동 지침으로 삼고 도덕적 행위의 본보기로 삼아야 할 기준은 율법이 아니라 "생명의 성령의 법"(롬 8:2)이다. "성령의 법"은 예수께서 주신 "새 계명"이다. 예수 그리스도께서 성취하신 새 언약으로 새 계명이 주어졌다. "새 계명을 너희에게 주노니 서로 사랑하라 내가 너희를 사랑한 것같이 너희도 서로 사랑하라 너희가 서로 사랑하면 이로써 모든 사람이 너희가 내 제자인 줄 알리라"(요 13:34-35).

성령님의 법인 새 계명은 "사랑하라"라는 명령이다. 예수 그리스도께서 주신 대 계명은 첫째는 하나님을 전심으로 사랑하고, 둘째는 이웃을 사랑하라는 것이다(막 12:28-31). 사랑은 사랑하는 대상을 위해 자신의 권리를 기꺼이 포기할 수 있다. 최고의 것을 줄 수 있는 것이 사랑의 가장 중요한 속성이다. 이처럼 자신의 소중한 권리를 예수 그리스도께 양도하고 포기하는 것이 제자도의 조건이다.

하나님의 영으로 가르침받는 하나님의 새 언약 백성이 된 제자는 서로 사랑해야 한다. 사랑하는 것이 교회 내에서 그들이 맺고 있는 모든 관계를 규정짓는 언어가 되어야 한다. 제자훈련은 궁극적으로 예수 그리스도 안에서 하나님과 사람들을 사랑하는 제자를 키우는 것이다.

이 사랑은 인간의 사랑과는 근본적으로 다르다. 인간의 사랑은 자

제자도의 관점에서 본 영성 형성

기를 위해 타인을 사랑하는 것이지만, 제자의 사랑은 그리스도를 위해 타인을 사랑하는 것이다. 제자의 표지인 사랑은 예수 그리스도께서 직접 보여주신 본을 중심으로 삼는다. 상대방을 지배하고 강요하려는 모든 통제에서 상대를 자유롭게 하는 것이다. 그러므로 제자훈련에서 훈련이라는 명목으로 훈련생을 각자의 책임과 성령의 인도하심에서 끌어내려 훈련 담당자 자신의 통제 아래 두려는 것은 성경적 제자도에 어긋날 뿐만 아니라 매우 위험한 일이다.

♦ 전인격적 영성 형성을 위한 제언 ♦

지금은 교회에서도 문화적으로 포스트모던 현상들이 나타나고 있기에 이에 대한 대책이 필요하다. 21세기를 살아가는 사람들은 희로애락이 교차하는 인생살이에 테러나 전쟁 같은 충격, 도전, 혼동까지 더해져 엄청난 변화를 겪고 있다. 그러나 교회 교육은 이런 변화를 따라가지 못하고 실제 삶의 현장과 동떨어진 교육 방법과 커리큘럼에 매여 다음 세대로의 신앙 계승이 제대로 이뤄지지 못하고 있다.

이처럼 복합적이고 불확실하며 다양한 문화에서 자라나는 다음 세대를 바르게 교육하려면 교회가 신앙 공동체로서 생명을 공급하고 소망을 주어야 한다. 하멧(Hammett)은 이런 변화의 시대를 섬기는 교회에 필요한 것으로, 믿는 사람들이 신뢰할 수 있는 안전한 공동체, 하나님을 찾는 상처받은 사람들을 멘토링할 수 있는 관계, 서로 격려하고 책임지는 소그룹, 성경 진리를 실생활에 적용할 수 있도록 돕는 제

자훈련, 찬양과 말씀으로 살아있는 예배 등을 강조했다.[44]

포스트모더니즘 시대에 제자훈련을 통해 그리스도의 형상을 닮아가는 영성 형성을 어떻게 이뤄갈 것인가는 우리 모두의 과제다. 세상은 급격히 변화하는데 교회는 시대 변화에 무감각하게 반응하며 사회의 요청을 외면해왔다. 그 결과 교회는 세상에 영향을 끼치지 못한 채 무기력해졌다.

미래학자 레너드 스윗은 "모더니즘에서 포스트모던 시대로 전환하는 역사상 가장 큰 변혁기에 교회는 모더니티에 붙들려 재고품이 되고 낡아빠진 것으로 전락하고 있다. 교회는 시대에 뒤처진 사고와 행동 유형을 바탕으로 기독교 전통을 구현하고 재현하려는 구습에 젖어 있다"라고 지적했다.

교회는 진리가 아닌 과거의 전통이나 관습에 얽매여 세상에 선한 영향력을 끼치지 못하고 조금씩 신뢰를 잃어가고 있다. 그러나 교회의 사명은 관습이나 유행이 아닌 진리의 말씀으로 문화에 영향을 미치며 예수 그리스도의 복음을 전하는 것이다.

이에 대해 스윗은 "포스트모던 시대의 교회는 복음을 전파하기 위해 현대적이기보다 중세적이어야 하며, 교부적이기보다는 사도적이어야 한다"라며 침체된 한국 교회가 나아갈 방향을 제시해준다.[45] 그는 미래 교회의 구체적 모델로 경험(experiential), 참여(participatory), 이미지 중심(image-driven), 관계 중심(connected)의 EPIC 교회를 세우라고 도전한다. 경험하고 느끼는 교회, 참여하고 상호작용하는 교회, 이미지와 은유로 사고하는 교회, 관계가 살아있는 공동체를 세우는 교회가 필요하다는 것이다.

이 네 가지 특징은 제자훈련과 특별새벽기도회에서 공통적으로 나타나는 현상이다. 제자훈련은 소그룹에서 말씀을 통한 변화를 경험하게 하고, 말씀을 삶에 적용하도록 참여시키며, 기존의 전통적 이미지를 갱신하게 하고, 관계 중심으로 교제하게 한다.

새벽기도는 한국 교회의 고유한 전통 가운데 계속해서 보존하고 발전시켜 나가야 할 귀중한 신앙 유산이다. 이는 예수 그리스도께서 하나님과 새벽에 만나셨던 모범을 따르는 것이기 때문이다(막 1:35). 기도 자체가 하나님의 백성이 세상에서 그분의 임재와 역사에 참여하기 위해 자신을 드리는 산제사이다. 특히 새벽기도는 하루의 첫 시간에 일상을 하나님의 뜻과 인도하심에 맡기고 도우심을 구하는 믿음의 행위다. 한국 교회의 부흥과 성장에는 새벽기도의 영향이 컸다. 새벽기도와 통성기도에서 한국 교회의 영성이 키워졌다. 그러나 현재는 점점 새벽기도가 약화되고 젊은 세대들에게 외면받으면서 그 명맥이 끊어질 위기에 있다.

사랑의교회는 조부모, 부모, 자녀, 손주 4세대가 함께 참여하는 '특별새벽기도회(특새)'를 통해 새벽기도에 새 활력을 불어넣었다. 2003년 가을에 시작된 특별새벽기도회는 한국 교회에 큰 반향을 일으키며 젊은 세대들과 세계 교회가 함께하는 글로벌 새벽기도회로 발전했다. 특별새벽기도회가 한국 전역에 확산되어 많은 교회가 동참하는 이유는 한국 교회 성장에 필요한 시대적 요청이었기 때문이다.

특새나 토요비전새벽기도회(토비새)가 일반 새벽기도와 다른 점은 청년들과 아이들도 참여해 함께 은혜와 변화를 경험하는 관계 중심의 새로운 이미지를 구축한다는 것이다. 특새를 통해 성도들은 은혜를 경험하고, 그 은혜를 인터넷에서 나누며 상호작용한다. 또한 세상에 새로운 이미지를 구축하고, 4세대가 함께 모여 합심기도와 중보기도를 하면서 관계가 살아있는 공동체가 세워지고 있다.

그리스도인에게 중요한 문제는 믿음과 실천을 한데 묶어주는 전인적 영성을 어떻게 만들어가는가이다. 이런 차원에서 제자훈련을 하는 교회의 특새는 균형 잡힌 전인격적 영성 형성을 위한 좋은 훈련장이 된다. 말씀과 기도와 찬양이 조화롭게 연결되기 때문이다.

특새는 제자훈련이 말씀 공부 위주의 지식에 그치지 않고 은혜로 지성이 변화되도록 돕는다. 또한 뜨거운 찬양은 감성의 영성을, 말씀에 근거한 기도는 하나님의 뜻에 순종하는 의지의 영성을 형성하게 한다. 나라와 사회를 위한 합심 기도로는 사회적 영성을, 개인 기도로는 영혼이 은혜를 받아 몸의 치유가 일어나고 경건한 기도 습관이 형성되도록 돕는다. 그러므로 특새는 제자훈련이 지성, 감성, 의지, 공동체와 이웃 사랑, 경건의 습관 등을 더 강화시켜 전인격적으로 균형 잡힌 변화를 가져오게 하는 역할을 한다.

한국 교회는 더 이상 입술로만 신앙고백하는 교인이 아닌, 제자훈련을 통해 그리스도께 전적으로 위탁하고 절대 순종하는 전인격적 영성을 지닌 그리스도인을 양성해야 한다. 그래야 온전한 그리스도의 몸으로서 세상 끝까지 그리스도를 전하는 생명과 은혜의 공동체가 될 것이다. 한국 교회가 온전히 세워지고 하나님이 기뻐하시는 그리스도의 형상으로 거듭나 예수님이 맡기신 대사명과 대계명을 이뤄 하나님 나라와 뜻이 이 땅에 아름답게 이루어지기를 소망한다.

13장

새로운 피조물

바울의 영성 형성 과정

바울은 예수 그리스도의 부활 승천 후 예수님을 믿고 성령의 감동과 조명으로 예수 그리스도의 사도가 되어 전인격적 영성 형성을 이룬 대표적인 인물이다. 바울은 본래 가말리엘 문하에서 조상들의 율법에 대해 엄격한 교훈을 받았고 하나님께도 열심이 있는 자였다(행 22:3). 그가 율법의 엄한 교훈에 따라 가말리엘 문하에서 훈련받았다는 사실은 제자훈련의 원형을 이미 체득했음을 시사한다.

바울은 다메섹 도상에서 그리스도를 인격적으로 만난 후 즉시 새 사람으로 변화되었다. 그 이후 아라비아로 갔다가 다메섹으로 돌아가서 "사람에게서 받은 것도 아니요 배운 것도 아니요 오직 예수 그리스도의 계시로 말미암은"(갈 1:12, 17) 훈련 과정을 거쳤다.

바울은 자신이 먼저 그리스도를 따르며 본받는 삶, 즉 제자도의 본보기가 되었다. 이를 통해 그는 제자도와 전인격적 영성 형성에 대한 신학적 기초를 세우고, 이방인에게 복음을 전하는 사도가 될 수 있었다. "그리스도는 모든 믿는 자에게 의를 이루기 위하여 율법의 마침이 되시니라"(롬 10:4)라는 말씀은 바울이 가말리엘 문하에서 받았던 율법이 그리스도로 말미암아 완성되었음을 보여준다(마 5:17).

바울의 가장 큰 사명은 제자도였다. 그는 예수 그리스도를 "전파하여 각 사람을 권하고 모든 지혜로 각 사람을 가르침은 각 사람을 그리스도 안에서 완전한 자로 세우려 함"(골 1:28)이라 했다. 바울은 디모데를 제자훈련시켰고, "또 네가 많은 증인 앞에서 내게 들은 바를 충성된 사람들에게 부탁하라 그들이 또 다른 사람들을 가르칠 수 있으리라"(딤후 2:2) 하며 그에게 제자훈련의 재생산을 명했다.

또한 바울은 영성 형성이 자기 사역의 핵심임을 보여주었다. "너희 속에 그리스도의 형상을 이루기까지 다시 너희를 위하여 해산하는 수고를 하노니"(갈 4:19). 그의 전인격적 영성 형성의 목표는 완전한 하나님의 형상이신 예수 그리스도의 장성한 분량에 이르는 것이었다(엡 4:13). 그래서 그는 "우리를 전파하는 것이 아니라 오직 그리스도 예수의 주되신 것"(고후 4:5)을 전파하는 일에 생명을 바쳤다.

바울에 따르면 그리스도의 제자는 "그 아들의 형상을 본받게 하기 위하여 미리 정하[신]"(롬 8:29) 자들이다. 또 "주의 영광을 보매 그와 같은 형상으로 변화하여 영광에서 영광에 이르[는]"(고후 3:18) 사람들이다. 여기서 '그리스도의 형상'은 그리스도를 닮은 성품을 뜻한다. 우리가 성령의 사역으로 그리스도의 형상으로 변화되는 것이 바로 영성 형성의 과정임을 가르쳐준 것이다.

바울은 데살로니가 교인들에게 "평강의 하나님이 친히 너희를 온전히 거룩하게 하시고 또 너희의 온 영과 혼과 몸이 우리 주 예수 그리스도께서 강림하실 때에 흠 없게 보전되기를 원하노라"(살전 5:23)라고 축도했다. 이는 거듭난 성도의 전인이 온전히 거룩하고 흠 없이 성화되기를 기도하는 문장이다. 거룩함은 하나님께서 자녀들에게 바라시는 특성이자 그들에게 이루고자 하시는 궁극적 목적이다.

'영'에 해당하는 헬라어 '프뉴마'는 구원받은 인간의 심령에 내재해 하나님과 교통하게 하는 것이고, '혼'에 해당하는 '프쉬케'는 생각하고 감정을 느끼는 정신적 기능을, '몸'에 해당하는 '소마'는 인간의 육체를 가리킨다. 바울은 우리의 비물질적 영혼과 물질적 몸 전체를 흠 없이 온전히 하나님께 드리라 권면한 것이다. 그는 '온전히'(holoteleis)와 '모두'(holokleron)라는 표현을 사용하여 거룩함이 삶의 모든 영역을 포괄해야 함을 강조하면서, 이것이 제자도의 핵심임을 확인했다.

♦ 지성의 변화: 하나님의 지혜로 새롭게 되는 생각 ♦

바울은 예수 그리스도를 인격적으로 만난 후 유대교에서 받았던 모든 가르침을 아무 가치 없는 것으로 여겼다. "모든 것을 해로 여김은 내 주 그리스도 예수를 아는 지식이 가장 고상하기 때문이라 내가 그를 위하여 모든 것을 잃어버리고 배설물로 여김은 그리스도를 얻고"(빌 3:8). 바울은 예수 그리스도를 지성과 학문의 대상이 아니라 자기 삶의 주인으로 삼았다. 인간의 모든 생각과 사고가 그리스도께 복종할 때 지성과 학문도 제 기능을 발휘할 수 있기 때문이다.

그는 과거에 자랑스럽게 여겼던 모든 지성과 학문을 그리스도의 주되심에 복종시키고 그리스도 중심으로 거듭남으로써 복음의 신학적 기초를 세웠다. 그의 학문은 과거에는 죽은 의문과 연약하고 무익한 율법에 대한 지식이었다(히 7:18). 그러나 성령의 조명과 감동 아래 생명력 있는 지성으로 영성이 형성된 후에는 "교훈과 책망과 바르게 함과 의로 교육하기에 유익한"(딤후 3:16) 생명의 말씀을 기록하게 되었다. 그는 그리스도의 십자가 복음과 부활의 권능으로부터 깊고 심오한 교리들을 세우고 가르쳤다.

바울은 그리스도인의 마음에서는 끊임없이 영적 전투가 일어나고 있음을 시사한다. "우리의 싸우는 무기는 육신에 속한 것이 아니요 오직 어떤 견고한 진도 무너뜨리는 하나님의 능력이라"(고후 10:4). 여기서 "견고한 진"은 "하나님 아는 것을 대적하여 높아진 것"(고후 10:5)을 포함한 잘못된 신념이나 생각이다.

현대 사회에서 악이 엄청난 파괴력을 갖게 된 이유는 인간의 기술 발전 자체보다는 그 배후에 도사린 잘못된 이념 때문이다. 그러므로 세상의 미혹된 영이 마음에 깊이 심어놓은 잘못된 신념 체계인 "견고한 진"을 무너뜨리려면 모든 생각을 사로잡아 그리스도께 복종시키고 그리스도를 통해 하나님을 아는 것에서 자라가야 한다.

하나님을 아는 것에 자라간다는 뜻은 빌립보서 1장 말씀으로 설명할 수 있다. "너희 사랑을 지식과 모든 총명으로 점점 더 풍성하게 하사 너희로 지극히 선한 것을 분별하며 또 진실하여 허물없이 그리스도의 날까지 이르고 예수 그리스도로 말미암아 의의 열매가 가득하여 하나님의 영광과 찬송이 되기를 원하노라"(빌 1:9-11).

그리스도의 사랑 안에서 지식과 모든 총명으로 자라게 되면 마음

제자도의 관점에서 본 영성 형성

에 잘못 각인되었던 신념 체계나 생각이 무너지고 올바른 분별력이 생긴다. 그 결과 진실하고 흠 없는 의의 열매를 맺어 하나님께 영광을 돌리게 된다. 바울은 성령이 조명하시는 "하나님의 지혜"인 말씀의 진리와 지식으로 우리의 생각을 사로잡아 순종할 때 마음이 새롭게 변화되는 지성의 영성 형성이 이뤄진다고 가르친다(롬 12:2, 고전 2:7).

◆ 감성의 변화: 그리스도 안에서 기뻐하는 삶 ◆

바울은 유대인들이 스데반을 박해하고 돌로 쳐 죽이는 데 가담했던 냉혹하고 잔인한 사람이었다. 그러나 예수님을 알아가면서 그의 감성에 놀라운 변화가 일어났다. 바울은 자신이 처한 상황을 이겨냈을 뿐 아니라, 감옥에서조차 기뻐하고 기뻐하라고 권면할 만큼 주님을 향한 뜨거운 사랑의 감성이 충만했다.

"만일 너희 믿음의 제물과 섬김 위에 내가 나를 전제로 드릴지라도 나는 기뻐하고 너희 무리와 함께 기뻐하리니"(빌 2:17). "주 안에서 항상 기뻐하라 내가 다시 말하노니 기뻐하라"(빌 4:4). 이러한 바울의 고백은 그의 기쁨이 온전히 주 안에서의 기쁨임을 보여준다.

이는 우리의 감정이 주로 상황이나 환경에 좌우되는 것과는 차원이 다르다. 바울의 기쁨은 허황된 환상에 빠진 거짓 감정이 아니었다. 그의 내면에서 역사하시는 예수 그리스도로 인한 진정한 기쁨이자 성령의 열매였다.

예수 그리스도의 고난에 동참하는 것을 기뻐할 수 있도록 감정을 변화시키는 분은 성령이시다. 또한 세상이 알 수 없는 참된 기쁨을 경험하는 것은 예수 그리스도 안에서 살아가는 제자의 특성이다(살전 5:16). 영적인 기쁨과 즐거움을 누리는 제자는 자신의 유익과 무관하게 하나님 안에서 기뻐한다. 그러므로 진실한 감성의 영성 형성은 우리를 하나님의 실재하심과 그분의 살아계심 앞으로 이끌어, 그 안에서 진정한 기쁨을 경험하게 한다.

바울은 또한 영혼들을 향한 사랑의 감정도 표현했다. "내가 마음에 큰 눌림과 걱정이 있어 많은 눈물로 너희에게 썼노니 이는 너희로 근심하게 하려 한 것이 아니요 오직 내가 너희를 향하여 넘치는 사랑이 있음을 너희로 알게 하려 함이라"(고후 2:4). 그의 슬픔과 고통은 거룩한 품성과 순결한 감성에서 우러나오는 영혼의 아픔이었다.

또한, 바울은 찬양을 통한 감성의 영성 형성을 가르쳤다. "그리스도의 말씀이 너희 속에 풍성히 거하여 모든 지혜로 피차 가르치며 권면하고 시와 찬송과 신령한 노래를 부르며 감사하는 마음으로 하나님을 찬양하고"(골 3:16). 하나님을 향한 찬양에는 그분의 거룩하심과 위대하심을 높이며 영적인 감사가 표현되어 있다. 찬양은 사랑으로 우리를 살려주신 하나님의 은혜에 감사하는 행위이기도 하다. 우리는 찬양을 통해 하나님의 본성에 관한 영광과 아름다움을 선포하며 감사를 드러낸다.

그리스도의 거룩한 아름다움을 보지 못하는 사람은 결코 하나님의 은혜에 진정으로 감사하거나 찬양할 수 없다. 참된 감성의 영성 형성은 자기중심적인 사랑, 기쁨, 슬픔, 겸손, 복종, 열망에서 비롯되는 것이 아니다. 그것은 하나님의 영광스러운 완전하심과 위대하심, 그리스도의 영광과 아름다움을 바라볼 때 우리 안에서 샘솟는 감정들이다. 그러므로 참된 영적인 감정은 인간의 자아나 환경이 아닌 전적으로 하나님과 예수 그리스도 안에 기초하고 있다.

◆ 의지의 변화: 자기 부인과 그리스도와의 연합 ◆

바울은 본래 인간적인 의지와 혈기가 강했지만(행 9:1), 예수 그리스도를 만난 후에는 그리스도와 함께 십자가에 못 박혀 죽고 그리스도 안에서 산다고 고백했다(갈 2:20). 이 말씀에 대해 데이비드 베너는 "거짓 자아는 우리가 소유하고 행하고 사람들이 평가하는 모습으로 형성되지만, 참된 자아는 하나님 앞에서의 우리의 실존이다"라고 말한다.[46] 거짓 자아에 대해서는 죽고 참된 자아에 대해서는 사는 것이 의지의 영성 형성이다.

바울은 그리스도인 안에는 옛 본성과 새 본성이 싸우고 있음을 강조한다(갈 5:16-17). 옛 본성과 새 본성의 존재와 이 둘의 관계를 이해하는 것은 건전하고 균형 잡힌 영성을 경험하는 데 필수다. 옛 본성인 거짓된 자아는 자기중심으로 사는 자아이고, 새 본성인 참된 자아는 하나님 중심으로 사는 자아다.

거짓된 자아는 실제 모습과 다르게 보이기 위해 겉으로만 행동하는 옛사람이다. 반면 참된 자아는 하나님께서 사랑하고 귀히 여기시는 하나님의 형상으로 지음받은 인간 본연의 모습이다. 거짓된 자아는 세상의 소유, 권세, 다른 사람의 평판에서 자기 정체성을 찾는다.

그것은 하나님의 뜻에 순종하기를 거부하는 죄에서 비롯된다.

그러므로 거짓된 자아를 버리고 참된 자아를 찾지 못하면 하나님과 온전한 관계를 맺을 수 없다. 하나님께서는 인간의 거짓 자아에 속지 않으시며 그것을 인정하지도 않으시기 때문이다. 참된 자아는 그리스도 안에 거하는 영원한 존재다. 그러므로 우리가 십자가에 못 박아야 하는 것은 거짓된 자아다.

자기를 부인하고 옛 자아를 그리스도와 함께 십자가에 못 박을 때에야 비로소 그리스도 안에서의 자신의 참된 정체성과 실존을 찾을 수 있다. 거짓된 자아가 죽을 때 비로소 참된 자아를 통해 온전한 의지의 영성 형성이 이뤄져 우리 안에서 그리스도의 생명이 역사하신다.

바울 사도는 "너희 자신을 죄에 대하여는 죽은 자요 그리스도 예수 안에서 하나님께 대하여는 살아 있는 자로 여길지어다"(롬 6:11)라고 말씀한다. 인간의 죄의 본성인 자아에 대해서는 죽고 하나님께 전적으로 순종하도록 권하는 것이다. 순종은 경청하고 응답하는 것까지 포함한다. 하나님을 전적으로 신뢰하고 의존하여 그분의 음성에 귀 기울이고 그 말씀에 따라 자신을 복종시키는 것이다.

죄의 근원은 하나님을 영화롭게 해야 할 피조물이 하나님을 떠나 자신의 영광을 추구하는 교만에 있다. 따라서 모든 죄는 자기중심적이며, 자기 영광을 추구하는 불순종에서 비롯된다. 자아는 인간 내면 의지의 중심이다. 그리스도의 죽으심과 연합한다는 것은 우리의 옛 자아가 예수와 함께 십자가에 못 박히고, 죄의 몸이 죽어 더 이상 죄에 종노릇하지 않는다는 것을 의미한다(롬 6:5-6).

바울은 우리에게 그리스도의 부활에 연합한 자답게 새 생명 가운데 행하라고 권면한다. 그의 논리는 분명하다. 우리는 그리스도를 통해 죄 용서를 받고, 용서받음으로써 그리스도와 연합하며, 연합함으로써 죄에 대해 죽게 된다. 그리고 죄에 대해 죽으면 죄 가운데 거할수 없다(롬 6:2, 6). 그 결과 죄에서 벗어나 의롭다 하심을 얻는 은혜가 우리 안에 넘치게 된다.

바울은 "우리는 우리 자신이 사형 선고를 받은 줄 알았으니 이는 우리로 자기를 의지하지 말고 오직 죽은 자를 다시 살리시는 하나님만 의지하게 하심이라"(고후 1:9)라고 고백한다. 자아에 대해 죽는 것과 죄에 대해 죽는 것을 동일시하며, 자기 부인의 목적은 하나님만 의지하기 위함이라고 가르친다. 하나님만 의지하는 전적 위탁이 바로 바울이 말하고자 하는 의지의 영성 형성이다.

♦ 사회성의 변화: 자기중심에서 벗어나 ♦
이웃 사랑으로 나아가기

바울은 로마서 12장 3-8절에서 개인 영성과 공동체 영성이 어떻게 하나님의 은혜와 능력으로 서로 연합해야 하는지를 가르친다. 바울에게 그리스도 안에서의 삶은 믿음의 공동체인 교회의 지체가 되어 자기가 받은 은사대로 섬기는 것이다. 영적인 은사들은 그리스도의 몸인 교회를 건강하게 하고 서로 사랑하는 공동체가 되도록 하기 위해 주어진 것이다. 모든 그리스도인은 하나님의 영광과 이웃을 섬기기 위해 각자의 은사들을 발견하고 개발하여 겸손한 자세로 사용해야 할 책임이 있다.

반면에 교만은 공동체를 해치고 무너뜨리는 위협이 된다. 그러므로 "아무 일에든지 다툼이나 허영으로 하지 말고 오직 겸손한 마음으로 각각 자기보다 남을 낫게 여기고 각각 자기 일을 돌볼뿐더러 또한 각각 다른 사람들의 일을 돌보아"(빌 2:3-4) 주어야 한다.

교회에서 자신의 부, 권력, 지식, 평판 등을 자랑하며 인정받으려는 사람들은 공동체의 영성을 해친다. 교회 안에 섬김을 받으려는 사람이 섬기려는 사람보다 많다면 육에 속한 사람들이 더 많다는 뜻이다. 이기적이고 자기중심적인 사람들은 자기 이익만 추구하기에 사회적 영성을 방해한다. 반면 하나님의 은혜로 개인 영성이 성장하면 자연스럽게 이웃을 사랑하고 섬기는 사회적 영성으로 나아갈 수 있다. 따라서 건강한 사회적 영성은 하나님과의 깊고 친밀한 관계 속에서 형성되는 개인의 성숙한 영성에 뿌리를 두고 있다고 할 수 있다.

이는 예수 그리스도께서 선포하신 하나님 나라의 가치와 일맥상통한다. 하나님 나라는 자기 과시나 다른 이의 고통에 무관심한 삶을 용납하지 않는다. 오히려 그리스도의 사랑을 품고 고통받는 영혼들을 섬기며 사랑을 실천하는 성숙한 사람으로 변화되는 것이 진정한 사회적 영성 형성이라 할 수 있다.

더 나아가 인간의 고통은 근본적으로 죄와 사회 구조의 악에서 기인한다는 점을 인식해야 한다. 바울은 하나님의 통치가 고통 가운데서도 실현되어야 한다고 가르친다. 그는 교회가 고통을 피하기보다 하나님의 고통에 동참할 때 연약함 속에서도 하나님의 영광이 나타난다고 역설했다(골 1:24, 고후 1:4, 9).

고통에 저항하고 제거할 수 있다면 적극 돕고, 그렇지 않다면 고통받는 자들의 아픔을 함께 나누는 것이 그리스도인의 사회적, 도덕적 책임이다. 진리의 말씀으로 훈련받은 제자들이 평신도 지도자가 되어 본이 되고, 온 성도가 은사대로 교회와 사회를 섬기는 것, 이것이 주님이 원하시는 사회적 영성 형성의 모습이다.

바울이 사역 말기에 기록한 디모데후서의 마지막 인사에는 복음 전파에 관계된 네 그룹이 등장한다. 동역자들, 일반 교인들, 무거운 짐이 되는 사람들, 핍박자들이다.

첫째, 누가, 디모데, 에바브로디도 같은 유익한 동역자들이다. 바울은 "마가를 데리고 오라 그가 나의 일에 유익하니라"(딤후 4:11)라고 말한다.

둘째, 사역 대상인 일반 교인들이다.

셋째, 바울에게 무거운 짐과 근심이 되는 사람들이다. 데마는 한때 바울의 동역자였으나 세상을 사랑하여 그를 버리고 갔다(딤후 4:10). 그는 세상을 사랑하는 마음 때문에 동역자 그룹에서 근심을 안기는 짐이 되어 영적 퇴보자로 전락했다. 마가는 첫 선교 여행 때 중도 탈락하여 바울과 바나바가 다투어 갈라서게 했던 장본인이었다(행 15:38-40). 하지만 이후 바울이 인정하는 유익한 동역자가 될 정도로 영적 성장을 이뤘다.

넷째, 알렉산더 같이 해를 끼친 핍박자들이다(딤후 4:14). 이들은 바울을 대적하고 복음 선포를 방해한 사람들이었다.

우리에게도 영적 성장에 유익한 사람들, 사역으로 섬겨야 할 사람들, 무거운 짐이 되는 사람들, 성장을 방해하는 사람들이 있다. 바울은 영적 성장을 방해하는 자들을 주의하라고 교훈한다(딤후 4:15).

♦ 행동의 변화: 하나님의 뜻을 실천하는 도구로서의 몸 ♦

바울은 "전에는 비방자요 박해자요 폭행자였으나"(딤전 1:13) 예수님을 만난 후에는 "몸에 예수의 흔적을 지니고"(갈 6:17), "그리스도의 남은 고난을 그의 몸 된 교회를 위하여 내 육체에 채[운다]"(골 1:24)라고 고백하며 자발적으로 고난을 받았다. 바울은 성령의 역사로 몸의 행위가 극적으로 변화된 대표적 인물이다. 그는 "온전히 담대하여 살든지 죽든지 내 몸에서 그리스도가 존귀하게 되게 하려"(빌 1:20) 애쓰는 사람이었다. 또한 그의 몸에 그리스도의 형상이 형성되기를 소망하며 몸을 다스렸다.

바울은 몸이 거룩해야 함을 여러 구절을 통해 강조했다. "너희는 너희가 하나님의 성전인 것과 하나님의 성령이 너희 안에 계시는 것을 알지 못하느냐 … 하나님의 성전은 거룩하니 너희도 그러하니라"(고전 3:16-17, 6:19). "너희 몸을 하나님이 기뻐하시는 거룩한 산 제물로 드리라"(롬 12:1).

브리안트(Bryant)는 바울이 로마서에서 '몸'에 대해 전하고자 하는 바를 세 가지로 정리했다. 첫째, 몸을 거룩한 산 제물로 드리는 것은 죽으시고 부활하신 그리스도께 전적으로 의탁하여 새로운 몸으로 회복된다는 것이다. 바울은 우리 몸이 그리스도의 지체임을 주장했다 (고전 6:15). 둘째, 개인의 몸뿐 아니라 믿는 자들의 공동체인 그리스도의 몸도 포함한다. 바울은 교회를 그리스도의 몸으로 비유하며 지체의 중요성을 강조했다(엡 4:16, 골 2:19). 셋째, 구약의 희생제물과 달리 신약에서는 몸을 전적으로 하나님께 헌신함으로써 살아있는 제사를 드린다는 의미가 담겨 있다. 이는 몸으로 행하는 것이 하나님께 드려지는 거룩한 제물이 될 수 있음을 뜻한다.[47]

세상 사람들은 자신이나 타인의 몸을 유산, 마약 중독, 성적 학대, 살인 등으로 훼손하기도 한다. 또는 쾌락의 도구로 사용하거나 노화나 죽음이 두려워 몸을 우상처럼 섬기기도 한다. 그러나 바울은 "우리가 다 반드시 그리스도의 심판대 앞에 나타나게 되어 각각 선악 간에 그 몸으로 행한 것을 따라 받[는다]"(고후 5:10)고 경고했다. 그러므로 몸의 행위가 육신의 욕망을 벗어버리고 하나님께서 기뻐하시는 거룩한 산 제물로 드려지는 것이 몸의 영성 형성의 목적이다.

"예수를 죽은 자 가운데서 살리신 이의 영이 너희 안에 거하시면 그리스도 예수를 죽은 자 가운데서 살리신 이가 너희 안에 거하시는 그의 영으로 말미암아 너희 죽을 몸도 살리시리라"(롬 8:11). 이 말씀은 성부 하나님께서 성령을 통해 죄에 종노릇하던 우리의 몸을 그리스도와 함께 다시 살리시고 새 몸을 회복시켜 주신다는 약속이다. 즉, 부활을 통해 썩을 몸을 썩지 않을 몸으로 변화시켜주신다는 의미다(고전 15:42).

로이드 존스는 이 구절을 '신유'를 위한 약속으로 해석하는 것에 강하게 반대했다. 그는 성도가 이 세상에서 몸의 모든 질병으로부터 구원받는 것은 아니라고 주장한다.[48] 우리가 세상에 사는 동안에는 속죄의 효과가 부분적이다. 따라서 그리스도인은 언제나 건강하고 질병에서 자유로워야 한다는 주장은 과도한 것이다. 궁극적으로 그리스도인의 몸은 그리스도께서 재림하실 때 완전한 몸으로 변화될 것이기 때문이다.

그러나 세상에서는 몸을 우상화하지 말아야 할 뿐만 아니라 학대하거나 오용하지도 말고 잘 보양하고 훈련해야 한다. 몸도 우리 소유가 아니라 하나님께서 맡겨주신 것이기 때문이다. 특히 그리스도의 제자는 예수의 피로 "값으로 산 것"이 되었으므로 선한 청지기로서 자기 몸을 잘 돌보아야 할 책임이 있다.

인간은 몸과 영혼의 결합으로 이뤄진 유기체다. 영혼과 몸의 건강이 서로 필연적인 관계는 아니지만 실제로 영향을 미친다. 몸의 연약함이나 병이 하나님께 더욱 의지하게 하는 통로가 될 수도 있지만 반대로 마음을 위축시키고 감정적으로 낙담하게 할 수도 있다.

하나님 나라를 위해 자발적으로 고난을 받고 '육체의 가시'가 있더라도 그리스도의 능력을 나타내는 특별한 은혜도 있다(갈 4:13, 살후 1:5). 그럼에도 바울은 "너희가 주 안에서와 그 힘의 능력으로 강건하여"(엡 6:10)지라고 했고, "하나님의 전신 갑주를 취하라 이는 악한 날에 너희가 능히 대적하고 모든 일을 행한 후에 서기 위함이라"(엡 6:13)라고 권면했다. 그리스도인은 모두 건강하고 질병이 없어야 한다고 일반화해서 강조할 수는 없지만, 영적 전투를 잘 감당하고 하나님의 뜻을 행하기 위해서는 영혼과 몸이 강건해야 한다.

몸의 완전한 구원은 부활 때 받겠지만 이 세상에 사는 동안에는 몸의 행위가 선하게 변화되는 것이 영성 형성의 열매다. "너희가 육신대로 살면 반드시 죽을 것이로되 영으로써 몸의 행실을 죽이면 살리

제자도의 관점에서 본 영성 형성

니"(롬 8:13). 그러므로 몸과 영성을 분리할 수 없다. 몸은 하나님의 선하신 뜻을 행하여 하나님의 영광을 나타내는 도구이기 때문이다.

몸의 변화란 과거에 몸을 학대하고 쾌락을 좇으며 우상처럼 숭배하던 삶에서 벗어나, 회개하고 돌이켜 이제는 몸을 성령께서 거하시는 거룩한 전으로 삼아 경건한 도구로 사용하는 것을 말한다. 몸에 경건한 습관이 형성되도록 하려면 예수 그리스도께 듣고 배운 것을 몸으로 실천해야 한다. 몸을 하나님께 드려 성령의 온전한 도구가 되게 하는 것이다.

바울은 우상숭배와 세속 문화에 익숙한 이방인들에게 복음을 전하면서 특히 몸의 거룩함을 강조하여 가르쳤다. 몸은 불법을 행하는 죄의 도구가 될 수도 있고, 하나님께 드려져 거룩함에 이르는 의의 도구가 될 수도 있다. 우리는 몸의 지체를 "의에게 종으로 내주어 거룩함에 이르고"(롬 6:19) 하나님의 종이 되어 결국 영생의 열매를 맺는다.

바울은 몸으로 행하는 일에서도 거룩함을 나타내야 한다는 점을 강조한다(살전 4:9-12). 그의 교훈은 오늘날 몸의 건강을 지나치게 추구하다 보면 몸이 도구가 아니라 그 자체가 목적이 될 수 있는 위험성도 경고한다. 그러므로 하나님께서 각자에게 맡기신 사명에 따라 몸으로 하나님의 뜻을 행하기 위해 힘써 선한 열매를 맺어나가야 한다.

14장

새로운 사명

은혜로 완주하는 믿음의 경주

세상에서 가장 존경받고 흠 없이 완전한 스승이 있었다. 그 스승은 보잘것없던 사람을 제자로 삼아 몇 년간 아낌없이 가르쳐 수제자로 키워냈다. 제자는 스승에게 한없는 사랑을 받았고 특별한 관계를 통해 놀라운 경험을 쌓았다. 그는 스승을 위해서라면 목숨도 아끼지 않겠다고 큰소리치며 장담했다.

그런데 시기 어린 사람들의 엄청난 중상모략과 모함으로 인해 스승은 사형을 받게 되었고, 그들은 제자들까지 잡으려 혈안이 되었다. 제자는 두려움에 사로잡혀 스승을 모른다고 세 번이나 부인하고 저주하며 배신했다. 이 배은망덕한 제자는 어찌 되었을까?

알다시피 예수님의 수제자 베드로의 이야기다. 세상 기준으로도 베드로는 용서받을 수 없는 배신자였다. 하지만 우리는 안다. 그의 연약함은 우리 자신의 모습이기도 하다. 베드로처럼 힘들고 어려운 처지에 빠져 있다면 우리는 어떻게 할까?

베드로는 부활하신 예수님을 목격했음에도 예수님을 세 번이나 부인한 자신의 죄 때문에 기쁨과 동시에 두려움에 사로잡혔다. 복잡하고 허탈한 심정으로 물고기를 잡으러 간 제자들을 위해 예수님은 숯불에 생선과 떡을 준비하시고 그들을 초대하셨다. 그는 숯불을 보며 순간의 두려움 때문에 사랑하는 예수님을 배신한 일이 떠올라 고통스러웠을 것이다. 그러나 예수님은 아무런 책망 없이 용서하심으로 그가 죄책감에서 벗어날 수 있도록 감정을 치유해주셨다(요 21:4-19).

베드로는 물고기와 떡을 먹으며 처음 예수님을 만났을 때가 생각나고 오병이어의 기적을 떠올렸을 것이다. 또한 3년간 예수님과 함께 하며 보고 들었던 수많은 표적과 가르침을 회상했을 것이다. 베드로가 다시 일어설 수 있었던 것은 예수님께서 그의 넘어짐을 미리 아시고 겟세마네에서 그를 위해 중보기도 하셨기 때문이다. "시몬아, 시몬아, 보라 사탄이 너희를 밀 까부르듯 하려고 요구하였으나 그러나 내가 너를 위하여 네 믿음이 떨어지지 않기를 기도하였노니 너는 돌이킨 후에 네 형제를 굳게 하라"(눅 22:31-32).

수치심에 도망치고 싶었을 베드로에게 예수님은 "네가 나를 사랑하느냐?"라고 세 번이나 물으셨다. 이는 베드로의 사랑을 의심해서가 아니었다. 그의 깊은 상처를 치유하고 사랑을 회복시켜 예수님 승천 후 영혼들을 돌보는 사도적 사명을 확인시켜주시기 위함이었다.

예수님은 자신을 배신한 베드로를 용서하시고 영적으로 새롭게 일으켜 세우셨다. 그리고 "내 양을 먹이라"(요 21:17)는 사명을 주셨다. 이는 용서의 조건이 아니라 용서받은 은혜와 새 삶에 대한 감사, 예수님을 향한 사랑의 열매로 주어진 사명이다. 엄밀히 말해 베드로가 용

제자도의 관점에서 본 영성 형성

서받고 회복된 것은 주님을 따르고 그분의 양떼를 이끌며 세우는 사명을 감당하기 위한 것이었다.

베드로는 한때 자신의 의지와 열심으로 주를 따르겠다는 결심에서 실패하고 좌절했다. 그러나 하나님은 연약하고 부족한 사람을 택하시고 성장시켜 놀라운 일을 이루시는 분이시다.

> "하나님께서 세상의 미련한 것을 택하사 지혜 있는 자들을 부끄럽게 하려 하시고 세상의 약한 것을 택하사 강한 것을 부끄럽게 하려 하시며 하나님께서 세상의 천한 것과 멸시받는 것과 없는 것을 택하사 있는 것을 폐하려 하시나니 이는 아무 육체도 하나님 앞에서 자랑하지 못하게 하려 하심이라"_고전 1:27-29.

하나님은 미련하고 약하며 보잘것없어 보이는 사람들을 택하사 불가능해 보이는 일을 이루시는 전능하신 분이시다. 그분은 자식 없는 75세의 아브라함을 부르셔서 믿음의 조상으로 삼으셨고, 이기적이던 야곱을 이스라엘로 변화시켜 바로 왕에게 축복기도를 하는 믿음의 사람으로 만드셨다. 또한 순진했던 소년 요셉을 택하여 애굽의 총리가 되게 하시고 이스라엘 민족을 기근에서 구원하셨다. 집에서도 인정받지 못하던 막내 다윗을 왕으로 세우시고 그의 나라를 견고케 하셨다(삼하 7:16).

하나님 나라는 보잘것없는 겨자씨가 "나무가 되매 공중의 새들이 와서 그 가지에 깃들이는"(마 13:32) 것처럼 성장하고 확장된다는 특징이 있다. 그런 차원에서 보면, 자랑할 것이 없는데도 형통할 때 공로를 자신의 것으로 여기고 교만해지는 것이 인간의 본성인 것 같다. 그래서 하나님은 사랑하는 자녀들이 교만해지지 않도록 고난과 연단을 통해 낮추시고 시험으로 믿음을 단련하실 수밖에 없음을 깨닫게 된다.

믿음의 연단 과정에서 하나님은 자녀들을 오래 참고 기다리시며 많은 허물에도 불구하고 끝까지 사랑하신다. "야곱의 허물을 보지 아니하시며 이스라엘의 반역을 보지 아니하시는도다 여호와 그들의 하나님이 그들과 함께 계시니 왕을 부르는 소리가 그중에 있도다"(민 23:21).

자기 백성에게 무조건적으로 베푸시는 하나님의 은혜는 그분의 오래 참으심과 무한한 사랑을 보여준다. 사람의 가치관과 사랑은 조건과 환경에 따라 변할 수 있지만, 하나님의 완전한 사랑은 그 무엇에 의해서도 변하지 않는다. 창조주께서 택하시고 사랑하신다는 사실만으로도 우리는 가치 있고 귀한 존재다.

> "여호와께서 너희를 기뻐하시고 너희를 택하심은 너희가 다른 민족보다 수효가 많기 때문이 아니니라 너희는 오히려 모든 민족 중에 가장 적으니라 여호와께서 다만 너희를 사랑하심으로 말미암아, 또는 너희의 조상들에게 하신 맹세를 지키려 하심으로 말미암아 자기의 권능의 손으로 너희를 인도하여 내시되 너희를 그 종 되었던 집에서 애굽 왕 바로의 손에서 속량하셨나니"_신 7:7-8.

하나님은 그의 백성, 즉 그리스도의 몸 된 교회를 거룩하고 흠 없게 하사 영광스러운 그리스도의 신부로 세우기를 원하신다(엡 5:27).

이 땅의 교회는 지금도 많은 문제와 흠이 있지만 신랑이신 그리스도께서 심판자로 오시는 날, 완전한 신부로 단장될 것이다.

◆ 믿음의 경주를 끝까지 잘 달리려면 ◆

예수님을 구원의 주님으로 영접한 후, 우리는 죄의 종노릇에서 벗어나 참된 자유를 얻고 하나님의 자녀로서 열매 맺는 믿음의 선한 싸움을 시작하게 된다.

모든 경주에는 시작과 끝이 있다. 시합에서 시작보다 더 중요한 것은 결승이다. 시작을 아무리 화려하게 했어도 결승에 도달하지 못하면 패배자가 될 수밖에 없다. "운동장에서 달음질하는 자들이 다 달릴지라도 오직 상을 받는 사람은 한 사람인 줄을 너희가 알지 못하느냐 너희도 상을 받도록 이와같이 달음질하라"(고전 9:24). 시작은 잘했지만 마무리를 못하는 사람들이 많기 때문이다.

경기에서 끝까지 승리하려면 두 가지가 필수다. 첫째, 정확한 목표를 향해 달려가야 한다. 목표가 아닌 다른 방향으로 열심히 달리면 헛수고가 될 뿐이다. 우리의 목표는 "푯대를 향하여 그리스도 예수 안에서 하나님이 위에서 부르신 부름의 상"(빌 3:14)이다. 둘째, 경기 규칙을 지켜야 한다. "경기하는 자가 법대로 하지 아니하면 승리자의 관을 얻지 못할 것이며"(딤후 2:5). 진리의 말씀에 따르지 않는다면 권투 선수가 허공을 치는 것처럼 무의미한 경기가 될 것이다.

히브리서 11장에는 믿음의 조상들이 먼저 달려간 "믿음의 역사"

가 기록되어 있다. 아벨, 에녹, 노아, 아브라함, 이삭, 야곱, 요셉, 모세, 라합, 기드온, 바락, 삼손, 입다, 다윗, 사무엘과 선지자들은 "믿음은 바라는 것들의 실상이요 보이지 않는 것들의 증거"(히 11:1)라는 하나님의 말씀대로 믿음대로 순종하며 살았던 믿음의 사람들이다.

우리 각자에게도 하나님께서 맡겨주신, 끝까지 잘 완주해야 할 믿음의 경주가 있다.

> "나는 선한 싸움을 싸우고 나의 달려갈 길을 마치고 믿음을 지켰으니 이제 후로는 나를 위하여 의의 면류관이 예비되었으므로 주 곧 의로우신 재판장이 그날에 내게 주실 것이며 내게만 아니라 주의 나타나심을 사모하는 모든 자에게도니라"_딤후 4:7-8.

바울은 푯대를 향해 믿음의 경주를 끝까지 잘 달린 후 하나님께 영광스러운 상급을 받을 것을 확신했다. 세상 경기는 승리자가 한 명뿐이지만 신앙의 경주는 끝까지 완주하기만 하면 모두가 승리할 수 있다. 주님은 우리가 서로 격려하며 함께 믿음의 선한 싸움을 완주하길 원하고 기뻐하신다.

예수님 바라보기

믿음의 경주를 끝까지 잘 달리려면 첫째, "믿음의 주요 또 온전케 하시는 이인 예수를"(히 12:2) 바라보아야 한다.

> "우리에게 구름같이 둘러싼 허다한 증인들이 있으니 모든 무거운 것과 얽

매이기 쉬운 죄를 벗어 버리고 인내로써 우리 앞에 당한 경주를 하며 믿음의 주요 또 온전하게 하시는 이인 예수를 바라보자"_히 12:1-2.

경주에서는 목표가 분명해야 한다. 목표도 방향도 없이 제 마음대로 달리는 건 어리석은 헛수고다(고전 9:26). 이 믿음의 경주에서 목표는 예수 그리스도의 분량까지 자라가는 것이다. "푯대를 향하여 그리스도 예수 안에서 하나님이 위에서 부르신 부름의 상을 위하여 달려가노라"(빌 3:14). 모세가 우리와 같은 성정을 가졌으면서도 "그리스도를 위하여 받는 수모를 애굽의 모든 보화보다 더 큰 재물로 여긴"(히 11:26) 이유는 상 주심을 믿고 바라보았기 때문이다.

나는 지금 예수님을 바라보며 좇아가는가, 아니면 다른 것에 시선을 빼앗기고 있는가? 예수님을 다른 어떤 것보다 더 사랑하는가? 신앙생활의 관심이 정말 하나님 그분께 있는가, 아니면 그분이 주시는 축복에 더 큰 관심이 있는가? 내가 원하는 대로 응답하지 않으셔도 주님을 사랑하고 따를 수 있는가? 그저 이 땅에서의 더 나은 삶을 추구하며 살아가고 있지는 않은가?

믿음의 경주는 예수님을 닮아가는 과정이다. 하나님은 우리가 세상에 사는 동안 천국에 합당한 시민으로 빚으시려는 목적을 갖고 계신다. 날마다 우리는 그리스도의 형상으로 빚어지고 있다. 우리가 경험하는 모든 일은 그 목적을 위해 주어진 것이다. 그렇게 생각하면 우리 삶에 무의미한 것은 없다.

예수님을 바라보며 믿음의 경주를 달리도록 부름받은 우리가 쉽게 넘어지고 낙심하는 이유는 "믿음의 주요 온전케 하시는" 분이신 예수님을 온전히 신뢰하지 않기 때문이다. 하나님이 우리에게 상 주시려 준비하고 계시는데 정작 우리가 예수님께 초점을 맞추지 못한다면 믿음의 경주를 끝까지 달릴 수 없을 것이다.

무거운 짐 내려놓기

둘째, 모든 무거운 것과 얽매이기 쉬운 죄를 벗어버려야 한다(히 12:1). "이기기를 다투는 자마다 모든 일에 절제하나니 그들은 썩을 승리자의 관을 얻고자 하되 우리는 썩지 아니할 것을 얻고자 하노라"(고전 9:25). 세상의 썩을 면류관을 얻기 위해서도 자신을 절제하고 훈련하는데 하물며 영원한 영광의 면류관을 위해서는 믿음의 경주에 방해되는 것들을 과감히 버려야 하지 않겠는가?

무거운 짐과 얽매이기 쉬운 죄는 믿음의 경주를 방해한다. '무거운 것'은 세상을 사랑하는 것, 즉, 육신의 정욕과 안목의 정욕과 이생의 자랑을 말한다(요일 2:15-16). 데마처럼 이 세상을 사랑하는 것(딤후 4:10), 쌓인 감정이나 죄책감, 자기 의, 인정에 이끌리는 것, 스스로 얽매인 것들, 즉 하나님이 맡기신 책임이나 의무가 아닌 내 집착과 고집 등도 무거운 짐이 되어 우리를 내리누른다.

또한 '얽매이기 쉬운 죄'란 하나님 중심이 아닌 나 중심의 모든 생각과 행동, 즉 무거운 짐을 방치한 행동에 따른 결과, 자신이 잘 넘어지는 연약한 부분, 마음속의 죄 등을 말한다.

영적 성장을 위해 모든 무거운 것과 얽매이기 쉬운 죄를 벗어버려야 하는데 인간의 힘만으로는 불가능하다. 히브리서 12장 5-11절에 보면 고난이 무거운 것과 얽매이기 쉬운 죄를 벗게 도와주는 도구임을 알 수 있다. "무릇 징계가 당시에는 즐거워 보이지 않고 슬퍼 보이나 후에 그로 말미암아 연단받은 자들은 의의 평강한 열매를 맺느니라"(히 12:11). 여기서 말하는 징계는 'punishment'가 아니라 'discipline'이다. 죄로 인한 형벌이 아니라 잘되게 하려는 훈계, 훈련, 연단이라는 뜻이다.

하나님은 사랑하는 자녀들을 징계하신다. 만일 계속 불순종하고 잘못된 길로 가는데도 하나님의 징계가 없다는 것은 우리가 죄 가운데 버려졌다는 뜻일 수 있기에, 그러한 상황이야말로 두려워하며 경각심을 가져야 한다.

인내하기

셋째, 경주에서는 인내가 필요하다. "인내로써 우리 앞에 당한 경주를 하며"(히 12:1). 무엇을 인내해야 할까? 바로 하나님의 약속이 성취되기를 믿음으로 기다려야 한다. "이 사람들은 다 믿음으로 말미암아 증거를 받았으나 약속된 것을 받지 못하였으니"(히 11:39). "너희에게 인내가 필요함은 너희가 하나님의 뜻을 행한 후에 약속하신 것을 받기 위함이라"(히 10:36).

인내로써 순종하는 것은 믿음의 경주를 완주하는 데 반드시 필요한 원칙이다. 하나님은 신앙의 경주에서 순종의 관문을 통과할 때 복을 주시겠다고 약속하셨다. 축복은 "여호와의 명령을 지켜 그의 길을 따라가며 그를 경외"(신 8:6)하는 자, 즉 하나님을 사랑하고 순종하는 자에게 주어진다(왕상 2:3). 이러한 언약은 구원의 조건이 아니라 상급을 위한 전제 조건이다. "영혼 없는 몸이 죽은 것 같이 행함이 없는 믿음은 죽은 것이니라"(약 2:26)의 말씀과 같은 맥락이다. 그런데 그동안 한국 교회는 축복이나 약속을 받을 권리만을 강조하고 하나님의 말씀을 지켜 행하는 것은 등한시했다. 권리는 책임과 의무를 나할 때 주어지는 것이다.

그러므로 인내하기 위해서는 하나님께 대한 온전한 믿음이 필요하다. 믿음의 선진들은 보이는 것을 따라 살지 않고 믿음으로 살았다. "믿음으로 사라 자신도 나이가 많아 단산하였으나 잉태할 수 있는 힘을 얻었으니 이는 약속하신 이를 미쁘신 줄 알았음이라"(히 11:11).

약속을 주신 하나님의 성품을 안다면 약속의 성취가 지연되어도 인내로 기다릴 수 있다. 예수님도 인내하셨다. "그는 그 앞에 있는 기쁨을 위하여 십자가를 참으사 부끄러움을 개의치 아니하시더니 하나님 보좌 우편에 앉으셨느니라"(히 12:2). 소망을 품은 사람은 인내할 수 있다. 부활하신 예수님이 지금 이 순간에도 함께하시며 사랑과 도움을 베푸신다는 것을 믿는 사람은 인내할 수 있다. 또한 예수님을 사랑하기에 인내할 수 있다.

인생의 성공 여부는 어떤 업적을 이뤘느냐, 혹은 어떤 소유를 얻었느냐에 달려 있지 않다. 예수 그리스도를 얼마나 사랑하며 하나님과 얼마나 친밀한 인격적 관계를 맺느냐에 달려 있다고 믿는다. 다시 말해 인생의 성공은 하나님 앞에서 어떤 사람이 되느냐, 인격이 예수님을 닮은 그리스도의 형상으로 얼마나 성화되느냐에 달려 있다.

당신은 어떤 삶을 선택하고 추구할 것인가? 영적으로 성공한 사람인가, 아니면 "바람에 나는 겨"(시 1:4)와 같이 순식간에 사라지는 헛된 것을 따르다 "슬피 울며 이를 가는" 비참한 사람인가? "이는 우리가 다 반드시 그리스도의 심판대 앞에 나타나게 되어 각각 선악간에 그 몸으로 행한 것을 따라 받으려 함이라"(고후 5:10).

마귀의 유혹은 처음에는 화려하고 달콤하다. 그러나 얼마 지나지 않아 올무가 되고 쓰디쓴 독이 된다. 반면 주님을 따르는 길은 좁고 험하여 걷는 이들이 적다. 하지만 그 길을 따라가면 시간이 흐를수록 죄에서 자유롭고 기쁨이 넘치는 사람이 된다. 어떤 이의 말처럼 유명한 사람보다는 유익한 사람이 되고, 성공한 사람보다는 성실한 사람이 되며, 인기 있는 사람보다는 인격을 갖춘 사람이 될 때 우리는 믿음의 경주를 완주할 수 있을 것이다.

♦ 하늘의 시민권이 있는 사람은 이렇게 살아간다 ♦

"푯대를 향하여 그리스도 예수 안에서 하나님이 위에서 부르신 부름의 상을 위하여 달려가노라… 우리의 시민권은 하늘에 있는지라 거기로부터 구원하는 자 곧 주 예수 그리스도를 기다리노니"_빌 3:14, 20.

우리가 인생의 경주를 마치고 이 세상을 떠날 때 아무것도 가져갈 수 없지만, 우리의 영혼은 영원히 존재한다. 하나님께서 그의 자녀들을 이 세상에 두신 이유는 두 가지이다. 우리를 통해 구원받아야 할 영혼들이 있고, 천국 시민으로 준비되는 시간을 주신 것이다. 우리 모두는 점점 다가오는 그리스도의 심판대 앞에 서게 될 날을 어떻게 준비하고 있는가?

예수 그리스도를 깊이 아는 영성이 우리의 지성, 감성, 의지, 사회성, 행동에 그리스도의 형상을 회복시킬 때, 우리는 천국 시민에 합당한 사람으로 준비될 수 있다. 비록 이 땅에서 완전한 성화를 이룰 수는 없을지라도, 성숙한 그리스도인으로 자라갈 수 있다. 그러나 자신의 노력과 의지만으로 영적 성숙을 이루려 한다면 반드시 좌절과 실패를 맞는다. 앞서 언급했듯, 영적 성숙은 오직 성령님의 도우심에 전적으로 의지해야 가능한 일이기 때문이다.

"내가 그리스도와 함께 십자가에 못 박혔나니 그런즉 이제는 내가 사는 것이 아니요 오직 내 안에 그리스도께서 사시는 것이라 이제 내가 육체 가운데 사는 것은 나를 사랑하사 나를 위하여 자기 자신을 버리신 하나님의 아들을 믿는 믿음 안에서 사는 것이라"_갈 2:20.

인간의 자아가 펄펄 살아서 자기 열심으로 주님의 일을 할 때는 쓰디쓴 육체의 열매를 맺을 뿐이다. 그러나 내 자아를 그리스도와 함께 십자가에 못 박고 성령님께 자신을 온전히 맡기고 순종한다면, 자연스럽게 성령의 생명의 열매를 맺게 된다.

P는 부흥하는 대형교회에서 오랫동안 사역하다가 사별한 목회자와 결혼하여 그 목회자가 섬기던 작은 교회에서 함께 사역하게 되었다. P는 대형교회에서의 경험을 바탕으로 열심히 일하면 교회가 곧 부흥할 것이라 확신했다. 그러나 P가 열심을 다할수록 교인들은 시험에 들고 교회를 떠나갔다.

결국 소수의 교인마저 줄어들어 더 이상 사역을 지속할 수 없게 되자, 그 목회자 부부는 교회를 다른 이에게 맡기고 떠날 수밖에 없었다. P의 "할 수 있다"는 자신감이 오히려 사역의 걸림돌이 된 것이다. 이처럼 우리의 인간적인 열심이 성령님의 일을 방해하는 경우가 많다. 인간의 의지에서 우러나오는 열심과 욕심은 우리를 지치게 하고 쓰디쓴 육체의 열매를 맺게 한다.

Q는 장로인 남편과 함께 20여 년간 한 교회에서 전도사로 충성스럽게 섬겼다. 그 교회는 아름답게 성장했고, Q는 60세에 자진해서 은퇴했다. 그동안 열심히 교회를 섬겼지만 막상 은퇴를 하고 보니 빚만 남은 상황이었다. 그래서 집을 팔아 빚을 갚고 월세 생활을 시작했다. 하지만 Q 부부는 어려움 속에서도 원망하지 않고, 장성한 자녀들에게조차 어려운 내색을 하지 않았다.

교회 사역으로 어렸을 때 충분히 돌보지 못했던 딸은 변호사가 되어 아름다운 가정을 이루었고, 부모의 형편을 알고는 집을 사서 은퇴한 부모님이 살도록 해드렸다. Q 부부는 딸에게 다 주지 못한 사랑을 외손주들에게 쏟으며 노년을 감사함으로 보냈다. 딸은 부모의 노후를 책임지며 든든한 버팀목이 되어주었다.

또한 독립해 있던 노총각 아들은 기도 응답으로 비전을 같이하는 좋은 아내를 만나 결혼했다. 며느리 집안도 목회자 가정이어서 사돈 간에 영적 소통이 잘 이루어졌다. 남편은 물론 시부모까지 배려하고 섬기는 성숙한 인격의 며느리 덕분에 늦은 나이에 결혼했음에도 건강한 손자를 안는 기쁨도 누리게 되었다. 이는 먼저 하나님 나라와 그의 의를 구하며 낙심하지 않고 믿음으로 기다린 열매였다.

"이 사람들은 여자[음녀, 세속]와 더불어 더럽히지 아니하고 순결한 자라 어린 양이 어디로 인도하든지 따라가는 자며 사람 가운데에서 속량함을 받아 처음 익은 열매로 하나님과 어린 양에게 속한 자들이니 그 입에 거짓 말이 없고 흠이 없는 자들이더라"_계 14:5.

이것이 말세를 사는 그리스도인의 정체성이다. 하나님은 세상이 아무리 타락해도 의를 행하는 거룩한 자를 찾으신다. 의인 열 명만 있었어도 멸망을 모면했을 소돔성에서 의인을 찾으셨듯이 말이다.

세상은 점점 악해지는 것처럼 보여도 죽음이 생명을, 어둠이 빛을, 절망이 소망을, 악이 선을, 미움이 사랑을 이길 수는 없다. 생명이시고 빛이며 소망이요 선과 사랑이신 예수 그리스도께서 사망과 죄의 권세를 이기시고 하나님 우편에 계시며, 사랑과 공의로 심판하러 오실 것이기 때문이다. 성령님은 우리와 함께, 우리 안에, 우리 위에 계시며 한량없는 은혜를 부어주심으로 주님께 의지하는 자들을 친히 인도하시고 지켜주시며 인생의 마지막 순간까지 돌보아주신다.

"보라 내가 속히 오리니 이 두루마리의 예언의 말씀을 지키는 자는 복이 있으리라"_계 22:7.

제자도의 관점에서 본 영성 형성

1   Packer, James, I. (2011). **거룩의 재발견**. (장인식 역). 서울: 토기장이. p. 236.

2   Peterson, E. H. (2008, 6월). "**영성, 가장 오용되고 있는 단어**" 마크 갤리(대담), 크리스채너티 투데이, 한국판, 2008년 6월 창간호. pp. 25-29.

3   Willard, Dallas. (2007). **잊혀진 제자도**. (윤종석 역). 서울: 복있는 사람. p. 79-80.

4   Hughes, Kent. (2006). **구별하라**. (정정호 역). 서울: 사랑플러스.

5   Willard, D. (2006, 12월). "**제자**," 월간 디사이플, no. 98. pp. 64-66.

6   Boa, K. (2001). *Conformed to His image*. Grand Rapids, Zondervan. p. 19.

7   Crabb, Lawrence J. (2017). **네 가장 소중한 것을 버려라**. (윤난영 역). 경기도: 살림. p. 45.

8   Pererson, E. H. (2003). **하나님의 신비에 눈뜨는 영성**. (차성구 역). 서울: 좋은씨앗. pp. 65-66.

9   Willard, Dallas. (2007). **잊혀진 제자도**. pp. 194-195.

10   Willard, Dallas. (2007). **잊혀진 제자도**. p.78.

11   Chan, S. (2002). **영성 신학**. (김병오 역). 서울: IVP. pp. 62-69.

12   Chambers, Oswald. (2009). **오스왈드 챔버스의 산상수훈**. (스데반 황 역). 서울: 토기장이. p. 196.

13   Chambers, Oswald. (2009). **오스왈드 챔버스의 산상수훈**. p. 196.

14   Benner, D. G. (2002). *Sacred Companions*. Downers Grove, IL: IVP. p. 35.

15   Tozer, A. W. (2002). **경건 생활의 기초**. (강귀봉 역). 서울: 생명의말씀사. p. 26.

16   Chambers, Oswald. (2009). **오스왈드 챔버스의 산상수훈**. p. 36.

17   이환 (2007). **몽테뉴와 파스칼**. 서울: 민음사. p. 163.

18   Calvin, J. (1550/1934). CR 26:128; 58:181.

19   McGrath, Alister. E. (2001). **복음주의와 기독교적 지성**. (김선일 역). 서울: IVP. pp. 266-267.

20   Palmer, P. J. (2000/2006). **가르침과 배움의 영성**. (이종태 역). 서울: IVP. pp. 53-55.

21   Peterson, M. L. (1998). **기독교 교육을 위한 교육철학**. (김도일 역). 서울: 한국장로교 출판사. pp. 104, 98.

22   Houston, J. M. (2004). **멘토링 받는 삶**. (권영석 역). 서울: IVP. p. 83.

23   Rice, H. L. (1995/2004). **개혁주의 영성**. (황성철 역). 서울: 기독교문서선교회. p. 70.

24   Sweet, L. (2002/2004). **영성과 감성을 하나로 묶는 미래교회**. (김영래 역). 서울: 좋은씨앗. pp. 81, 83.

25   Edwards, J. (2005)[1]. **신앙감정론**. (정성욱 역). 서울: 부흥과개혁사. pp. 309, 328.

26   Edwards, J. (2005)[2]. **조나단 에드워즈의 애정의 영성**. (정혜숙 역). 서울: 브니엘. p. 182.

27   Willard, D. (2003). **마음의 혁신**. (윤종석 역) 서울: 복있는사람. p. 127.

28   Peterson, E. H. (2008, 6월). "**영성, 가장 오용되고 있는 단어**". p. 26.

29   Rice, H. (1995/2004). **개혁주의 영성**. p. 206.

30   Chambers, Oswald. (2012). **주님은 나의 최고봉**. (10월 21일). (스데반 황 역), 서울: 토기장이.

31   Barth, C. (1975). *Church dogmatics, IV/3*. trans. Geoffrey Bromiley. Edinburgh: T & T. Clark. p. 780.

32   Packer, James, I. (2011). **거룩의 재발견**. pp. 32-36.

33   Chambers, O. (2009). **오스왈드 챔버스의 산상수훈**. p. 208.

34   이환 (2007). **몽테뉴와 파스칼**. 서울: 민음사. p.131.

35   Thomas, Gary. (2012). **거룩이 능력이다**. 서울: CUP, p. 309.

36   Hull, Bill. (2009). **온전한 제자도**. (박규태 역). 서울: 국제제자훈련원. p. 21.

37   Houston, J. M. (2004). **멘토링 받는 삶**. (권영석 역). 서울: IVP. p. 168.

38   Moltmann, J. (1990). *The way of Jesus Christ-Christology in Messianic dimensions*.
        San Francisco: Harper & Row. pp. 42-43.

39   Wilkins, Michael. J. (1992). *Following the master*. Grand Rapids: Zondervan. p. 342.

40   Hull, Bill. (2009). **온전한 제자도**. pp. 33-34.

41   Willard, Dallas. (2007). **잊혀진 제자도**. p. 37.

42   Hagberg, J. O. & Guelich, R. A. (2005). **더 깊은 믿음으로의 여정**. 변명혜 (역). 서울:
        디모데. p. 219.

43   Ogden, G. (2007). **세상을 잃은 세상을 얻는 제자도**. (박규태 역). 서울: 국제자자훈련
        원. pp. 67-68.

44   Hammett, E. H. (2002). *Reframing spiritual formation*. Macon, GA: Smyth & Helwys
        Publishing Inc. p. 2.

45   Sweet, L. (2002/2004). **영성과 감성을 하나로 묶는 미래 교회**. (김영래 역). 서울: 좋
        은씨앗. pp. 61-62.

46   Benner, D. G. (2002). *Sacred Companions*. Downers Grove, IL: IVP. pp. 37-38.

47   Bryant, R. A. (2004). Romans 12:1-8. *Interpretation: A Journal of Bible and
        Theology*. 58(3), p. 288.

48   Lloyd-Jones, M. (1999). **로마서 강해, 제5권**. (서문강 역). 서울: 기독교문서선교회.
        pp. 115-116.

국제제자훈련원은 건강한 교회를 꿈꾸는 목회의 동반자로서 제자 삼는 사역을 중심으로
성경적 목회 모델을 제시함으로 세계 교회를 섬기는 전문 사역 기관입니다.

제자도의 관점에서 본 영성 형성

초판 1쇄 인쇄 2024년 6월 10일
초판 1쇄 발행 2024년 6월 20일

지은이 윤난영

펴낸이 오정현
펴낸곳 국제제자훈련원
등록번호 제2013-000170호(2013년 9월 25일)
주소 서울시 서초구 효령로68길 98(서초동)
전화 02)3489-4300 **팩스** 02)3489-4329
이메일 dmipress@sarang.org

ISBN 978-89-5731-899-7 03230

※ 책값은 뒤표지에 있습니다. 잘못된 책은 구입하신 곳에서 교환해드립니다.